Discounted Cashflow und Jahresabschlußanalyse

T0326442

Betriebswirtschaftliche Studien Rechnungs- und Finanzwesen, Organisation und Institution

Herausgegeben von
Prof. Dr. Dr. h.c. Wolfgang Ballwieser, München
Prof. Dr. Christoph Kuhner, Köln
Prof. Dr. Dr. h.c. Dieter Ordelheide †, Frankfurt

Band 83

Peter Lang

Frankfurt am Main · Berlin · Bern · Bruxelles · New York · Oxford · Wien

Andreas Scholze

Discounted Cashflow und Jahresabschlußanalyse

Zur Berücksichtigung externer Rechnungslegungsinformationen in der Unternehmensbewertung

Peter Lang
Internationaler Verlag der Wissenschaften

Bibliografische Information der Deutschen Nationalbibliothek
Die Deutsche Nationalbibliothek verzeichnet diese Publikation in
der Deutschen Nationalbibliografie; detaillierte bibliografische
Daten sind im Internet über <http://www.d-nb.de> abrufbar.

Zugl.: Bielefeld, Univ., Diss., 2008

Gedruckt auf alterungsbeständigem,
säurefreiem Papier.

D 361
ISSN 1176-716X
ISBN 978-3-631-57999-2

© Peter Lang GmbH
Internationaler Verlag der Wissenschaften
Frankfurt am Main 2009
Alle Rechte vorbehalten.

Printed in Germany 1 2 3 4 5 7

www.peterlang.de

Geleitwort

Unternehmensbewertung wird in vielen Werken auf den Bewertungskalkül verengt, während die Frage der Gewinnung der in ihn einfließenden Daten vernachlässigt wird. Die vorliegende, an der Universität Bielefeld entstandene Doktorarbeit hebt sich davon ab, indem sie die Abschlußanalyse mit der Unternehmensbewertung verbindet und zugleich den Kalkül einer buchwertorientierten Finanzierungspolitik erweitert.

Nach einem Überblick über das Grundmodell des Discounted Cash Flow-Kalküls, bei dem es insbesondere um die definitorische Trennung eines eigenfinanzierten Unternehmens von einem fremdfinanzierten Unternehmen geht, wird der Free Cash Flow aus Bilanz und GuV hergeleitet und zum Flow to Equity in Beziehung gesetzt. Anschließend setzt sich der Verfasser mit den Verbindungen von DCF-Kalkül und Fremdfinanzierung auseinander. Zentral ist das anschliessende Bewertungsmodell auf Basis von bilanziellen Zielkapitalstrukturen, das in drei verschiedenen Varianten entwickelt wird.

Die Arbeit besticht durch ihre gleichermaßen kompakte wie verständliche Argumentation. Sie verbindet, wie heute in vielen Fakultäten üblich, auf überzeugende Art und Weise die Bereiche Accounting und Finance. Ich wünsche ihr eine gute Aufnahme.

München, den 7. Juli 2008   Wolfgang Ballwieser

Danksagung

Die vorliegende Arbeit entstand während meiner Tätigkeit als wissenschaftlicher Angestellter am Lehrstuhl für Externes Rechnungswesen der Universität Bielefeld. Sie wurde zu Beginn des Jahres 2008 von der Fakultät für Wirtschaftswissenschaften der Universität Bielefeld als Dissertation angenommen.

Mein herzlicher Dank gilt zunächst meinem Erstgutachter, Herrn Professor Dr. Stefan Wielenberg, für seine inhaltliche und persönliche Unterstützung. Besonders hervorheben möchte ich seine stete Diskussionsbereitschaft sowie die angenehme Arbeitsatmosphäre an seinem Lehrstuhl, die maßgeblich zum Gelingen der Arbeit beigetragen hat. Herrn Professor Dr. Rolf König danke ich für die freundliche Übernahme des Zweitgutachtens und Herrn Professor Dr. Thomas Braun für seine Mitwirkung als Prüfer in der mündlichen Prüfung.

Zum Gelingen wesentlich beigetragen haben unzählige Diskussionen mit meinem Kollegen am Lehrstuhl, Herrn Dr. Christian Blecher, sowie mit Herrn Professor Dr. Dr. h.c. Lutz Kruschwitz und Herrn Professor Dr. Dr. Andreas Löffler. Ihnen sei an dieser Stelle herzlich gedankt.

Schließlich danke ich den Herausgebern, Herrn Professor Dr. Dr. h.c. Wolfgang Ballwieser sowie Herrn Professor Dr. Christoph Kuhner, für die rasche Begutachtung und die freundliche Aufnahme der Arbeit in diese Reihe.

Hannover, im August 2008   Andreas Scholze

Inhaltsverzeichnis

Abkürzungsverzeichnis

abs.	absolut
AMEX	American Stock Exchange
a.o.	außerordentlich(er)
APV	Adjusted Present Value
AR(1)	Autoregressiver Prozeß erster Ordnung
BDI	Bundesverband der Deutschen Industrie
Beck Bil-Komm.	Beck'scher Bilanzkommentar
BFH	Bundesfinanzhof
BFHE	Entscheidungen des Bundesfinanzhofs
BGH	Bundesgerichtshof
BGHZ	Entscheidungen des Bundesgerichtshofs in Zivilsachen
BGBl	Bundesgesetzblatt
BStBl	Bundessteuerblatt
bzw.	beziehungsweise
C	Celsius
DB	Der Betrieb
DCF	Discounted Cashflow
d.h.	das heißt
Diss.	Dissertation
EMU	Economic and Monetary Union
EStR	Einkommensteuerrichtlinien
F	Fahrenheit
(f.)f.	(fort)folgende
FTE	Flow to Equity
GoB	Grundsätze ordnungsmäßiger Buchführung
GuV	Gewinn- und Verlustrechnung
Hg.	Herausgeber

IAS	International Accounting Standards
idF	in der Fassung
IDW	Institut der Wirtschaftsprüfer
IFRS	International Financial Reporting Standards
Mio.	Millionen
Mrd.	Milliarden
n.F.	neue Fassung
NJW	Neue Juristische Wochenschrift
NYSE	New York Stock Exchange
OR	Operations Research
R	Richtlinie
rel.	relativ
S	Standard
S.	Seite
sog.	sogenannte(n)
SuSa	Summen- und Saldenliste
TCF	Total Cashflow
Tz.	Textziffer
Univ.	Universität
US	United States
US – GAAP	Generally Accepted Accounting Principles
u.U.	unter Umständen
vgl.	vergleiche
WACC	Weighted Average Cost of Capital
z.B.	zum Beispiel
zugl.	zugleich

Symbolverzeichnis

$\widetilde{A}_t$	Bilanzieller Vermögensgegenstand im Zeitpunkt t
$\widetilde{\alpha}_t$	Durchschnittliche Fremdfinanzierungsrate
$\widetilde{AT}_t$	Kapitalumschlag in Periode t
$\widetilde{\beta}_t$	Durchschnittliche Eigenfinanzierungsrate
$\widetilde{BD}_t$	Buchwert des Fremdkapitals (netto) im Zeitpunkt t
$\widetilde{BE}_t$	Reinvermögen eines fremdfinanzierten Unternehmens im Zeitpunkt t
$\widetilde{BV}_t$	Buchwert des eigenfinanzierten Unternehmens im Zeitpunkt t
$\widetilde{C}_t$	Betrieblicher Cashflow in Periode t
$\widetilde{CF}_t$	Freier Cashflow in Periode t
$\widetilde{CI}_t$	Betriebliche Einzahlung in Periode t
$\widetilde{CO}_t$	Betriebliche Auszahlung in Periode t
$\widetilde{D}_t$	Marktwert des Fremdkapitals (netto) im Zeitpunkt t
Δ	Differenz zwischen zwei Zeitpunkten
δ	Abschreibungsparameter
$\widetilde{E}_t$	Marktwert des Eigenkapitals im Zeitpunkt t
$\widetilde{\epsilon}_t$	Störgröße
$\widetilde{\eta}_t$	Bilanzieller Verschuldungsgrad (Typ 2) im Zeitpunkt t
$\mathrm{E}\,[\cdot]$	(Bedingte) Erwartung auf der Basis von P
$\mathrm{E}_Q\,[\cdot]$	(Bedingte) Erwartung auf der Basis von Q
$\widetilde{Exp}_t$	Aufwand in Periode t
$\mathbf{F}$	Filtration
$|\mathcal{F}_t$	Information im Zeitpunkt t
$\widetilde{FA}_t$	Buchwert der Liquiditätsreserven im Zeitpunkt t
$\widetilde{fac}_t$	Finanzielle Periodenabgrenzungen in Periode t
$\widetilde{FD}_t$	Marktwert des Fremdkapitals (brutto) im Zeitpunkt t

$\widetilde{FE}_t$ Finanzergebnis in Periode t

$\widetilde{FL}_t$ Buchwert des Fremdkapitals (brutto) im Zeitpunkt t

$\widetilde{FtD}_t$ Flow to Debt in Periode t

$\widetilde{FtE}_t$ Flow to Equity in Periode t

FV_0 Nominalwert eines Kredits

g_t Wachstumsrate des Buchwerts

γ Aktivierungsparameter, Rückstellungszuführungsbetrag, Wachstumsparameter

$\widetilde{I}_t$ Zinszahlung in Periode t

$\bar{I}$ Erwartete Investitionsauszahlung

i Nominalzinssatz

$\widetilde{Inv}_t$ Investitionsauszahlung in Periode t

$\widetilde{\kappa}_t$ Bilanzieller Verschuldungsgrad (Typ 1) im Zeitpunkt t

k_t^u Kapitalkosten des eigenfinanzierten Unternehmens im Zeitpunkt t

KW_t Kapitalwert im Zeitpunkt t

$\widetilde{L}_t$ Bilanzielle Schuld im Zeitpunkt t

$\widetilde{\lambda}_t$ Bilanzielle Verschuldungsquote im Zeitpunkt t

$\widetilde{LR}_t$ Marktwert der Liquiditätsreserven im Zeitpunkt t

n Lebensdauer von Investitionsprojekten

$\widetilde{CF}_t^{\text{tax}}$ Netto – Cashflow des fremdfinanzierten Unternehmens in Periode t

$\widetilde{NI}_t$ Jahresergebnis in Periode t

Ω Menge der Umweltzustände

ω Umweltzustand, Parameter

$\widetilde{OA}_t$ Vermögensgegenstände eines eigenfinanzierten Unternehmens im Zeitpunkt t

$\widetilde{oac}_t$ Betriebliche Periodenabgrenzungen in Periode t

$\widetilde{OI}_t$ Betriebsergebnis in Periode t

$\widetilde{OE}_t$ Aufwand des eigenfinanzierten Unternehmens in Periode t

$\widetilde{OL}_t$ Schulden eines eigenfinanzierten Unternehmens im Zeitpunkt t

$\widetilde{OR}_t$ Ertrag des eigenfinanzierten Unternehmens in Periode t

P Subjektives Wahrscheinlichkeitsmaß, Marktwert eines sicheren Zahlungstroms im Zeitpunkt t

$\widetilde{P}_j$	Preis eines in Periode j zu zahlenden Cashflows im Zeitpunkt t
$p_{j,t}$	Diskontierungszinssatz
$\phi_{t,i}$	Abschreibungskoeffizient
$\widetilde{PM}_t$	Gewinnspanne in Periode t
ψ	Kapitalwert
Q	Risikoneutrales Wahrscheinlichkeitsmaß
$\widetilde{R}_t$	Tilgung in Periode t
$\mathcal{R}$	Menge der reellen Zahlen
$\widetilde{RBV}_t$	Eigenkapitalrendite des eigenfinanzierten Unternehmens in Periode t
$\widetilde{Rev}_t$	Ertrag in Periode t
R_f	Risikoloser Zinssatz plus 1
r_f	Risikoloser Zinssatz
ρ_t	Kapitalkostensatz
$\widetilde{RI}_t$	Residualgewinn in Periode t
$\widetilde{S}_t$	Umsatzerlöse in Periode t
σ_t^2	Varianz der Störgröße
T	Zeithorizont
t	Periode, Zeitpunkt
τ	(Grenz)Ertragsteuersatz der Unternehmung
τ^{eff}	Effektiver Steuersatz
$\widetilde{Tax}_t^l$	Steuerzahlung des fremdfinanzierten Unternehmens in Periode t
$\widetilde{Tax}_t^u$	Steuerzahlung des eigenfinanzierten Unternehmens in Periode t
$\theta_{t,i}$	Abgrenzungskoeffizient
$\widetilde{V}_t$	Preis eines Finanztitels im Zeitpunkt t
$\widetilde{V}_t^l$	Marktwert des fremdfinanzierten Unternehmens im Zeitpunkt t
$\widetilde{V}_t^{ts}$	Marktwert der Steuervorteile im Zeitpunkt t
$\widetilde{V}_t^u$	Marktwert des eigenfinanzierten Unternehmens im Zeitpunkt t
X	Sicherer Zahlungsstrom in Periode t
ξ_t	Wachstumsparameter
ζ	Effektivzinssatz
$\widetilde{ZA}_t$	Zinsaufwand in Periode t
$\widetilde{ZE}_t$	Zinsertrag in Periode t

Tabellenverzeichnis

Abbildungsverzeichnis

Problemstellung

Ziel der Untersuchung

Unternehmungen werden ständig mit einer Vielzahl betriebswirtschaftlicher Fragestellungen konfrontiert. So muß etwa entschieden werden, ob eine alte Maschine durch eine neue zu ersetzen ist; ob eine neue Maschine mit Eigenkapital, mit Fremdkapital oder mit einem Mix aus beiden Finanzierungsformen bezahlt wird; ob die Preise für Produkte und Dienstleistungen zweckmäßigerweise lieber erhöht oder gesenkt werden; oder ob es sich lohnt, den Mitarbeitern eine Altersversorgung anzubieten. Jede dieser Entscheidungen führt zu Einzahlungen oder Auszahlungen, die zu verschiedenen Zeitpunkten anfallen. Diese Zahlungen bilden wiederum die Grundlage für die Bewertung einer Unternehmung mit Hilfe der Theorie des Discounted Cashflow (DCF). Im Kern erfordert die Bestimmung des Unternehmenswerts, daß künftige Einzahlungsüberschüsse mit Kapitalkosten abgezinst und anschließend addiert werden.[1] Dabei muß der Einfluß von Steuern sowohl auf die Cashflows im Zähler der Bewertungsgleichung als auch auf die Kapitalkosten im Nenner angemessen berücksichtigt werden.

Traditionell hat die Unternehmensbewertung im deutschsprachigen Raum stets eine wichtige Rolle in der betriebswirtschaftlichen Forschung gespielt. Eine Vielzahl von Dissertationen und Beiträgen in wissenschaftlichen Fachzeitschriften zeugen davon, daß diese Bedeutung auch in jüngster Zeit nicht abgenommen, sondern eher noch zugenommen hat.[2] Bei näherer Betrachtung stellt man fest, daß sich diese Beiträge überwiegend mit der Frage befassen, wie Kapitalkosten unter bestimmten steuerlichen Voraussetzungen theoretisch fundiert abgeleitet werden können.[3] Probleme im Zusammenhang mit der Bestimmung

---

1 Hierbei ist prinzipiell die Größenordnung, die zeitliche Struktur sowie der Grad an Unsicherheit der Zahlungen zu beachten, vgl. *Schmidt und Terberger* (1997), S. 51. Ein Unternehmen ist dabei um so mehr wert, je höher die Zahlungen ausfallen, je früher die Zahlungen anfallen, und je weniger riskant die Zahlungen sind.

2 Stellvertretend für viele seien hier die Dissertationen von *Braun* (2005), *Munkert* (2005), *Lobe* (2006), *Wiese* (2006) sowie *Metz* (2007) genannt.

3 Das gilt im wesentlichen auch für die eingangs zitierten Dissertationen. Drei dieser Beiträge

von Einzahlungsüberschüssen werden hingegen typischerweise ausgeklammert. Das hängt vermutlich damit zusammen, daß man in bezug auf das Kapitalkosten-konzept theoretisch korrekte Aussagen treffen kann, ohne sich konkret mit den jeweiligen Investitions- und Leistungsaktivitäten einer Unternehmung ausein-andersetzen zu müssen. Für Einzahlungsüberschüsse gilt das naturgemäß nicht. Eine Diskussion der Frage, wie künftige Cashflows angemessen prognostiziert werden, findet eher im Rahmen der Bilanz- bzw. Jahresabschlußanalyse statt.[4] In diesem Zusammenhang bilden vergangene Jahresabschlußdaten eine wesent-liche Informationsgrundlage für die Schätzung künftiger Einzahlungsüberschüs-se. Eine wichtige Rolle spielt dabei die Frage, wie Bilanz und GuV zweckmä-ßigerweise zu reformulieren sind, damit die in der Vergangenheit beobachtete Profitabilität einen Aufschluß über die künftige Profitabilität gibt.

In der Literatur zur DCF – Bewertungstheorie werden Rechnungslegungsin-formationen hingegen kaum berücksichtigt. Dabei liegen die Vorteile klar auf der Hand: Zunächst einmal stehen die durch das externe Rechnungswesen bereitge-stellten Informationen für Bewertungszwecke nahezu kostenlos zur Verfügung, da Unternehmen ohnehin gezwungen sind, einen Jahresabschluß zu erstellen – etwa zum Zwecke der Ausschüttungsbemessung –, und möglicherweise auch zu publizieren – etwa weil die Zulassungsvoraussetzungen bestimmter Wertpapier-börsen das so vorsehen.[5] Ferner ist die Verknüpfung von Finanzierungsrestrik-tionen mit realisierten Jahresabschlußdaten vorteilhaft, da diese grundsätzlich verifizierbar sind, und etwaige gerichtliche Auseinandersetzungen weniger kost-spielig ausfallen.

Auch die vorliegende Arbeit beschäftigt sich mit der Theorie des Discounted Cashflow. Jedoch rückt hier die Rolle der externen Rechnungslegung mehr in den Vordergrund. Anhand ausgewählter Teilaspekte soll gezeigt werden, daß auch eine auf Zahlungen basierte Bewertungstheorie nicht auf Informationen verzichten kann, die durch das externe Rechnungswesen bereitgestellt werden. Knapp auf den Punkt gebracht, läßt sich aus den Ergebnissen der vorliegenden Arbeit folgendes ableiten: Die Jahresabschlußanalyse sollte als ein unerläßlicher Bestandteil der Unternehmensbewertung aufgefaßt werden – nicht nur weil sie aus praktischer Sicht dem Bewerter die Arbeit erleichtert, sondern auch weil sie aus theoretischer Sicht notwendig ist.

---

enthalten sogar die Begriffe »Kapitalisierungszinssatz« bzw. »Zinsfuß« explizit im Titel.

4 Vgl. etwa *Penman* (2007); *Küting und Weber* (2006) oder *Baetge, Kirsch und Thiele* (2004).

5 Vgl. § 61 f. Börsenordnung der Frankfurter Wertpapierbörse. Siehe auch §§ 325 – 328 HGB.

Aufbau der Arbeit und Literaturüberblick

Um die Rolle des externen Rechnungswesens bei der Unternehmensbewertung von verschiedenen Blickwinkeln beleuchten zu können, stellt Kapitel 1 den Modellrahmen der Theorie des Discounted Cashflow dar. In ihrem Kern beschäftigt sich die DCF – Theorie mit der Frage, welche Wertdifferenz aus der Fremdfinanzierung eines Unternehmens resultiert. Anteilig fremdfinanzierte Unternehmen haben gegenüber eigenfinanzierten Unternehmen den Vorteil, daß sie weniger Gewinnsteuern zahlen müssen, weil Fremdkapitalzinsen von der steuerlichen Bemessungsgrundlage abgezogen werden können. Der Marktwertunterschied zwischen fremdfinanzierten und eigenfinanzierten Unternehmen wird in der Literatur als »tax shield« bezeichnet. Um diesen Steuervorteil bewerten zu können, muß klar sein, worin sich fremdfinanzierte und eigenfinanzierte Unternehmen unterscheiden, und in bezug auf welche Aspekte sie als identisch zu betrachten sind. Deshalb beginnt das Kapitel mit der Klärung wichtiger Grundbegriffe. Eine zentrale Rolle spielt hierbei die Abgrenzung des Fremdkapitalbegriffs. Im Kontext dieser Arbeit fällt unter diesen Begriff ausschließlich die Beschaffung von Zahlungsmitteln auf dem Kapitalmarkt gegen kontraktbestimmte (ergebnisunabhängige) Auszahlungsansprüche. Steuerliche Effekte, die auf Innenfinanzierungsaktivitäten zurückzuführen sind, werden dem eigenfinanzierten Unternehmen zugeordnet.

Als klassische Arbeiten zur Bewertungstheorie unter Sicherheit sind *Fisher* (1930) und *Williams* (1938) zu nennen. Ausführungen zur Bewertung unsicherer Zahlungsströme durch Duplikation sowie zum Fundamentalsatz finden sich in Beiträgen von *Beja* (1971), *Ross* (1978) oder *Harrison und Kreps* (1979). *Modigliani und Miller* (1958) bzw. *Modigliani und Miller* (1963) beschäftigen sich mit der Bewertung von fremdfinanzierten Unternehmen in einer unsicheren Welt ohne Steuern bzw. mit Steuern und bilden damit die Grundlage für die moderne Unternehmensbewertung. In Deutschland ist zu diesem Thema eine Vielzahl von Monographien erschienen, siehe etwa *Ballwieser* (2007) oder *Drukarczyk und Schüler* (2007). Eine gute Zusammenfassung des aktuellen Forschungsstands bieten *Kruschwitz und Löffler* (2006), während *Rappaport* (1998), *Koller, Goedhart und Wessels* (2005) oder *Damodaran* (2006) eher praktisch ausgerichtet sind.

Wesentliche Grundlage einer jeden Unternehmensbewertung sind an die Investoren fließende Zahlungen.[6] In diesem Zusammenhang benötigt der Bewerter eines fremdfinanzierten Unternehmens Informationen darüber, wie hoch die freien Cashflows ausfielen, wenn die Unternehmung ausschließlich mit Eigenkapital finanziert wäre. Eng damit verbunden ist die Frage, welche Steuervorteile eine bestimmte Finanzierungspolitik in der Zukunft erwarten läßt.

Diese Fragen lassen sich unter Zuhilfenahme von Jahresabschlußdaten beantworten. Das ist zunächst einmal unbestritten, wenn man an die Ermittlung der Steuervorteile denkt. Schließlich bildet das durch die externe Rechnungslegung festgestellte Jahresergebnis die Bemessungsgrundlage für die zu zahlenden Steuern.

Aber auch in bezug auf die Ermittlung der freien Cashflows spielen Jahresabschlußdaten eine wichtige Rolle. Hierfür lassen sich zwei Gründe anführen: Einerseits ist es eine Tatsache, daß in der Praxis die Herleitung des freien Cashflows nicht direkt über Finanzpläne, sondern indirekt – also durch Modifikation des in der Gewinn- und Verlustrechnung (GuV) ausgewiesenen Jahresergebnisses – vorgenommen wird.[7] Aber selbst aus theoretischer Sicht kann für die indirekte Methode argumentiert werden: Auch ein eigenfinanziertes Unternehmen muß Steuern zahlen, und auch hier hängt die Höhe der Steuerbelastung einer Periode nicht von der Höhe des jeweils erzielten Zahlungsstroms ab, sondern vom Jahresergebnis, das durch die externe Rechnungslegung festgestellt wird.

Sollen Cashflows aus Jahresabschlußdaten hergeleitet werden, so wird typischerweise der Aggregationsprozeß des Rechnungslegungssystems »rückgängig« gemacht, indem zum Jahresüberschuß einer Periode verschiedene Positionen wieder addiert bzw. subtrahiert werden. »Pragmatische Faustformeln«, die lediglich das Jahresergebnis um Abschreibungen und langfristige Rückstellungszuführungen bereinigen, sind für eine exakte Analyse eher ungeeignet. Bei korrekter Vorgehensweise ist jedoch die praktische Umsetzung recht kompliziert, da typischerweise eine Vielzahl von Anpassungen erforderlich ist.[8]

Die jahresabschlußorientierte Herleitung von Zahlungen läßt sich jedoch drastisch vereinfachen, wenn auch die Bilanz explizit in den »Disaggregationsprozeß« einbezogen wird. Aufgrund des Prinzips der doppelten Buchführung ist die Zahlungsebene nicht nur mit der Erfolgsebene, sondern zwangsläufig auch

---

6 Vgl. *Drukarczyk und Schüler* (2007), S. 105.
7 Siehe etwa *Institut der Wirtschaftsprüfer in Deutschland* (2002).
8 Vgl. *Drukarczyk* (2003), S 78 ff. oder *Hachmeister* (2000), S. 61 ff.

mit der bilanziellen Bestandsebene verknüpft. Geht es um die Bestimmung von Zahlungen, so bilden Bilanz und GuV also gleichberechtigte – und zudem auch noch komplementäre – Informationsgrundlagen. Vor diesem Hintergrund wird in Kapitel 2 gezeigt, daß Bilanz und GuV eines fremdfinanzierten Unternehmens ausreichen, um den freien Cashflow dieses Unternehmens bei vorläufiger Eigenfinanzierung auf exakte – und dennoch einfache – Weise zu ermitteln.

Die konzeptionelle Grundlage für die hier vorgestellte Herangehensweise findet sich bereits in der einflußreichen Arbeit von *Feltham und Ohlson* (1995). In diesem Beitrag bilden reformulierte Jahresabschlußdaten jedoch nicht die Grundlage zur effizienten Bestimmung von Steuervorteilen, sondern sie dienen vielmehr als Grundlage für die Formulierung eines Zusammenhangs zwischen Marktwerten und aktuellen Rechnungslegungsdaten. Entsprechend wird der Einfluß der Besteuerung auf den Marktwert in diesem Modellrahmen auch ausgeblendet. In der Folge wurde die Modelltheorie durch die Arbeiten von *Nissim und Penman* (2001), *Nissim und Penman* (2003) sowie *Penman* (2007) für die praktische Bilanzanalyse modifiziert.

Die Höhe der Steuervorteile eines fremdfinanzierten Unternehmens ist von verschiedenen Faktoren abhängig: Neben dem Zinssatz und dem Steuersatz spielt im Rahmen der DCF – Theorie insbesondere die zukünftige Höhe der Fremdkapitalmarktwerte eine wichtige Rolle (Finanzierungspolitik). Dabei wird vorausgesetzt, daß der Steuervorteil einer Periode dem Produkt aus Steuersatz und ökonomischer Verzinsung des Fremdkapitals entspricht.[9]

Faktisch begründet jedoch ausschließlich der in der Gewinn- und Verlustrechnung ausgewiesene Zinsaufwand einen bewertbaren Steuervorteil. In Kapitel 3 wird nun diskutiert, ob beide Konzepte ohne weiteres als identisch betrachtet werden können. Hier sind Zweifel angebracht, denn der Zinsaufwand hängt von den konkreten Abbildungs- und Bewertungskonventionen eines Rechnungslegungssystems ab, das Konzept des ökonomischen Gewinns erwächst jedoch aus einer Marktbewertung. Beides hat *per se* nichts miteinander zu tun. In der Analyse wird sich herausstellen, daß der DCF – Modellrahmen implizit eine Fair – Value – Bewertung des Fremdkapitals voraussetzt, d.h. die in der Bilanz ausgewiesenen Fremdkapitalbuchwerte müssen mit ihren Marktwerten übereinstimmen.

---

9 Die ökonomische Verzinsung entspricht gerade dem Produkt aus Kapitalmarktzins und Marktwert des Fremdkapitals zu Beginn der Periode.

In Kapitel 4 wird gezeigt, daß Informationen der externen Rechnungslegung nicht nur bei der Bestimmung von Cashflows helfen und insofern Mittel zum Zweck sind. Jahresabschlußdaten können auch selbst Gegenstand von Finanzierungspolitiken sein. In der Praxis von herausragender Bedeutung ist die Bewertung mit Hilfe des sogenannten »Weighted Average Cost of Capital« (WACC).[10] Dieses Konzept erfordert bereits im Bewertungszeitpunkt die verbindliche Planung künftiger Zielverschuldungsquoten, die auf den Marktwerten von Fremd- und Eigenkapital basieren.[11] Ein typischerweise in der Literatur zu findender Einwand gegen die Verwendung von Zielkapitalstrukturen zu Marktwerten besteht darin, daß deren Einhaltung die (unrealistische) Anpassung des Fremdkapitalbestands an die viel volatileren Aktienkurse erfordert.[12]

In Verträgen mit Gläubigern finden sich jedoch häufig sogenannte Negativklauseln (Covenants), die auf Buchwerten, also auf Daten der externen Unternehmensrechnung, beruhen. Beispielsweise strebt der Lufthansa Konzern an, das Verhältnis der Schulden zum Vermögen mittelfristig auf 70 % zu senken; beim Bertelsmann Konzern beträgt die langfristige Zielmarke 75 %.[13] Weitere empirische Nachweise finden sich bei *Press und Weintrop* (1990); *Sweeney* (1994); *Begley und Feltham* (1999); *Begley und Freeman* (2004) oder *Asquith, Beatty und Weber* (2005). Die vertragliche Vereinbarung bilanzieller Zielkapitalstrukturen weist gegenüber marktwertbasierten Informationen einen wichtigen Vorteil auf: Rechnungslegungsgrößen sind grundsätzlich verifizierbar, so daß etwaige gerichtliche Auseinandersetzungen für beide Vertragspartner weniger kostspielig ausfallen.

Basieren die geplanten Verschuldungsquoten jedoch nicht auf Marktwerten, dann fehlt eine wichtige Anwendungsvoraussetzung des WACC – Ansatzes. Bisher war unklar, wie eine Bewertung in dieser Situation vorzunehmen ist. Die »pragmatische« Lösung bestünde darin, die bilanziellen Verschuldungsquoten zugrundezulegen, dennoch mit dem WACC – Ansatz zu rechnen und zu hoffen, daß der zwangsläufig in Kauf zu nehmende Fehler hinreichend klein ist. Jedoch zeigen *Essler, Kruschwitz und Löffler* (2004) bereits im Rahmen eines einfachen Beispiels, daß die Unterschiede durchaus gravierend ausfallen können. Da Buchwerte grundsätzlich irrelevant für den DCF – Modellrahmen sind,

---

10 Siehe etwa *Bierman* (1993) und *Bruner, Eades, Harris und Higgins* (1998).
11 Vgl. *Wallmeier* (1999) oder *Löffler* (2004).
12 Siehe dazu *Schildbach* (2000).
13 Vgl. Geschäftsbericht Lufthansa 2006, S. 19 bzw. Bertelsmann Geschäftsbericht 2006, S. 73.

könnte vom theoretischen Standpunkt aus gefragt werden, warum man die bilanziellen Negativklauseln nicht einfach ignoriert und stattdessen eins der etablierten Bewertungsverfahren zum Ansatz bringt – indem beispielsweise eine marktwertorientierte Finanzierungspolitik vorgegeben und der Unternehmenswert mit Hilfe des WACC – Verfahrens bestimmt wird. Diesem Einwand ist jedoch entgegenzuhalten, daß man bei Vorgabe marktwertbasierter Verschuldungsquoten Gefahr läuft, die im Kreditvertrag vereinbarte Negativklausel zu verletzen. Dahinter steckt die Überlegung, daß die Steigerung des Marktwerts einer Unternehmung häufig keine unmittelbare Auswirkung auf den Buchwert in der Bilanz hat – die als Folge der marktwertorientierten Finanzierungspolitik zwingend notwendige Aufstockung des Fremdkapitalanteils sich jedoch in einem gestiegenen Fremdkapitalbuchwert niederschlägt.[14] Um also die Einhaltung bilanzieller Negativklauseln zu gewährleisten, sollten diese als Restriktion in eine Unternehmensbewertung einbezogen werden.

Vor diesem Hintergrund werden drei unterschiedliche Lösungsansätze diskutiert, die die Herleitung von Bewertungsgleichungen für ein Unternehmen erlauben, das seine Verschuldungsquoten nicht in Marktwerten sondern in Buchwerten mißt. Die Modelle stützen sich dabei auf das Konzept der buchwertorientierten Finanzierung, das in einer jüngst erschienenen Arbeit von *Kruschwitz und Löffler* (2006) vorgestellt wurde.[15] Im einzelnen diskutieren die beiden Autoren drei Investititionsstrategien: Die sogenannte »full distribution policy« unterstellt, daß die Unternehmung ihre Gewinne in jeder Periode vollständig an ihre Eigentümer ausschüttet. Als Konsequenz bleibt der Buchwert des Eigenkapitals konstant, und bilanzielles Wachstum wird ausschließlich fremdfinanziert. Im Gegensatz dazu unterstellt die als »replacement investments« umschriebene Strategie, daß künftig auf Erweiterungsinvestitionen verzichtet wird. Damit bleibt die Summe aus Eigenkapital und Fremdkapital konstant; die Verschuldungsquoten dienen auschließlich der Anpassung der Kapitalstruktur. Schließlich unterstellt die Investitionspolitik »based on cash flows« eine deterministische Abhängigkeit der Investitionsauszahlungen vom betrieblichen Cashflow. Hierbei nehmen die

---

14 Ähnliche Probleme treten auf, wenn eine autonome Finanzierungspolitik vorgegeben wird: Angenommen, im Bewertungszeitpunkt wird von einer künftigen Expansion ausgegangen, die durch eine entsprechende Aufstockung des Fremdkapitals begleitet wird. Sinkt nun der Marktwert des Unternehmens, so bleibt sein Buchwert höchstens konstant (vermutlich sinkt er ebenfalls aufgrund etwa vorzunehmender Abschreibungen); der Fremdkapitalbuchwert steigt jedoch aufgrund der ex ante fixierten Fremdkapitalplanung.

15 Vgl. Abschnitt 2.5 in *Kruschwitz und Löffler* (2006).

Autoren zusätzlich an, daß alle Investitionsprojekte die gleiche Nutzungsdauer aufweisen, zu Anschaffungskosten aktiviert und in der Folge linear abgeschrieben werden.

Die ersten beiden Investitionsstrategien haben Buchwerte zum Ergebnis, die künftig deterministisch sind und insofern sichere Steuervorteile implizieren. *Wiese* (2006) erweitert diese beiden Lösungsansätze um persönliche Einkommensteuern. Bei der cashfloworientierten Investitionspolitik resultieren stochastische Buchwerte, die entsprechend stochastische Steuervorteile implizieren. Dieser Lösungsansatz ist auch Gegenstand der Arbeiten von *Essler, Kruschwitz und Löffler* (2004) sowie *Essler, Kruschwitz und Löffler* (2005). Eine ähnliche Investitionsstrategie bei degressiver Abschreibung des Buchwerts findet sich beispielhaft in *Drukarczyk und Richter* (2001). *Richter* (2005) diskutiert relativ knapp eine Modellvariante, bei der die Höhe der künftigen Investitionsauszahlungen stets einem ex ante festgelegten Anteil des Gewinns entspricht.

1 Das Grundmodell der Theorie des Discounted Cashflow

Das grundlegende Bewertungsprinzip besteht darin, einen Vergleich anzustellen: »Ein ›Bewertungsobjekt‹ wird einem ›Vergleichsobjekt‹ gegenübergestellt; aus dem bekannten Preis des Vergleichsobjekts wird auf den unbekannten Preis (Wert) des Bewertungsobjekts geschlossen. [...] Eine Bewertung ohne Vergleichsobjekt bedeutete, daß das Bewertungsobjekt seinen Wertmaßstab ›in sich selbst‹ trüge, daß es einen ›absoluten‹, also nicht aus gegebenen Preisen anderer Objekte abgeleiteten Wert hätte. Ein solcher absoluter Wert wäre jedenfalls im Bereich der Unternehmensbewertung nicht sinnvoll.«[1]

Um in einer Welt ohne Kapitalmärkte den Wert künftiger Zahlungsansprüche zu ermitteln, muß man die Zeit- und Risikopräferenzen des jeweiligen Entscheidungsträgers kennen. Eine solche präferenzorientierte Bewertung ist in der Realität aus zwei Gründen kaum anzutreffen: Naturgemäß sind persönliche Präferenzen selten bekannt und überdies schwer zu ermitteln. Nun kann diese Frage zumindest prinzipiell als lösbar aufgefaßt werden. Viel schwerer wiegt jedoch das Problem divergierender Präferenzen: Typischerweise wird der Finanzierungsbedarf von Unternehmen nicht nur von einem einzelnen, sondern von mehreren Kapitalgebern aufgebracht. Eindeutige Handlungsempfehlungen sind in dieser Situation eher nicht zu erwarten, da Präferenzen nur in Ausnahmefällen aggregiert werden können.[2]

Existiert jedoch ein Kapitalmarkt mit bestimmten Eigenschaften, so kann eine Unternehmensbewertung in einem gewissen Sinne »präferenzfrei« vorgenommen werden. Die Kernidee besteht darin, aus den am Markt gehandelten Finanztiteln ein Portfolio zu konstruieren, dessen Zahlungen sich von den Zahlungsansprüchen des Unternehmens nach außen nicht unterscheiden lassen, um so vom (beobachtbaren) Preis des Portfolios auf den gesuchten Unternehmens-

---

1 *Moxter* (1983), S. 122.
2 Vgl. das Unmöglichkeitstheorem zur Aggregation von Präferenzen bei *Arrow* (1970) sowie *Breuer* (1997), S. 222.

wert zu schließen.[3] Dabei muß der Preisbildungsprozeß auf dem Kapitalmarkt als exogen unterstellt werden. Nur durch diese Partialbetrachtung gelingt es, die Präferenzen der Kapitalmarktteilnehmer aus der Bewertung herauszuhalten.

Dieses Kapitel stellt den Modellrahmen für die kapitalmarktorientierte Bewertung dar. Abschnitt 1.1 beginnt mit der Klärung einiger wesentlicher Grundbegriffe. Daran anschließend wird die Bewertung einer eigenfinanzierten Unternehmung in Abschnitt 1.2 erörtert, während die Bewertung eines fremdfinanzierten Unternehmens Gegenstand von Abschnitt 1.3 ist. In Abschnitt 1.4 wird diskutiert, wie Insolvenzrisiken und Ausschüttungssperrvorschriften im Kontext dieser Arbeit behandelt werden. Der Begriff der »Finanzierungspolitik« als Grundlage der verschiedenen DCF – Verfahren wird in Abschnitt 1.5 eingeführt. Abschnitt 1.6 faßt die Ausführungen dieses Kapitels kurz zusammen.

1.1 Grundbegriffe

Vor der Erörterung von Detailfragen empfiehlt sich das Finden einer gemeinsamen Sprache. Insofern ist es sinnvoll, die Klärung einiger Grundbegriffe unmittelbar an den Anfang der Ausführungen zu stellen. Dabei ist es wichtig, sich stets zu vergegenwärtigen, daß die hier getroffene Begriffswahl weder richtig noch falsch ist. In Bezug auf später zu formulierende Gedanken werden sich die hier verwendeten Definitionen jedoch als zweckmäßig herausstellen.

1.1.1 Der Kapitalmarkt

»Kapitalmarkt« wird hier als Sammelbegriff für Finanzmärkte verwendet, auf denen Nachfrager nach Geld heute mit Nachfragern für künftige Einzahlungsansprüche bzw. Anbieter von Geld heute mit Anbietern künftiger Auszahlungsansprüche zusammentreffen.[4] Neben der Wertpapierbörse umfaßt diese Definition auch den Geld- und Kreditmarkt.

Der Kapitalmarkt ist wettbewerblich organisiert: Marktteilnehmer verhalten sich wie Mengenanpasser und nehmen die Marktpreise der dort gehandelten Finanztitel als gegeben. Diese Charakterisierung hat Einschränkungen zur Folge, wenn Unternehmungen bewertet werden sollen, deren leistungswirtschaftliche Aktivitäten zugleich das Tätigwerden auf Finanzmärkten beinhaltet, wie das z.B.

---

3   Vgl. beispielsweise Kapitel 7.4 in *Kruschwitz* (2007a).
4   Vgl. *Schneider* (1992), S. 12.

bei Kreditinstituten oder Versicherungen der Fall ist. Da sich die Überlegungen in dieser Arbeit insofern nur sehr bedingt auf die Bewertung von Finanzintermediären übertragen lassen, wird diese Branche im folgenden aus den Betrachtungen ausgeklammert.[5]

Die Unsicherheit auf diesem Kapitalmarkt wird durch den Wahrscheinlichkeitsraum $\{\Omega, \mathbf{F}, P\}$ beschrieben. Dabei wird vereinfachend eine endliche Menge an Umweltzuständen $\omega \in \Omega$ unterstellt: Ereignisse (σ-Algebren) können somit als Partitionen von Ω aufgefaßt werden. Die Informationsverteilung unter den Marktteilnehmern bezüglich des Zustandsraums sowie der möglichen Ereignisse ist homogen und wird durch eine Filtration $\mathbf{F} = \{\mathcal{F}_t\}_{t=0}^{T}$ repräsentiert.[6] Homogene Erwartungen liegen vor, wenn alle Marktteilnehmer sich darüber einig sind, welche Zahlungen ein Finanztitel seinem Inhaber verspricht, wenn ein bestimmter Umweltzustand eintritt. Nicht vorausgesetzt wird jedoch, daß die Eintrittswahrscheinlichkeiten $P(\omega)$ der möglichen Zustände von allen Marktteilnehmern gleich eingeschätzt werden.[7]

Als Finanztitel wird ein verbrieftes Wertpapier bezeichnet, das auf dem Kapitalmarkt gehandelt wird und seinem jeweiligen Inhaber das Recht auf zukünftige Zahlungsansprüche einräumt; diese Zahlungsansprüche können zustandsabhängig (z.B. Aktien, Derivate) oder auch zustandsunabhängig (z.B. Anleihen, Geldmarktpapiere) sein. Die Marktteilnehmer können jederzeit Portfolios aus diesen Finanztiteln bilden. Eine Arbitragegelegenheit liegt immer dann vor, wenn eine Portfoliostrategie seinem Inhaber zu einem bestimmten Zeitpunkt nichtnegative Zahlungsansprüche bei einer nichtpositiven Auszahlung im Bewertungszeitpunkt verspricht.[8] Existierten solche Arbitragelegenheiten dauerhaft auf realen Kapitalmärkten, könnten Marktteilnehmer durch bloßes Handeln von Finanztiteln unendlich reich werden. Das widerspricht zum einem dem ökonomischen Paradigma von der Knappheit der Ressourcen; zudem ist es in einer solchen Situation aussichtslos, einen Kalkül zur Bewertung eines Unternehmens herzuleiten, weil kein sinnvoll definiertes Vergleichsobjekt mehr zur Verfügung steht.[9] Insofern ist das Prinzip der Arbitragefreiheit notwendigerweise vorauszusetzen:

---

5 Zur Bewertung von Kreditinstituten siehe beispielsweise *Kunowski* (2002).

6 Eine Folge von σ-Algebren $\{\mathcal{F}_t\}_{t=0}^{T}$ auf dem Wahrscheinlichkeitsraum Ω heißt *Filtration*, wenn $\mathcal{F}_0 \subseteq \mathcal{F}_1 \subseteq \cdots \subseteq \mathcal{F}$ gilt, vgl. *Pliska* (1997), S. 76.

7 Vgl. *Christensen und Feltham* (2003), S. 144 ff.

8 Eine präzise formale Darstellung von Arbitragegelegenheiten findet sich beispielsweise in *Pliska* (1997), S. 92 oder *LeRoy und Werner* (2001), S. 229 f.

9 Siehe auch die Diskussion in *Kruschwitz und Löffler* (2005b), S. 74 ff.

Annahme 1.1 (Arbitragefreiheit) *Der Kapitalmarkt ist frei von Arbitragegelegenheiten.*

Da das Arbitragefreiheitsprinzip zwar eine notwendige, jedoch keine hinreichende Bedingung für ein Gleichgewicht darstellt, läßt sich aus Annahme 1.1 nicht unmittelbar auf ein Kapitalmarktgleichgewicht schließen.

Ist der Kapitalmarkt arbitragefrei, so kann die Existenz einer linearen Marktbewertungsfunktion vorausgesetzt werden. Bezeichnet man den Preis eines beliebigen Finanztitels im Zeitpunkt t mit $\widetilde{V}_t$ sowie den entsprechenden Cashflow mit $\widetilde{CF}_t$, so kann folgende Aussage formuliert werden:[10]

Satz 1.1 (Fundamentalsatz der Preistheorie) *Der Kapitalmarkt ist genau dann arbitragefrei, wenn ein Wahrscheinlichkeitsmaß Q existiert, so daß für einen beliebigen Finanztitel zu jedem Zeitpunkt t die Beziehung*

$$\widetilde{V}_t = \frac{\mathrm{E}_Q\left[\widetilde{CF}_{t+1} + \widetilde{V}_{t+1}|\mathcal{F}_t\right]}{1 + r_f} \tag{1.1}$$

erfüllt ist.

Hierbei bezeichnet $\mathrm{E}_Q\left[\,\cdot\,|\mathcal{F}_t\right]$ den $\mathcal{F}_t$–bedingten Erwartungswert sowie r_f den risikolosen Zinssatz, der vereinfachend als konstant unterstellt wird. Gemäß Gleichung (1.1) entspricht der Marktpreis eines jeden Finanztitels genau seinen zustandsabhängigen Rückflüssen, wenn diese mit dem virtuellen Wahrscheinlichkeitsmaß Q gewichtet und dann risikolos abgezinst werden. Q wird deshalb auch als »risikoneutrales Wahrscheinlichkeitsmaß« bezeichnet, weil die Marktteilnehmer scheinbar wie in einer risikoneutralen Welt agieren. Tatsächlich wird für risikoaverse Investoren in aller Regel $\mathrm{E}_Q\left[\,\cdot\,|\mathcal{F}_t\right] < \mathrm{E}\left[\,\cdot\,|\mathcal{F}_t\right]$ gelten.[11] So entspricht $\mathrm{E}_Q\left[\widetilde{CF}_{t+1} + \widetilde{V}_{t+1}|\mathcal{F}_t\right]$ gerade dem jeweiligen Sicherheitsäquivalent des Bruttorückflusses $\widetilde{CF}_{t+1} + \widetilde{V}_{t+1}$.[12]

---

10 Beide Größen können aus Sicht des Bewertungszeitpunkts $t = 0$ stochastisch sein. Im folgenden werden Zufallsvariablen stets mit einer Tilde gekennzeichnet. Für einen Beweis dieses Satzes siehe beispielsweise *Irle* (2003) oder *Back und Pliska* (1991).

11 Diese Beziehung ist genau dann erfüllt, wenn $\mathrm{Cov}\left[\widetilde{CF}_{t+1}, \widetilde{q}_{t+1}|\mathcal{F}_t\right] < 0$ mit $q\left(\mathcal{F}_{t+1}|\mathcal{F}_t\right) \equiv Q\left(\mathcal{F}_{t+1}|\mathcal{F}_t\right) / P\left(\mathcal{F}_{t+1}|\mathcal{F}_t\right)$ gilt. Das ist stets dann der Fall, wenn die Rückflüsse eines Finanztitels negativ mit dem über alle Marktteilnehmer aggregierten Konsum korreliert sind, wovon man typischerweise ausgehen kann, siehe hierzu auch *Varian* (1992), S. 383.

12 Vgl. *Ohlson* (1999), S. 5.

Eindeutig definiert ist Q nur auf einem vollständigen Kapitalmarkt. Ein solcher wird aber im folgenden nicht vorausgesetzt. Auf einem unvollständigen Markt existieren unendlich viele risikoneutrale Wahrescheinlichkeitsmaße, die jedoch alle zum gleichen Marktwert führen.[13]

Um den Fundamentalsatz auch auf ein (noch) nicht gehandeltes Unternehmen anwenden zu können, muß zusätzlich die Exogenität dieses Bewertungskalküls sichergestellt sein. Das bedeutet konkret: Zukünftige unternehmerische Entscheidungen dürfen weder zur Schaffung von Zahlungsströmen führen, die bislang auf dem betrachteten Kapitalmarkt noch gar nicht verfügbar sind (»Spanning-Bedingung«), noch dürfen sie einen Einfluß auf die am Kapitalmarkt herrschenden Preise haben (»Competitivity-Bedingung«).[14] Insofern wird folgende Annahme getroffen:

Annahme 1.2 (Exogenität der Marktbewertungsfunktion) *Die Marktpreise der am Kapitalmarkt gehandelten Finanztitel sind unabhängig von Produktions- und Finanzierungsentscheidungen des zu bewertenden Unternehmens (»Competitivity«). Dessen Cashflows können durch geeignete Portfoliobildung am Kapitalmarkt dupliziert werden (»Spanning«).*

Die erste, in Annahme 1.2 formulierte, Bedingung sorgt dafür, daß das vom Management angestrebte Investitionsprogramm hinreichend »klein« im Vergleich zu den insgesamt am Kapitalmarkt gehandelten Volumina ist und damit das Preisgefüge am Kapitalmarkt nicht beeinflußt. Die zweite Bedingung setzt voraus, daß es sich bei dem zu bewertenden Unternehmen im Sinne der gehandelten Finanztitel um ein »redundantes« Wertpapier handelt. Da die Spanning – Eigenschaft auch über relativ leicht zu emittierende Derivate bis zu einem gewissen Grad »künstlich« hergestellt werden kann, ist davon auszugehen, daß der Kapitalmarkt diese Bedingung erfüllt.[15]

1.1.2 Die Investitions- und Finanzierungsaktivitäten

Im Kontext dieser Arbeit sind *Unternehmungen* Institutionen, die im Rahmen ihrer leistungswirtschaftlichen Aktivitäten sowohl in Beschaffungsmärkten als

---

13 Siehe etwa *Danthine und Donaldson* (2002), S. 179.
14 Zur Spanning- bzw. Competitivity-Bedingung vgl. *Grossman und Stiglitz* (1977), S. 390 bzw. *Grossman und Stiglitz* (1980), S. 553.
15 Vgl. ausfürlich *Breeden und Litzenberger* (1978).

auch in Absatzmärkten eines typischen Industrie-, Handels- bzw. Dienstleistungsunternehmens tätig sind. Explizit ausgenommen ist hiervon der Kapitalmarkt, weil Finanzintermediäre vereinbarungsgemäß nicht weiter betrachtet werden.

Der aus den Beschaffungs- und Absatzaktivitäten im Laufe einer Periode t zugeflossene Überschuß der Einzahlungen über die Auszahlungen wird als *betrieblicher Cashflow* bezeichnet und mit dem Symbol $\widetilde{C}_t$ belegt.[16]

1.1.2.1 Außen- und Innenfinanzierung

Innerhalb der Finanzierungsaktivitäten einer Unternehmung ist die Beschaffung zusätzlicher Einzahlungen zu trennen vom Hinausschieben fälliger Auszahlungen bzw. von der Verringerung ergebniswirksamer Auszahlungen:

1. Die Beschaffung zusätzlicher Zahlungsmittel durch die Aufnahme von Geldern gegen zukünftige Auszahlungsansprüche auf dem Kapitalmarkt wird im folgenden als *Außenfinanzierung* bezeichnet. Es ist üblich, Aussenfinanzierung in Beteiligungsfinanzierung (Eigenfinanzierung), Fremdfinanzierung sowie in Mischformen zu unterteilen. Hybride Finanzierungsformen zwischen Eigen- und Fremdkapital, auch als mezzanine Finanzierung bezeichnet, sind nicht Gegenstand dieser Arbeit.[17] Hinsichtlich der Art der eingeräumten Ansprüche haben Financiers also die Wahl zwischen den beiden folgenden Gestaltungsmöglichkeiten:[18]

Eigenfinanzierung bezeichnet die Beschaffung von Zahlungsmitteln gegen vertraglich vereinbarte Auszahlungsansprüche an die Unternehmung, wobei diese Ansprüche ausschließlich ergebnisabhängig (residualbestimmt) sind. Die Inhaber solcher Zahlungsansprüche tragen damit alle unternehmerischen und finanziellen Risiken.

Fremdfinanzierung bezeichnet hingegen die Beschaffung von Zahlungsmitteln gegen vertraglich vereinbarte Auszahlungsansprüche an eine Unternehmung, wobei diese Ansprüche ausschließlich ergebnisunabhängig (kontraktbestimmt) sind, also bereits ex ante im absoluten Betrag und Zeitpunkt feststehen.

---

16 Vgl. *Drukarczyk* (2003), S. 69.
17 Zu gemischten Finanzierungsformen siehe etwa *Drukarczyk* (2003), S. 437 ff. oder *Brezski, Böge, Lübbehüsen, Rohde und Tomat* (2006).
18 Vgl. *Franke und Hax* (2004), S. 30 ff.; *Schneider* (1992), S. 47 ff.

In den Augen der Inhaber solcher Zahlungsansprüche handelt es sich per definitionem um eine risikolose Kapitalanlage. Sofern nichts anderes angegeben ist, wird im folgenden eine deterministische, und zudem flache, Zinsstruktur mit einem Kapitalmarktzinssatz von r_f unterstellt.[19]

2. Als *Innenfinanzierung* wird das zeitliche Vorverlegen von Einzahlungen bzw. das zeitliche Hinausschieben von Auszahlungen bezeichnet, ohne dabei den Kapitalmarkt in Anspruch zu nehmen.[20] Innenfinanzierung

   a) entsteht also immer dann, wenn Einzahlungen einer Abrechnungsperiode noch nicht als Ertrag verrechnet und damit zeitlich vorverlegt werden, wie das z.B. bei erhaltenen Anzahlungen vor Lieferung oder Leistung der Fall ist.

   b) kommt ebenfalls zustande, wenn dem Aufwand einer Periode nicht zugleich Auszahlungen gegenüberstehen, wie z.B. bei der Bildung von Rückstellungen.

   c) umfaßt auch das Hinausschieben von Auszahlungen aufgrund vertraglicher Vereinbarungen im Rahmen der leistungswirtschaftlichen Tätigkeiten. In diesem Zusammenhang sind beispielsweise die Inanspruchnahme von Lieferantenkrediten oder das Leasing eines Investitionsgegenstands anstelle des Kaufs zu nennen.

Der Umfang der in diesem Sinne aufgefaßten Innenfinanzierung vermindert sich um zeitlich vorverlegte Erträge, denen (noch) keine Einzahlungen gegenüberstehen (z.B. Zielverkäufe), und um Auszahlungen, die (noch) keinen Aufwand darstellen (z.B. Mietvorauszahlungen).

Innerhalb der Finanzierungsaktivitäten beziehen sich die Begriffe »Außen« und »Innen« also auf die Frage, ob Gelder über den Kapitalmarkt beschafft werden oder nicht. Anders formuliert: Außenfinanzierung findet auf einem arbitragefreien Markt statt, den die hier betrachteten Unternehmungen als annahmegemäß »vollkommen« wahrnehmen; auf dem sie also keinen Einfluß auf die dort herrschenden Preise ausüben. Folglich können die Anteilseigner auch nicht erwarten,

---

19 Damit werden Insolvenzrisiken aus der Betrachtung ausgeblendet. Siehe hierzu auch die Diskussion in Unterabschnitt 1.4.1.

20 Diese Definition folgt *Schneider* (1992), S. 11.

daß unternehmerisches Engagement auf dem Kapitalmarkt zur Wertschöpfung beiträgt, die sich ex ante in einem gestiegenen Marktwert der Unternehmung widerspiegelt.[21] Eine prominente Ausnahme von dieser Schlußfolgerung gilt dann, wenn etwa das herrschende Steuerregime die Nutzung von Fremdfinanzierung gegenüber Eigenfinanzierung bevorzugt, weil Fremdkapitalzinsen steuerlich absetzbar sind – Eigenkapitalkosten (weil Opportunitätskosten) aber nicht.[22] Allerdings kommt diese Möglichkeit zur Wertschöpfung nicht etwa zustande, weil der Kapitalmarkt nun »weniger vollkommen« wäre, sondern die Ursache ist einzig und allein das (als exogen unterstellte) Steuersystem, dessen Folgen lediglich auf dem Kapitalmarkt bewertet werden. Preisbildungsspielräume für die beteiligten Unternehmungen sind nach wie vor ausgeschlossen.

Für die Beschaffungs- und Absatzmärkte eines typischen Handels- oder Industrieunternehmens gilt diese Einschränkung aber gerade nicht. Innenfinanzierung findet also per definitionem auf Märkten statt, für die Arbitragegelegenheiten prinzipiell zugelassen, die also zu einem gewissen Grad »unvollkommen«, sind. Diese Eigenschaft bildet überhaupt erst die notwendige Grundlage zur leistungswirtschaftlichen Wertschöpfung für die sich dort engagierenden Unternehmen.[23] Da allerdings die kapitalmarktorientierte Bewertungstheorie eine Handelbarkeit der Unternehmensanteile voraussetzt, ist die auf (unvollkommenen) Gütermärkten entstandene Wertschöpfung dennoch auf einem (vollkommenen) Kapitalmarkt meßbar, weil die erwirtschafteten Renten zu höheren Ausschüttungen führen, die sich schließlich in einem gestiegenen Marktwert des Unternehmens niederschlagen.[24]

Die in diesem Kontext getroffene, sprachliche Unterscheidung von Außen- und Innenfinanzierung beruht also letztlich auf dem fundamentalen Unterschied

---

21 Siehe hierzu den klassischen Beitrag von *Modigliani und Miller* (1958).

22 Vgl. *Modigliani und Miller* (1963).

23 Auf vollkommenen Märkten haben alle dort gehandelten Ressourcen einen Marktpreis, der von den Marktteilnehmern nicht beeinflußt werden kann. In einem solchen Modellrahmen können Unternehmen unmöglich strikt positive Renten erwirtschaften, vgl. *Beaver und Demski* (1979). Erst, wenn eine Unternehmung auf einem Gütermarkt Marktmacht ausüben und damit in einem gewissen Sinne Einfluß auf dortige Preise nehmen kann, sind die notwendigen Voraussetzungen für Investitionsprojekte gegeben, die auf dem Kapitalmarkt einen positiven Kapitalwert aufweisen. Siehe hierzu grundlegend *Varian* (2006) oder *Christensen und Demski* (2003), Kapitel 3.

24 Im englischen Sprachgebrauch sagt man in diesem Zusammenhang auch: »The company bridges the markets.« Gemeint ist damit, daß ein Unternehmen mit Hilfe seines Marktwerts die Brücke schlägt zu Aktivitäten, für die isoliert kein eigener Marktwert feststellbar ist.

zwischen einem annahmegemäß arbitragefreien Kapitalmarkt auf der einen sowie Märkten mit Arbitragegelegenheiten auf der anderen Seite. Kreditgeschäfte finden auf beiden Markttypen statt; aber nur bei einer Finanzierung über den Kapitalmarkt weist das Kreditgeschäft selbst auch einen eigenen Marktwert auf. Für Innenfinanzierungsaktivitäten läßt sich demgegenüber keine separater Marktwert feststellen.[25]

1.1.2.2 Außen- und Inneninvestitionen

In Übereinstimmung mit *Schneider* wird auch in Bezug auf die Investitionsaktivitäten der Kapitalmarkt als Unterscheidungskriterium herangezogen:[26]

1. Als Inneninvestitionen werden Auszahlungen für Absatz- und Beschaffungsaktivitäten auf Güter- und Arbeitsmärkten sowie für produzierende Tätigkeiten (Güter und Dienstleistungen) bezeichnet.

2. Es entspricht einer empirischen Tatsache, daß Unternehmen nicht nur am Kapitalmarkt als Nachfrager von Geld auftreten (Außenfinanzierung), sondern gleichzeitig den Kapitalmarkt nutzen, um überschüssige Mittel vorübergehend verzinslich anzulegen und als Liquiditätsreserven vorzuhalten: Beispielsweise betrugen die am Kapitalmarkt angelegten Liquiditätsreserven deutscher Unternehmen (ohne Finanzdienstleister) im Jahre 2003 insgesamt rund 100 Mrd. € bzw. im Schnitt 5 % der Bilanzsumme.[27]

Insofern werden Auszahlungen für Nachfragehandlungen auf dem Kapitalmarkt zum Zwecke der Beschaffung künftiger Einzahlungen im folgenden als Außeninvestitionen bezeichnet. Spiegelbildlich zur Außenfinanzierung kann sich die Unternehmung dabei grundsätzlich in der Rechtsstellung eines Eigentümers befinden, d.h. residualbestimmte Zahlungsansprüche erwerben, oder sie kann sich in der Rechtsstellung eines Gläubigers befinden und kontraktbestimmte Zahlungsansprüche erwerben. Im

---

25 Ähnlich siehe *Ohlson* (2000), S. 10 f. sowie *Nissim und Penman* (2003).

26 Vgl. im folgenden *Schneider* (1992), S. 9.

27 Vgl. *Deutsche Bundesbank* (2005a); eigene Berechnungen. Auch andere empirische Studien bestätigen die Existenz von Liquiditätsreserven, siehe etwa *Almeida, Campello und Weisbach* (2004) und *Ferreira und Vilela* (2004). In einer jüngst veröffentlichten Studie stellt *Richardson* (2006) fest, daß bei den von ihm untersuchten Firmen im Durchschnitt 41 % des positiven freien Cashflows als Liquiditätsreserven gehalten und nicht an Fremd- oder Eigenkapitalgeber ausgeschüttet werden.

Kontext dieser Arbeit werden jedoch nur kontraktbestimmte Zahlungsansprüche als Außeninvestitionen bezeichnet; der Erwerb von Beteiligungstiteln über den Kapitalmarkt wird hingegen den Inneninvestitionen zugerechnet.[28]

Um die sprachliche Begriffsbildung nicht unnötig aufzublähen, wird im folgenden stets von *Investitionen* gesprochen, wenn die Durchführung von Inneninvestitionen oder der Erwerb von Beteiligungstiteln am Kapitalmarkt gemeint sind. Der Erwerb kontraktbestimmter Zahlungsansprüche über den Kapitalmarkt wird demgegenüber als *Außeninvestition* bezeichnet.

1.1.3 Der Einfluß der Kapitalstruktur auf den Unternehmenswert

In ihrem Kern beschäftigt sich die DCF – Theorie mit der Frage, welche Wertdifferenz aus der Fremdfinanzierung eines Unternehmens resultiert. Anteilig fremdfinanzierte Unternehmen haben gegenüber eigenfinanzierten Unternehmen den Vorteil, daß sie weniger Gewinnsteuern zahlen müssen, weil Fremdkapitalzinsen von der steuerlichen Bemessungsgrundlage (ganz oder mindestens teilweise) abgezogen werden können. Der Wertunterschied zwischen fremdfinanzierten und eigenfinanzierten Unternehmen wird in der Literatur als »tax shield« bezeichnet. Die Höhe dieses Steuervorteils ist von verschiedenen Faktoren abhängig: Neben dem Zinssatz und dem Steuersatz spielt hier die zukünftige Höhe des Fremdkapitals eine wichtige Rolle (Finanzierungspolitik).

Wenn eine Finanzierungsentscheidung den Wert eines Unternehmens beeinflußt, dann setzt die Meßbarkeit dieses Einflusses voraus, daß ein bestimmter Bereich des Unternehmens nicht von dieser Veränderung betroffen ist.[29] Erhöht man beispielsweise das Niveau der Fremdfinanzierung, so muß damit einhergehend entschieden werden, was mit den zusätzlichen Zahlungsmitteln anzufangen ist. In Frage kommt etwa eine Ausschüttung der Gelder an die Eigentümer. Alternativ könnten weitere Investitionsprojekte durchgeführt werden. Sind diese

---

28 Eine Begründung für diese Ausnahme vom Prinzip der Trennung kapitalmarkt- und gütermarktorientierter Aktivitäten findet sich auf den folgenden Seiten. Im wesentlichen handelt es sich hierbei um eine Vereinfachung, um nicht noch einen dritten Investitionsbegriff einführen zu müssen.

29 Veränderung im logischen Sinne ist ein relativer Begriff und setzt deshalb etwas Konstantes und Gleichbleibendes voraus. Es muß notwendigerweise bei jeder Veränderung etwas geben, das sich nicht verändert; sonst dürfte man nicht davon sprechen, daß sich ein Ding verändert, weil man es einfach mit zwei vollkommen verschiedenen Dingen zu tun hätte.

profitabel, dann ist aber im Ergebnis nicht mehr zu klären, ob eine Veränderung des Unternehmenswerts auf die Finanzierungspolitik oder auf die Investition oder auf beides zurückzuführen ist.[30] Zudem stellt sich die Frage, warum das zusätzliche Investitionsprojekt nicht schon in der ursprünglichen Planung berücksichtigt worden ist.

Es hat sich in der DCF – Theorie eingebürgert, ein Unternehmen als »unverschuldet« bzw. »eigenfinanziert« zu bezeichnen, wenn es seinen Bedarf an Zahlungsmitteln nur mit Eigenkapital deckt. Demgegenüber wird ein Unternehmen als »verschuldet« bzw. »fremdfinanziert« bezeichnet, wenn es sowohl Kapitalgeber hat, die sich in der Rechtsstellung eines Eigentümers befinden, als auch Kapitalgeber, die sich in der Rechtsstellung eines Gläubigers befinden.

Die Formulierung des Ziels, den Wertbeitrag einer Kapitalstrukturpolitik zu bestimmen, ist jedoch sinnlos, wenn nicht präzisiert wird, was unter einem eigenfinanzierten Unternehmen genau zu verstehen ist. In diesem Zusammenhang sind zwei Aspekte näher zu bedenken:

1. Annahmegemäß sieht der Kapitalmarkt im DCF – Modellrahmen keine betragsmäßigen Obergrenzen für den Umfang der Fremdfinanzierung vor. Spiegelbildlich kann also auch davon ausgegangen werden, daß Unternehmungen jederzeit Außeninvestitionen in unbegrenzter Höhe vornehmen können; wobei mit Außeninvestitionen im hier verwendeten Kontext der Erwerb kontraktbestimmter Zahlungsansprüche gemeint ist. Da die Unternehmung nun also selbst eine Gläubigerposition einnimmt, erhält sie Zinsen, die entsprechend die steuerliche Bemessungsgrundlage erhöhen. Daraus ist unmittelbar ersichtlich, daß Liquiditätsreserven genau den gegenteiligen Effekt von Fremdkapital auslösen: Ein Liquiditätsreserven vorhaltendes Unternehmen hat gegenüber einer eigenfinanzierten Unternehmung den Nachteil, daß es mehr Gewinnsteuern zahlen muß.[31]

Insofern ist es sinnvoll, Liquiditätsreserven in Form von Gläubigerpapieren nicht der Bezugsgröße »Eigenfinanziertes Unternehmen« zuzuordnen, sondern vielmehr als »negative Verschuldung« aufzufassen, die entsprechend zu einem bewertbaren Steuernachteil führt.[32]

---

30 Vgl. *Kruschwitz, Lodowicks und Löffler* (2005), S. 225.
31 Genau aus diesem Grund wurde oben der Begriff der Außeninvestitionen nur auf den Erwerb kontraktbestimmter Zahlungsansprüche eingeschränkt.
32 Für die Bilanzanalyse in einer Welt ohne Steuern empfiehlt sich diese Vorgehensweise auch

2. Ein in diesem Sinne eigenfinanziertes Unternehmen unterscheidet sich damit von einem fremdfinanzierten, ansonsten aber identischen Unternehmen in zweierlei Hinsicht: Es hält weder Liquiditätsreserven, noch ist es fremdfinanziert. In bezug auf den letzten Aspekt stellt sich die Frage, ob der Begriff »Fremdfinanzierung« nur Außenfinanzierung umfassen oder ob er auch auf Innenfinanzierung ausgedehnt werden sollte.

Im Rahmen dieser Arbeit fallen Innenfinanzierungsaktivitäten nicht unter den Fremdfinanzierungsbegriff. Ursächlich hierfür ist wiederum die Fragestellung: Um den steuerlich bedingten Einfluß von Finanzierungsentscheidungen messen zu können, muß sichergestellt sein, daß Finanzierungsentscheidungen *vor* Steuern keinen Einfluß auf den Unternehmenswert haben. Wie *Modigliani und Miller* (1958) in ihrem klassischen Beitrag deutlich zeigen, ist das genau dann der Fall, wenn die Fremdfinanzierungsmaßnahme auf einem arbitragefreien Markt stattfindet. Im hier zugrundeliegenden Modellrahmen wird die Eigenschaft der Arbitragefreiheit ausschließlich auf den Kapitalmarkt beschränkt. Folglich können lediglich Außenfinanzierungsaktivitäten unter den Fremdkapitalbegriff subsumiert werden, und ein fremdfinanzierungsbedingter Steuervorteil läßt sich in diesem Sinne also nur dann begründen, wenn eine leistungswirtschaftliche Aktivität durch einen Zahlungsstrom finanziert wird, der auf dem Kapitalmarkt gehandelt wird.[33]

Innenfinanzierung setzt damit zwangsläufig ein Engagement des Unternehmens auf einem Markt voraus, für den Arbitragemöglichkeiten prinzipiell nicht ausgeschlossen sind. Wie bereits erwähnt, ist es für ein Unternehmen unmöglich, strikt positive Renten zu erwirtschaften, ohne in einem gewissen Rahmen Marktmacht auszuüben. Auf nicht arbitragefreien Märkten lassen sich leistungswirtschaftliche Entscheidungen jedoch unmöglich von Finanzierungsentscheidungen trennen.

Unter Berücksichtigung der soeben diskutierten Aspekte wird der Begriff des eigenfinanzierten Unternehmens im Kontext dieser Arbeit wie folgt eingegrenzt:

---

aus einem anderen Grund, nämlich zur Erleichterung von Prognosen. Siehe hierzu *Feltham und Ohlson* (1995), *Nissim und Penman* (2001), *Christensen und Feltham* (2003) sowie ausführlich *Penman* (2007).

33 Siehe die Diskussion in *Schneider* (1992), S. 11 ff. Der zahlungsorientierte Finanzierungsbegriff findet sich auch bei *Kruschwitz* (2007b).

Definition 1.1 (Eigenfinanziertes Unternehmen) *Eine Unternehmung ist »ei-genfinanziert«, wenn sie weder im Bewertungszeitpunkt noch zu irgendeinem späteren Zeitpunkt am Kapitalmarkt auftritt,*

1. *um sich Zahlungsmittel gegen künftige kontraktbestimmte Auszahlungsan-sprüche zu beschaffen.*

2. *um Zahlungsmittel gegen künftige kontraktbestimmte Einzahlungsansprü-che anzulegen.*

Im Sinne dieser Definition ist ein Unternehmen also »fremdfinanziert«, wenn es entweder sowohl mit Eigen- als auch Fremdkapital finanziert ist oder Liqui-ditätsreserven hält oder beides. Die letzte Möglichkeit wird in der Realität am häufigsten anzutreffen sein.[34] Eine nur mit Eigenkapital finanzierte Unterneh-mung, die Liquiditätsreserven hält, müßte man Sinne dieser Definition, etwas ungewöhnlich, als »negativ fremdfinanziert« bezeichnen. Darauf wird im fol-genden aber verzichtet, zumal es sich hierbei wohl eher um einen Ausnahmefall handeln dürfte.

1.1.4 Die Kapitalkosten des eigenfinanzierten Unternehmens

Die Kapitalmarktteilnehmer sind risikoavers und bewerten deshalb die eingegan-genen Risiken bei ihren Investitionsentscheidungen. Hinsichtlich der Berück-sichtigung von Risiko können prinzipiell zwei Herangehensweisen unterschie-den werden:[35]

1. Bei Anwendung der Sicherheitsäquivalentmethode berücksichtig der In-vestor die Unsicherheit im Zähler der Bewertungsgleichung, indem er den Erwartungswert eines Cashflows um eine Risikoprämie vermindert und das so resultierende Sicherheitsäquivalent mit dem risikolosen Zinssatz diskontiert.

2. Alternativ kann der Investor die Unsicherheit auch berücksichtigen, wenn er den Erwartungswert des Cashflows mit sogenannten Kapitalkosten abzinst, die einen Risikozuschlag enthalten.

---

34 Vgl. *Richardson* (2006).
35 Siehe hierzu *Bamberg, Coenenberg und Krapp* (2008).

Insbesondere die letzte der beiden beschriebenen Vorgehensweisen ist in der Praxis besonders häufig anzutreffen, und auch im Kontext dieser Arbeit wird unterstellt, daß Investoren ein Unternehmen mit Hilfe von Kapitalkosten bewerten.

»Kapitalkosten« ist ein geläufiger Begriff in Literatur und Praxis; jedoch existieren kaum präzise Definitionen dieses Konzepts.[36] Bevor zwei Kapitalkostenkonzepte eingehender vorgestellt werden, ist zunächst zu fragen, ob die Marktteilnehmer überhaupt Kapitalkosten für ihre Investitionsentscheidungen benötigen. Aus theoretischer Sicht kann diese Frage verneint werden, denn eingangs wurde vorausgesetzt, daß Investoren erstens die zustandsabhängigen Zahlungen der Finanztitel kennen, und daß diese Wertpapiere zweitens auf einem arbitragefreien Kapitalmarkt gehandelt werden. Drittens müssen die zustandsabhängigen Cashflows der zu bewertenden Unternehmung ebenfalls bekannt sein, um die Einhaltung der Spanning – Bedingung zu gewährleisten.[37] Unter diesen Voraussetzungen ist die Anwendung der Kapitalkostenmethode völlig überflüssig, da subjektive Erwartungswerte überhaupt nicht benötigt werden.[38]

Aus praktischer Sicht ist dieser Aspekt jedoch anders zu bewerten. So ist es eine Tatsache, daß in der Unternehmensbewertung vielmehr auf der Basis erwarteter Zahlungen gerechnet wird. Der Bewerter kennt also die zustandsabhängigen Zahlungen gar nicht. Insofern behilft man sich in der Praxis damit, eine Gruppe von Finanztiteln zusammenzustellen, deren Risiko in etwa dem Risiko des zu bewertenden Unternehmens entspricht (»peer group«). Für diese Gruppe werden dann Kapitalkosten im Wege der empirischen Schätzung aus Vergangenheitsdaten geschätzt, wobei realisierte Cashflows als Proxyvariablen für erwartete Cashflows verwendet werden.[39] Es ist unmittelbar ersichtlich, daß diese Vorgehensweise mit einem gewissen Grad an Ungenauigkeit behaftet ist, weil ohne die Kenntnis zustandsabhängiger Zahlungen weder festgestellt werden kann, ob die Cashflows der Unternehmung überhaupt auf dem Kapitalmarkt duplizierbar sind, noch ob die Peer Group dem gleichen Risiko ausgesetzt ist wie das zu bewertende Unternehmen. Jedoch wird diese Ungenauigkeit der Kapitalkostenmethode in Kauf genommen, wenn man sie mit dem immensen zusätzli-

---

36 In diesem Zusammenhang siehe die Diskussion in *Kruschwitz und Löffler* (2006).

37 Siehe hierzu die Ausführungen auf Seite 32 ff.

38 Die Bewertung mit Hilfe der Arbitragetheorie geht zurück auf Arbeiten von *Debreu* (1959) und *Arrow* (1964). Eine zusammenfassende Darstellung findet sich bei *Christensen und Feltham* (2003).

39 Vgl. ausführlich *Stehle* (2004).

chen Aufwand vergleicht, der mit einer Prognose zustandsabhängiger Zahlungen verbunden ist.

Im Kontext dieser Arbeit werden die Eigenkapitalkosten des eigenfinanzierten Unternehmens mit k_t^u bezeichnet und der Auffassung von *Kruschwitz und Löffler* folgend als bedingte erwartete Rendite definiert:

$$k_{t-1}^u := \frac{\mathrm{E}\left[\widetilde{CF}_t + \widetilde{V}_t^u | \mathcal{F}_{t-1}\right]}{\widetilde{V}_{t-1}^u} - 1. \tag{1.2}$$

Zu einem beliebigen Zeitpunkt t erhalten die Eigentümer den freien Cashflow $\widetilde{CF}_t$ und haben ferner einen Anspruch gegenüber zukünftigen Cashflows, die durch den Marktwert $\widetilde{V}_t^u$ reflektiert werden. Setzt man diesen Bruttorückfluß ins Verhältnis zum Unternehmenswert der Vorperiode, so erhält man Definitionsgleichung (1.2). Es ist darauf hinzuweisen, daß sowohl Zähler als auch Nenner aus Sicht von $t = 0$ stochastisch sind, und somit auch die durch Gleichung (1.2) definierte Größe eine Zufallsvariable sein kann. Weil man mit stochastischen Größen nicht diskontieren kann, muß Definitionsgleichung (1.2) zukünftig als deterministisch (nicht notwendigerweise konstant) unterstellt werden.[40] Annahmegemäß ausgeschlossen ist damit für die Zukunft eine *zustands*abhängige, nicht jedoch eine *zeit*abhängige, Änderung des Geschäftsrisikos.

Alternativ könnten die Eigenkapitalkosten auch als Diskontierungszinssätze aufgefaßt werden.[41] Demnach ergibt sich der Marktwert im Zeitpunkt t eines einzelnen, in Periode $j > t$ zu zahlenden, Cashflows, indem er gemäß folgender Gleichung

$$\widetilde{P}_{t,j} = \frac{\mathrm{E}\left[\widetilde{CF}_j | \mathcal{F}_t\right]}{\prod_{i=t}^{j-1}(1 + p_{j,i})}$$

mit den Diskontierungszinssätzen $\{p_{j,t}, p_{j,t+1}, \ldots, p_{j,j-1}\}$ abgezinst wird.[42]

---

40 Vgl. *Kruschwitz und Löffler* (2006), S. 23.
41 Diesen Weg beschreiten etwa *Miles und Ezzell* (1980) oder *Rapp* (2006).
42 Um die Notation zu vereinfachen, ist der Zeitpunkt t, auf den diskontiert wird, bei den Variablen p weggelassen worden.

Ermittelt der Bewerter auf diesem Wege die Marktpreise aller zukünftigen Cashflows, ergibt sich der Unternehmenswert offenbar als Summe dieser Preise,

$$\widetilde{V}_t^u = \sum_{j=t+1}^{T} \widetilde{P}_{t,j}.$$

Aus theoretischer Sicht sind Diskontierungszinssätze dem Konzept der erwarteten Rendite überlegen: So sind die Marktpreise einzelner Cashflows als auch der Unternehmenswert bestimmbar. Mit Hilfe einer erwarteten Rendite läßt sich jedoch nur der Unternehmenswert ermitteln. Die Bestimmung der Marktwerte einzelner Cashflows ist grundsätzlich nicht möglich, da Gleichung (1.2) über $\widetilde{V}_{t+1}^u$ stets die gesamte Zukunft des Unternehmens einbezieht.

Der Haken liegt wiederum in der praktischen Umsetzung. Sollen die Kapitalkosten, wie oben beschrieben, empirisch geschätzt werden, so steht man beim Konzept der Diskontierungszinssätze vor dem Problem einer mangelnden Datengrundlage. Zwar sind Marktpreise von Unternehmen und auch deren Cashflows beobachtbar, nicht jedoch die Marktpreise dieser Cashflows. Vor diesem Hintergrund ist das zuvor geschilderte Konzept der erwarteten Rendte vorteilhafter, da alle benötigten Informationen am Markt direkt ablesbar sind.[43]

1.2 Bewertung eines eigenfinanzierten Unternehmens

Grundlage einer jeden Unternehmensbewertung sind die zukünftig an die Anteilseigner fließenden Zahlungen. In erster Linie muß also geklärt sein, welche Einzahlungsüberschüsse ein eigenfinanziertes Unternehmen an seine Kapitalgeber ausschüttet. Da aufgrund von Definition 1.1 weder die Aufnahme bzw. Rückzahlung von Fremdkapital noch der Aufbau bzw. Verkauf von Liquiditätsreserven zugelassen sind, schüttet ein eigenfinanziertes Unternehmen stets den betrieblichen Cashflow $\widetilde{C}_t$ nach Investitionsauszahlungen und Steuern an seine Eigentümer aus.

---

43 Es existiert eine Vielzahl empirischer Studien zur Schätzung von Kapitalkosten. Die überwältigende Mehrzahl definiert Kapitalkosten als erwartete Rendite, siehe etwa *Fama und French* (1997) oder *Stehle* (2004).

Wird der Mittelbedarf für Investitionen mit dem Symbol $\widetilde{Inv}_t$ belegt und die vom eigenfinanzierten Unternehmen zu leistende Steuerzahlung für Periode t mit $\widetilde{Tax}_t^u$ bezeichnet, so erhält man den *freien Cashflow:*[44]

$$\widetilde{CF}_t := \widetilde{C}_t - \widetilde{Inv}_t - \widetilde{Tax}_t^u. \tag{1.3}$$

Dieser Begriff wurde von *Jensen* (1986) geprägt:

»Free cash flow is cash flow in excess of that required to fund all projects that have positive net present values when discounted at the relevant cost of capital.«[45]

Ist der durch Gleichung (1.3) definierte Cashflow negativ, so muß ein eigenfinanziertes Unternehmen die benötigten Zahlungsmittel am Kapitalmarkt durch die Aufnahme zusätzlichen Eigenkapitals beschaffen. Verbleibt hingegen nach Investitionen und Steuern ein positiver Überschuß, so ist dieser restlos an die Eigentümer auszuschütten. Dabei müssen allerdings gesetzliche Ausschüttungsrestriktionen beachtet werden, die der praktischen Umsetzung dieses Konzepts eventuell entgegenstehen könnten. Denn Kapitalgesellschaften dürfen gemäß § 57 (3) AktG maximal den Bilanzgewinn an ihre Anteilseigner ausschütten.[46]

Vor diesem Hintergrund läßt sich der Marktwert eines eigenfinanzierten Unternehmens leicht bestimmen: Umstellen von Definitionsgleichung (1.2) liefert

$$\widetilde{V}_t^u = \frac{\mathrm{E}\left[\widetilde{CF}_{t+1} + \widetilde{V}_{t+1}^u | \mathcal{F}_t\right]}{1 + k_t^u}.$$

---

44 Hinsichtlich der Ermittlung der vom eigenfinanzierten Unternehmen zu entrichtenden Steuerlast bestehen keine Einschränkungen. So sind etwa komplizierte Verlustausgleichsregelungen nicht *per se* ausgeschlossen. Allerdings wird unterstellt, daß der Leistungssaldo $\widetilde{C}_t - \widetilde{Inv}_t$ von der Besteuerung unabhängig ist.

45 *Jensen* (1986), S. 323.

46 Schwierigkeiten entstehen immer dann, wenn der freie Cashflow einer Periode größer ausfällt als der Bilanzgewinn. In Unterabschnitt 1.4.2 wird jedoch im Rahmen eines einfachen Modells gezeigt, daß dieses Problem wohl kaum auftreten wird. Ausführlich beschäftigen sich *Schwetzler* (1998) und *Drukarczyk und Schüler* (2007), S. 106 ff. mit dem Einfluß von Ausschüttungssperrvorschriften auf die Unternehmensbewertung.

Die Lösung dieser Rekursionsgleichung liefert bei endlichem Zeithorizont wegen $\widetilde{V}_{t+T}^u = 0$ unmittelbar die Bewertungsgleichung:

$$\widetilde{V}_t^u = \sum_{j=t+1}^{T} \frac{\mathrm{E}\left[\widetilde{CF}_j | \mathcal{F}_t\right]}{\prod_{i=t}^{j-1}(1 + k_i^u)}. \tag{1.4}$$

Bei unendlichem Zeithorizont $T \to \infty$ muß zusätzlich die Transversalitätsbedingung

$$\lim_{T \to \infty} \frac{\mathrm{E}\left[\widetilde{V}_{t+T}^u | \mathcal{F}_t\right]}{\prod_{i=t}^{T-1}(1 + k_i^u)} = 0$$

erfüllt sein.[47]

1.3 Bewertung eines fremdfinanzierten Unternehmens

Im Gegensatz zu einem eigenfinanzierten Unternehmen muß ein fremdfinanziertes Unternehmen zusätzlich die Zinserträge aus bestehenden Liquiditätsreserven in Höhe von $\widetilde{ZE}_t$ versteuern und darf die Nutzung von Fremdkapital als Zinsaufwand in Höhe von $\widetilde{ZA}_t$ steuermindernd in seiner Erfolgsrechnung berücksichtigen.

Es wird angenommen, daß diese beiden Erfolgspositionen linear mit einem konstanten Satz τ besteuert werden. Da der Leistungssaldo $\widetilde{C}_t - \widetilde{Inv}_t$ unabhängig von der Besteuerung ist, unterscheidet sich die Steuerlast $\widetilde{Tax}_t^l$ eines fremdfinanzierten Unternehmens von der Steuerlast eines identischen, aber eigenfinanzierten Unternehmens, um den folgenden Betrag:

$$\widetilde{Tax}_t^l - \widetilde{Tax}_t^u = \tau \cdot \left(\widetilde{ZE}_t - \widetilde{ZA}_t\right). \tag{1.5}$$

Der *Netto – Cashflow* eines fremdfinanzierten Unternehmens für die Periode t ist wie folgt definiert:

$$\widetilde{CF}_t^{\text{tax}} := \widetilde{C}_t - \widetilde{Inv}_t - \widetilde{Tax}_t^l. \tag{1.6}$$

---

47 Die Transversalitätsbedingung läßt langfristig ein moderates Unternehmenswachstum mit einer Rate kleiner als die Kapitalkosten zu. Im weiteren Verlauf wird stets angenommen, daß die Transversalitätsbedingung erfüllt ist.

Einsetzen der Beziehungen (1.3) und (1.5) in Definitionsgleichung (1.6) liefert im Ergebnis

$$\widetilde{CF}_t^{\text{tax}} := \widetilde{CF}_t - \tau \cdot \left(\widetilde{ZE}_t - \widetilde{ZA}_t \right). \tag{1.7}$$

Unter Zuhilfenahme des Fundamentalsatzes läßt sich auch der Marktwert des fremdfinanzierten Unternehmens im Zeitpunkt t leicht bestimmen.[48] Gemäß Satz 1.1 gilt für das fremdfinanzierte Unternehmen folgende Rekursionsgleichung:

$$\widetilde{V}_t^l = \frac{E_Q\left[\widetilde{CF}_{t+1}^{\text{tax}} + \widetilde{V}_{t+1}^l | \mathcal{F}_t \right]}{1 + r_f}.$$

Demgegenüber beläuft sich der Marktwert des eigenfinanzierten Unternehmens auf

$$\widetilde{V}_t^u = \frac{E_Q\left[\widetilde{CF}_{t+1} + \widetilde{V}_{t+1}^u | \mathcal{F}_t \right]}{1 + r_f}.$$

Unter Berücksichtigung von Definitionsgleichung (1.7) erhält man das tax shield:

$$\widetilde{V}_t^l - \widetilde{V}_t^u = -\frac{E_Q\left[\tau \cdot \left(\widetilde{ZE}_{t+1} - \widetilde{ZA}_{t+1} \right) - \left(\widetilde{V}_{t+1}^l - \widetilde{V}_{t+1}^u \right) | \mathcal{F}_t \right]}{1 + r_f}.$$

Lösen dieser Rekursionsgleichung liefert wegen $\widetilde{V}_T^l = \widetilde{V}_T^u = 0$ (bzw. aufgrund der Transversalitätsbedingung) schließlich:

$$\widetilde{V}_t^l = \widetilde{V}_t^u - \sum_{j=t+1}^{T} \frac{E_Q\left[\tau \cdot \left(\widetilde{ZE}_j - \widetilde{ZA}_j \right) | \mathcal{F}_t \right]}{(1 + r_f)^{j-t}} \tag{1.8}$$

Gemäß Gleichung (1.8) entspricht der Wert des fremdfinanzierten Unternehmens dem Wert bei Eigenfinanzierung, vermindert um den steuerlichen Effekt zukünftiger Zinserträge aus Liquiditätsreserven und erhöht um den Marktwert der künftigen Steuervorteile, der sich aus einer Fremdfinanzierung ergibt.

---

48 Zur Herleitung vgl. *Kruschwitz und Löffler* (2006), S. 51.

Übersteigt der Umfang des Fremdkapitals den der Liquiditätsreserven, so überwiegen die fremdfinanzierungsbedingten Steuervorteile, und ein fremdfinanziertes Unternehmen verfügt über einen höheren Marktwert als ein eigenfinanziertes, ansonsten aber identisches, Unternehmen. Unterstellt man in diesem Modellrahmen eine Welt ohne Steuern, so erhält man als klassisches Resultat die gänzliche Irrelevanz der Finanzierungsstruktur für den Unternehmenswert.

In praktischer Hinsicht ist Gleichung (1.8) nahezu nutzlos, weil dem Bewerter nur in seltenen Ausnahmefällen das risikoneutrale Wahrscheinlichkeitsmaß Q bekannt sein wird.[49]

Insofern sind in diesem Zusammenhang weitere Überlegungen anzustellen. Zuvor werden jedoch zwei andere Aspekte diskutiert, die sich in der praktischen Umsetzung der Bewertung ergeben können.

1.4 Exkurs: Zwei Detailfragen zur praktischen Umsetzung

1.4.1 Zur Berücksichtigung von Insolvenzrisiken

Im letzten Abschnitt wurde gezeigt, daß der Wert einer Unternehmung um so größer ist, je höher der Fremdkapitalanteil ausfällt. Das ist bei den geltenden Annahmen unmittelbar einleuchtend, weil bei gegebenen Leistungssalden die Steuervorteile um so größer sind, je höher der Zinsaufwand ist. Die logische Schlußfolgerung wäre also: Das Unternehmen wählt am besten den maximalen Fremdkapitalanteil. Diese Handlungsempfehlung ist jedoch unzweckmäßig, weil Unternehmen insolvent werden können.[50] Mit steigendem Fremdkapital steigt auch das Ausfallrisiko für die Gläubiger, und es kann zu Rückwirkungen auf den Unternehmenswert kommen.[51]

Analog könnte in bezug auf Liquiditätsreserven argumentiert werden: Spiegelbildlich wäre hier zu empfehlen, keine kontraktbestimmten Zahlungsansprüche am Kapitalmarkt zu erwerben, da Liquiditätsreserven Opportunitätskosten verursachen. Allerdings stehen diesen Opportunitätskosten gewisse Vorteile gegenüber, wie beispielsweise eine höhere Flexibilität bei der Durchführung von

---

49 Beispielsweise kann im Rahmen eines Binomialmodells unter bestimmten Voraussetzungen Q ermittelt werden, siehe *Richter* (2004), S. 25.

50 Im Jahre 2004 lag die Zahl der Konkurse in Deutschland mit knapp 40 000 Fällen auf Rekordniveau, vgl. *Sinn* (2006).

51 Vgl. ausführlich die Darstellung in *Wagenhofer und Ewert* (2007), Kapitel 5, bezüglich der Auswirkungen einer Verschärfung des Gläubiger – Eigentümer – Konflikts.

Investitionsprojekten trotz bestehender Finanzierungsrestriktionen oder die Senkung von Kosten zur Bereitstellung von Liquidität.[52]

Um mit dem Insolvenzrisiko umzugehen, werden typischerweise zwei Lösungswege beschritten: Häufig wird schlicht angenommen, daß Gläubigeransprüche keinem Ausfallrisiko unterliegen, ohne diese Annahme näher zu begründen.[53] Alternativ kann man auch indirekt vorgehen und einen Modellrahmen so zu formulieren, daß durchaus existierende Ausfallrisiken einfach ignoriert werden können. Diesen Weg beschreiten etwa *Kruschwitz, Lodowicks und Löffler* (2005).[54] Das folgende Beispiel verdeutlicht die Kernidee ihres Beitrags:

Beispiel: Eine Unternehmung denkt über die Durchführung eines Investitionsprojekts nach. Die Investitionsauszahlung beträgt $Inv_0 = 100$ €. Nach einer Periode wirft das Projekt einen zustandsabhängigen Cashflow in Höhe von

$$\widetilde{CF}_1(\omega) = \begin{cases} 130 \text{ €}, & \omega = u; \\ 100 \text{ €}, & \omega = d \end{cases}$$

ab. Die subjektiven Wahrscheinlichkeiten betragen $P(u) = P(d) = 1/2$. Wird das Projekt eigenfinanziert, gelten annahmegemäß Kapitalkosten von $k_0^u = 15\,\%$, so daß der Kapitalwert gerade Null beträgt.

Bei einer Finanzierung mit Fremdkapital lohnt sich jedoch die Durchführung, da zusätzlich ein Steuervorteil erwirtschaftet wird. Dessen Barwert beträgt für $r_f = 10\,\%$ und $\tau = 50\,\%$:

$$V_0^{ts} = \frac{\tau \cdot r_f \cdot D_0}{1 + r_f} = \frac{0.5 \cdot 0.1 \cdot 100}{1.1} = 4.55 \text{ €},$$

wenn das Fremdkapital nicht ausfallgefährdet ist.

Betrachtet man jedoch die zustandsabhängigen Projektcashflows, so muß der Gläubiger im schlechten Zustand mit einem Kreditausfall rechnen, denn für Zins und Tilgung stehen nur 100 € zur Verfügung. Setzt man nun voraus, daß Gläubiger und Manager über symmetrische Informationen verfügen und homogene Erwartungen haben, dann kann der (risikoaverse) Gläubiger den drohenden Kre-

---

52 Vgl. die Ausführungen in Unterabschnitt 4.3.2 sowie *Ferreira und Vilela* (2004) mit weiteren Nachweisen.

53 Vgl. beispielsweise *Modigliani und Miller* (1958); *Miles und Ezzell* (1985); *Richter* (1998); *Drukarczyk und Honold* (1999); *Wallmeier* (1999) oder *Laitenberger* (2003).

54 Siehe auch *Stiglitz* (1969); *Stiglitz* (1974) oder *Homburg, Stephan und Weiß* (2004).

ditausfall bei Vertragsabschluß in den Kreditkonditionen berücksichtigen. Unter Zuhilfenahme des Fundamentalsatzes wird er den Nominalzins i so wählen, daß er ex ante keinen Verlust erleidet:

$$(1 + r_f) \cdot D_0 = Q(u) \cdot (1 + i) \cdot D_0 + Q(d) \cdot \widetilde{CF}_1(d). \tag{1.9}$$

Die risikoneutralen Wahrscheinlichkeiten belaufen sich in diesem Beispiel auf $Q(u) = 1/3$ und $Q(d) = 2/3$.[55] Einsetzen der Daten in Gleichung (1.9) liefert

$$110 = \frac{1}{3} \cdot (1 + i) \cdot 100 + \frac{2}{3} \cdot 100$$
$$\implies i = 30\,\%.$$

Die Unternehmung kann im schlechten Zustand gar keine Steuervorteile erwarten; dafür ergeben sich im guten Zustand aufgrund von $i > r_f$ höhere Steuervorteile. Deren Marktwert beträgt

$$V_0^{ts} = \frac{Q(u) \cdot \tau \cdot i \cdot D_0 + Q(d) \cdot 0}{1 + r_f} = \frac{\frac{1}{3} \cdot 0.5 \cdot 0.3 \cdot 100}{1.1} = 4.55 \,\text{€}.$$

Schlußfolgerung: Haben Gläubiger und Unternehmen identische Informationen und homogene Erwartungen, dann schützt sich der Gläubiger ex ante vor Kreditausfällen. Damit unterscheidet sich jedoch auch der Barwert der Steuervorteile bei ausfallgefährdetem Fremdkapital nicht vom Barwert ohne Ausfallrisiko. ♠

Ausfallrisiken werden in dieser Arbeit nicht weiter thematisiert. Es wird also stets davon ausgegangen, daß Fremdkapital als auch Liquiditätsreserven sichere Zahlungsansprüche darstellen.

---

55 Der Bewertungsansatz mit risikoangepaßten Kapitalkosten sowie der risikoneutrale Ansatz müssen identische Marktwerte liefern, d.h. es gilt die Gleichung

$$\frac{\mathrm{E}\left[\widetilde{CF}_1\right]}{1 + k_0^u} = \frac{\mathrm{E}_Q\left[\widetilde{CF}_1\right]}{1 + r_f}.$$

Einsetzen der Ausgangsdaten liefert wegen $Q(u) + Q(d) = 1$ die angegebenen risikoneutralen Wahrscheinlichkeiten.

1.4.2 Zur Relevanz bilanzieller Ausschüttungssperren

Gemäß Definition 1.1 schüttet ein eigenfinanziertes Unternehmen einen (positiven) freien Cashflow stets in voller Höhe an seine Kapitalgeber aus, der in der Bilanz als Minderung des bilanziellen Eigenkapitals erfaßt wird. Ist der Cashflow negativ, so müssen zusätzliche Zahlungsmittel im Rahmen einer Beteiligungsfinanzierung am Kapitalmarkt beschafft werden, die entsprechend das bilanzielle Eigenkapital der Unternehmung erhöht.

Wie bereits erwähnt, könnten Schwierigkeiten auftreten, wenn man es mit einer Kapitalgesellschaft in Form einer Aktiengesellschaft zu tun hat, da gemäß § 57 (3) AktG der Bilanzgewinn als Ausschüttungsobergrenze fungiert.

Der Begriff Bilanz»gewinn« kann leicht mißverstanden werden, suggeriert er doch einen Zusammenhang mit dem geschaffenen Wertzuwachs einer Periode, der jedoch durch den »Jahresüberschuß« abgebildet wird. Konzeptionell unterscheiden sich beide Begriffe und dürfen deshalb nicht verwechselt werden: Der Jahresüberschuß wird in der Gewinn- und Verlustrechnung festgestellt und mißt den durch unternehmerische Aktivitäten erzielten Wertzuwachs einer Periode.[56] Demgegenüber beschreibt der Bilanzgewinn den Teil des Eigenkapitals, der für eine Ausschüttung in dieser Periode maximal zur Verfügung steht.

Es existiert eine ganze Reihe gesellschaftsrechtlicher oder satzungsgemäßer Vorschriften zur Regulierung von Entnahme- und Einbehaltungsentscheidungen.[57] Um diesen Anforderungen Rechnung zu tragen, lassen sich verschiedene Eigenkapitalkriterien deutscher Kapitalgesellschaften unterscheiden. In diesem Zusammenhang gilt es nun die Frage zu beantworten, welche dieser Teilpositionen grundsätzlich für Ausschüttungen zur Verfügung stehen. Dabei zeigt sich, daß dem Unternehmen letztlich nur das gesetzliche Mindestkapital dauerhaft zur Verfügung steht.[58] (Bei einer Aktiengesellschaft beträgt das Mindestkapital gemäß § 7 AktG 50 000 €.) Selbst darüber hinausgehendes, gezeichnetes Kapital sowie Kapitalrücklagen können der Unternehmung unter bestimmten Bedingungen, z.B. im Rahmen einer Kapitalherabsetzung, entzogen werden.

Eine wesentliche Teilposition stellen ferner die Gewinnrücklagen dar, die immer dann entstehen, wenn Teile eines (positiven) Jahresüberschusses nicht ausgeschüttet werden – bezogen auf das eigenfinanzierte Unternehmen also

---

56 Siehe hierzu auch die Ausführungen in Abschnitt 2.2.
57 Vgl. etwa §§ 57 f. AktG. Sehr ausführlich auch *Schmidt* (2002), S. 876 ff.
58 Vgl. *Lüdenbach und Hoffmann* (2004), S. 1044.

immer dann, wenn der freie Cashflow den Jahresüberschuß unterschreitet. Faßt man der Einfachheit halber alle Rücklagenarten zusammen, so gilt gemäß § 158 (1) AktG ein Zusammenhang zwischen Jahresüberschuß und Bilanzgewinn wie in Tabelle 1.1 dargestellt.

$$
\begin{array}{l}
\text{Jahresüberschuß} \\
+ \quad \text{Entnahmen aus Rücklagen} \\
- \quad \text{Einstellungen in Rücklagen} \\
\hline
= \quad \text{Bilanzgewinn} \\
\hline\hline
\end{array}
$$

Tabelle 1.1: Vereinfachte Bestimmung des Bilanzgewinns gemäß § 158 (1) AktG

Solange also Rücklagen in ausreichender Höhe vorhanden sind, kann der freie Cashflow ohne Schwierigkeiten ausgeschüttet werden. Erst wenn sämtliche Rücklagen aufgebraucht sind und der freie Cashflow den Jahresüberschuß überschreitet, entsteht ein Problem. Damit stellt sich die Frage, wie ernsthaft man mit einer solchen Situation bei einem eigenfinanzierten Unternehmen rechnen muß. Zu diesem Zweck wird folgendes Modell betrachtet, wobei der Einfachheit halber Unsicherheit und Steuern gänzlich aus der Betrachtung ausgeblendet werden, da diese Aspekte für die Ausführungen keine Rolle spielen. (Damit entspricht der Eigenkapitalkostensatz des eigenfinanzierten Unternehmen genau dem risikolosen Zinssatz.)

Die Unternehmung weist eine unendliche Lebensdauer auf und erzielt in jeder Periode t einen freien Cashflow in Höhe von $CF_t = C_t - Inv_t$, dessen dynamische Entwicklung durch folgenden Prozeß beschrieben wird:[59]

$$
\begin{bmatrix} C_{t+1} \\ Inv_{t+1} \end{bmatrix} = \begin{bmatrix} \omega_{11} & \omega_{12} \\ 0 & \omega_{22} \end{bmatrix} \begin{bmatrix} C_t \\ Inv_t \end{bmatrix}
\tag{1.10}
$$

Die Investitionen wachsen zukünftig mit der Rate $\omega_{22} - 1 < r_f$. Eine Investitionsauszahlung in Höhe von 1 € erzielt eine Periode später einen Einzahlungsüberschuß von $\omega_{12} > 0$, der danach mit der Rate $\omega_{11} - 1 < r_f$ wächst. Der korrespondierende Kapitalwert beläuft sich damit auf $\psi := \omega_{12}/(R_f - \omega_{11}) - 1$ €.[60]

---

59 Eine Verallgemeinerung dieses Prozesses auf eine unsichere Welt sowie eine ausführliche Erläuterung findet sich bei *Scholze* (2005).

60 Vgl. *Feltham und Ohlson* (1996), S. 214.

Definiert man $R_f := 1 + r_f$, so resultiert folgender Unternehmenswert:[61]

$$V_t^u = \frac{\omega_{11}}{R_f - \omega_{11}} \cdot C_t + \left(\frac{R_f}{R_f - \omega_{22}} \cdot \psi + 1 \right) \cdot Inv_t.$$

Ein Rechnungslegungssystem bildet die Zahlungs- in die Erfolgsebene ab. Entsprechend der hier gewählten Notation bezeichnet OI_t den Jahresüberschuß einer Periode, der sich vom freien Cashflow CF_t durch die Periodenabgrenzungen unterscheidet:[62] Investitionsauszahlungen werden anteilsmäßig in Höhe von $\gamma \geq 0$ in der Bilanz aktiviert und in den Folgeperioden degressiv mit der Rate $(1 - \delta)$ abgeschrieben; hierbei wird $0 < \delta < 1$ vorausgesetzt. Es ergibt sich also folgender Zusammenhang zwischen Zahlungen und Erfolgen:

$$OI_t = CF_t + \gamma \cdot Inv_t - (1 - \delta) \cdot BV_{t-1}. \tag{1.11}$$

Mit der Wahl von $\gamma = 1$ werden die gesamte Investitionsauszahlung in der Bilanz aktiviert, für $\gamma < 1$ nur ein Teil davon. So impliziert beispielsweise $\gamma = 0.6$, daß 40 % der Investitionsauszahlungen sofort aufwandswirksam in der GuV verrechnet werden.[63] Dem Realisationsprinzip folgend, sollte sich der in den planmäßigen Abschreibungen widerspiegelnde Werteverzehr des Buchwerts am zukünftigen Umsatzverlauf orientieren.[64] Da alle Investionsprojekte eine unendliche Lebensdauer aufweisen, deren Einzahlungsüberschüsse zukünftig mit der Rate $1 - \omega_{11}$ abnehmen, erscheint die Wahl von $\delta = \omega_{11}$ zweckmäßig. Es wird das sogenannte »Clean – Surplus – Prinzip« vorausgesetzt:[65]

$$BV_t = BV_{t-1} + OI_t - CF_t. \tag{1.12}$$

Gleichung (1.12) unterstreicht, daß der Jahresüberschuß (sofern positiv) das Eigenkapital erhöht und der freie Cashflow aus dem Eigenkapital gezahlt wird.

---

61 Vgl. *Scholze* (2005), S. 9.
62 Siehe auch die Ausführungen in Unterabschnitt 2.2.5.
63 Für $\gamma = 0$ wird gar nichts aktiviert, d.h. es resultiert der triviale Fall mit $OI_t = CF_t$ und $BV_t = 0$ für alle Perioden.
64 Vgl. hierzu *Moxter* (2007), S. 246 ff.
65 Vgl. auch die Ausführungen auf Seite 87 f.

Einsetzen in Beziehung (1.11) liefert:

$$BV_t = \frac{\omega_{22}^{t+1} - \delta^{t+1}}{\omega_{22} - \delta} \cdot BV_0, \qquad \omega_{22} \neq \delta, \qquad (1.13)$$

wobei $BV_0 = \gamma \cdot Inv_0$ vorausgesetzt wird.[66]

Nach diesen Vorarbeiten läßt sich die zeitliche Entwicklung von Betriebsergebnis OI_t und Cashflow CF_t grafisch gut veranschaulichen. Dabei wird angenommen, daß die Unternehmung im Zeitpunkt $t = 0$ gegründet wird. Verwendet werden Parameterwerte wie in Tabelle 1.2 angegeben.

CF_0	r_f	δ	ω_{11}	ω_{12}	γ
-50	10 %	0.7	0.7	0.5	1.0

Tabelle 1.2: Verwendete Parameterwerte im Modellbeispiel

Ein in Periode t durchgeführtes Investitionsprojekt weist damit einen positiven Kapitalwert in Höhe von

$$\psi \cdot Inv_t = \left(\frac{0.5}{1.1 - 0.7} - 1 \right) \cdot Inv_t = 0.25 \cdot Inv_t$$

auf. Wegen $\gamma = 1$ gilt jedoch das Anschaffungskostenprinzip, so daß »vorsichtig« bilanziert wird.

Für $\omega_{22} = 1.02$ wachsen die Investitionsauszahlungen zukünftig mit einer Rate von 2 %, und es resultiert eine Entwicklung, wie in Abbildung 1.1 angegeben:

Die durchgezogene Linie beschreibt die Entwicklung des freien Cashflows, während die Entwicklung des Betriebsergebnisses durch die gepunktete Linie abgebildet wird. Es kann festgestellt werden, daß der freie Cashflow zu keinem Zeitpunkt das Betriebsergebnis überschreitet. Anfangs fallen die betrieblichen Erfolge zwar recht bescheiden aus. Dafür befindet sich das Unternehmen jedoch in einer starken Wachstumsphase, die weitere Kapitaleinlagen erforderlich macht (negativer Cashflow). Mit der Zeit konvergieren die Wachstumsraten beider Flußgrößen gegen einen Wert von 2 %.[67]

---

66 Im Falle $\delta = \omega_{22}$ gilt $BV_t = (t + 1) \cdot \omega_{22}^t \cdot \gamma \cdot Inv_0$.

67 Parallel dazu kann gezeigt werden, daß auch der Unternehmenswert mit der Rate $\omega_{22} - 1 =$

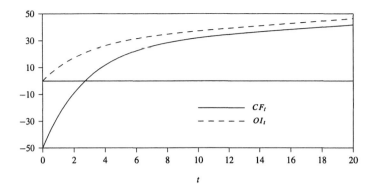

Abbildung 1.1: Zukünftige Entwicklung des Betriebsergebnisses und des freien Cashflows bei konstant wachsenden Investitionsauszahlungen

Für $\omega_{22} = 1$ resultieren konstante Investitionsauszahlungen. Auch hier ändert sich grundsätzlich am Ergebnis nichts, wie Abbildung 1.2 verdeutlicht.

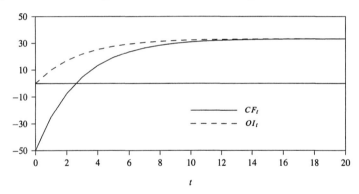

Abbildung 1.2: Zukünftige Entwicklung des Betriebsergebnisses und des freien Cashflows für konstante Investitionsauszahlungen

Gemäß Gleichung (1.12) übersteigt der freie Cashflow das Betriebsergebnis in einer beliebigen Periode t genau dann, wenn $\Delta BV_t = BV_t - BV_{t-1} < 0$ erfüllt ist. Nun kann aber mit Hilfe von Gleichung (1.13) leicht gezeigt werden, daß

$$\Delta BV_t \geq 0 \quad \Longleftrightarrow \quad \omega_{22} \geq 0$$

---

2 % wächst, siehe *Scholze* (2005).

gilt. Im Ergebnis kann also der freie Cashflow stets in voller Höhe ausgeschüttet werden, solange beständig investiert wird. Dieses Resultat gilt nicht nur für $\psi = 0.25$, sondern für beliebige Kapitalwerte, und es änderte sich prinzipiell auch dann nicht, wenn »vorsichtiger« bilanziert würde. Für $\delta < 0.7$ und $\gamma < 1$ verringerte sich lediglich der Abstand zwischen den beiden Flußgrößen.

Sinken die Investitionen jedoch im Zeitablauf, so werden dem Unternehmen ab einem bestimmten Zeitpunkt dauerhaft mehr Mittel entzogen als erwirtschaftet werden kann. Für $\omega_{22} = 0.90$ resultiert eine Entwicklung wie in Abbildung 1.3 angegeben. In dieser Situation ist es nicht weiter verwunderlich, daß der Cashflow ab einem bestimmten Zeitpunkt stets die Erfolgsgröße übersteigt, da die Substanz des Unternehmens beständig verringert wird.

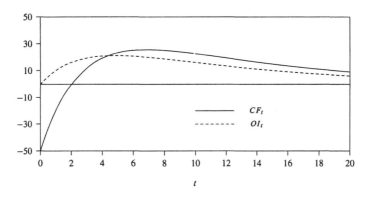

Abbildung 1.3: Zukünftige Entwicklung des Betriebsergebnisses und des freien Cashflows bei sinkenden Investitionsauszahlungen

Im Ergebnis kann festgehalten werden, daß eine vorsichtsgeprägte Rechnungslegung nicht notwendigerweise mit einem freien Cashflow einhergehen muß, der niedriger als der Jahreserfolg ist. Nun kann eingewendet werden, daß dieses Resultat ausschließlich der Tatsache geschuldet ist, daß die in diesem Modell vorhandenen Periodenabgrenzungen einzig aus Abschreibungen bestehen. In der Praxis machen diese in der Tat einen wesentlichen Teil der Periodenabgrenzungen aus; aber beispielsweise mindert die Erfassung von Rückstellungen in einer Periode ebenfalls den Gewinn, ohne den Cashflow zu beeinflussen.

Setzt man voraus, daß im Idealfall alle Rücklagen ausgeschüttet werden können, so kann man sich leicht überlegen, um welchen Betrag das Betriebsergebnis einer Periode zusätzlich sinken kann, bis ein Problem auftritt. Interpretiert man

$Inv_0 = BV_0 = 50$ als geschütztes Mindestkapital, dann entspricht der Betrag $BV_t - BV_0$ der Summe an Rücklagen im Zeitpunkt t. Gegenüber dem Ausgangsfall kann also OI_t um diesen Betrag zusätzlich durch Periodenabgrenzungen gemindert werden, bevor die Ausschüttungssperre greift.
Abbildung 1.4 unterstellt wiederum $\omega_{22} = 1.02$, erweitert Abbildung 1.1 jedoch um die Entwicklung der Rücklagen $BV_t - BV_0$, die durch die gestrichelte Linie dargestellt wird.

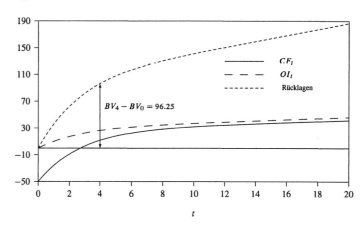

Abbildung 1.4: Zukünftige Entwicklung des Betriebsergebnisses und des freien Cashflows bei wachsenden Investitionsauszahlungen unter zusätzlicher Berücksichtigung der prinzipiell für Ausschüttungszwecke zur Verfügung stehenden Rücklagen

Zum Ende von Periode $t = 3$ wird erstmals ein leicht positiver Cashflow erzielt. Eine Periode später beläuft er sich auf $CF_4 = 11.69$.[68] Die Rücklagen betragen $BV_4 - BV_0 = 146.25 - 50 = 96.25$.[69] Mit Hilfe der Gleichungen (1.11) und (1.13) läßt sich das Betriebsergebnis bestimmen, das entsprechend $OI_4 = 26.32$ beträgt; darin enthalten sind Abschreibungen in Höhe von $(1 - \delta) \cdot BV_3 = 39.48$. Zusätzlich zu den Abschreibungen können also aufwandswirksame Periodenabgrenzungen in Höhe von $BV_4 - BV_0 - CF_4 =$

---

68 Gleichung (1.10) impliziert

$$CF_t = \left(\omega_{12} \cdot \frac{\omega_{22}^t - \omega_{11}^t}{\omega_{22} - \omega_{11}} - \omega_{22}^t \right) \cdot Inv_0$$

für $\omega_{11} \neq \omega_{22}$ bzw. $CF_t = \left(t \cdot \omega_{22}^{t-1} \cdot \omega_{12} - \omega_{22}^t \right) \cdot Inv_0$ für $\omega_{11} = \omega_{22}$.
69 Man erhält den Buchwert durch Einsetzen der Daten in Gleichung (1.13).

84.56 gebucht werden, ohne daß eine Ausschüttungssperre greift. Dieser Betrag entspricht in etwa dem doppelten Umfang der Abschreibungen!

Fazit: Auch bei einem vom Vorsichtsgedanken geprägten Rechnungslegungssystem läßt sich aus der Modellanalyse schlußfolgern, daß die Gefahr eines Greifens der Ausschüttungssperre bei einem eigenfinanzierten Unternehmen recht gering einzuschätzen ist.[70]

1.5 Finanzierungspolitiken

Gemäß Gleichung (1.8) sind die sich aus einer Fremdfinanzierung ergebenden Steuervorteile grundsätzlich unsicher – nicht weil das Fremdkapital *per se* riskant ist, sondern schlicht, weil die Höhe des zukünftigen Fremdkapitals im Bewertungszeitpunkt noch nicht notwendigerweise bekannt sein muß. Ohne eine systematische Planung der künftigen Verschuldungsentwicklung kann also ein fremdfinanziertes Unternehmen nicht bewertet werden. In der Literatur hat sich hierfür der Begriff »Finanzierungspolitik« eingebürgert.[71] Wie bereits erwähnt, ist der praktische Nutzen von Gleichung (1.8) nahezu Null, da der Bewerter die risikoneutralen Wahrscheinlichkeiten typischerweise nicht kennt. Es sind also weitere Überlegungen anzustellen.

In einem ersten Schritt bietet es sich an, die Darstellung etwas zu vereinfachen. Gemäß Gleichung (1.8) hängt der Marktwert eines fremdfinanzierten Unternehmens von der zukünftigen Entwicklung der Liquiditätsreserven sowie von der Entwicklung des Fremdkapitals ab. Im Prinzip könnten beide Positionen völlig unabhängig voneinander in die Planung zum Bewertungszeitpunkt einbezogen werden: zur »Finanzierungspolitik« käme also noch eine »Investitionspolitik« für die Bewertung der Steuernachteile von Liquiditätsreserven hinzu.

Für die weiteren Ausführungen genügt es jedoch völlig, einzig und allein die Nettoverschuldung, also den Saldo aus Fremdkapital und Liquiditätsreserven, zu betrachten. Subtrahiert man also die Zinserträge der Liquiditätsreserven vom Zinsaufwand des Fremdkapitals, so erhält man das *Finanzergebnis*:

$$\widetilde{FE}_t := \widetilde{ZA}_t - \widetilde{ZE}_t. \qquad (1.14)$$

---

70 Anders ist der Tatbestand bei einem fremdfinanzierten Unternehmen zu bewerten, das seine Ausschüttungen beliebig durch die Aufnahme von Fremdkapital bzw. den Abbau von Liquiditätsreserven erhöhen kann.

71 Vgl. *Miles und Ezzell* (1980) oder *Richter* (1998).

Analog zu den Erfolgsgrößen werden die Zahlungsströme zusammengefaßt, die im Zusammenhang mit Liquiditätsreserven und Fremdkapital stehen. Grundsätzlich setzen sich kontraktbestimmte Zahlungsansprüche aus den zwei Komponenten »Zinsen« und »Tilgung« zusammen, die jeweils mit einem eigenen Symbol belegt werden:

– Für die Nutzung von Fremdkapital in einer Periode sind Zinsen vom Schuldner zu entrichten. Die *Zinszahlungen* setzen sich gemäß folgender Tabelle zusammen:

$$
\begin{array}{l}
\quad \text{Zinsauszahlungen an Fremdkapitalgläubiger} \\
- \quad \text{Zinseinzahlungen aus Liquiditätsreserven} \\
\hline
= \quad \textit{Zinsen } \widetilde{I}_t
\end{array}
$$

– Die im Rahmen der Zahlungsmittelbeschaffung bzw. der Rückzahlung entstehenden Zahlungsströme werden im folgenden unter dem Begriff *Tilgung* zusammengefaßt:

$$
\begin{array}{l}
\quad \textit{Auszahlungen} \\
\quad \text{Abbau von Fremdkapital} \\
\quad \text{Aufbau von Liquiditätsreserven} \\
- \quad \textit{Einzahlungen} \\
\quad \text{Aufbau von Fremdkapital} \\
\quad \text{Abbau von Liquiditätsreserven} \\
\hline
= \quad \textit{Tilgung } \widetilde{R}_t
\end{array}
$$

Die Summe aus den beiden so definierten Teilzahlungsströmen wird ab jetzt als *Flow to Debt* bezeichnet:

$$
\widetilde{FtD}_t := \widetilde{R}_t + \widetilde{I}_t. \tag{1.15}
$$

Analog wird der Nettozahlungsstrom an die Eigentümer eines fremdfinanzierten Unternehmen als *Flow to Equity* bezeichnet und mit dem Symbol $\widetilde{FtE}_t$ belegt.

In jeder Periode t gilt die sogenannte *Liquiditätsbedingung* (»cash flow identity«), d.h. der Einzahlungsüberschuß des fremdfinanzierten Unternehmens entspricht genau der Summe der an beide Kapitalgebergruppen fließenden Zahlungen:

$$\widetilde{CF}_t^{\mathrm{tax}} = \widetilde{FtD}_t + \widetilde{FtE}_t.$$

Einsetzen von Definitionsgleichung (1.14) in Gleichung (1.7) liefert

$$\widetilde{CF}_t^{\mathrm{tax}} = \widetilde{CF}_t + \tau \cdot \widetilde{FE}_t \qquad (1.16)$$

und damit

$$\widetilde{CF}_t + \tau \cdot \widetilde{FE}_t = \widetilde{FtD}_t + \widetilde{FtE}_t. \qquad (1.17)$$

Wird der Marktwert des Fremdkapitals im Zeitpunkt t mit $\widetilde{FD}_t$ sowie der Marktwert der Liquiditätsreserven mit $\widetilde{LR}_t$ bezeichnet, so kann schließlich der Saldo aus beiden Größen gemäß folgender Gleichung

$$\widetilde{D}_t := \widetilde{FD}_t - \widetilde{LR}_t \qquad (1.18)$$

definiert werden. Die mit dem Symbol $\widetilde{D}_t$ belegte Größe könnte als »Nettofremdkapital« bezeichnet werden. Der Einfachheit halber wird im weiteren Verlauf die durch Gleichung (1.18) definierte Variable jedoch schlicht als *Fremdkapital* bezeichnet. Sofern nichts anderes angegeben, ist darunter also stets der Saldo aus Fremdfinanzierung (im engeren Sinne) und Liquiditätsreserven zu verstehen. Bezeichnet man weiterhin den Marktwert des Eigenkapitals mit $\widetilde{E}_t$, so gilt aufgrund des Wertadditivitätstheorems:[72]

$$\widetilde{V}_t^l = \widetilde{E}_t + \widetilde{D}_t.$$

---

72 Zum Wertadditivitätstheorem siehe etwa *Varian* (1987), S. 61.

Werden ferner konstante Eigenkapitalkosten des eigenfinanzierten Unternehmens vorausgesetzt, so läßt sich Bewertungsgleichung (1.8) nach Einsetzen von Beziehung (1.14) für den Bewertungszeitpunkt $t = 0$ wie folgt notieren:

$$V_0^l = \underbrace{\sum_{t=1}^{T} \frac{E\left[\widetilde{CF_t}\right]}{(1 + k^u)^t}}_{=V_0^u} + \underbrace{\sum_{t=1}^{T} \frac{\tau \cdot E_Q\left[\widetilde{FE_t}\right]}{(1 + r_f)^t}}_{=V_0^{ts}}. \tag{1.19}$$

Bei gegebenem Steuersatz setzt also die Bewertung eines fremdfinanzierten Unternehmens eine sorgfältige Planung der zukünftig in der GuV auszuweisenden Finanzergebnisse bereits im Bewertungszeitpunkt voraus. Das Finanzergebnis einer Periode hängt wiederum von der Höhe des Fremdkapitals zu Beginn der Periode ab. Im Rahmen der herkömmlichen DCF – Bewertungsverfahren wird zu diesem Zweck folgende Beziehung zwischen diesen beiden Größen angenommen:[73]

Annahme 1.3 (Ökonomische Verzinsung des Fremdkapitals) *Das Finanzergebnis entspricht in jeder Periode t genau der ökonomischen Verzinsung des Fremdkapitals:*

$$\widetilde{FE}_t = r_f \cdot \widetilde{D}_{t-1}. \tag{1.20}$$

In der einschlägigen Literatur wird Beziehung (1.20) stets (bei nicht ausfallgefährdetem Fremdkapital) als selbstverständlich vorausgesetzt. Die Ausführungen im übernächsten Kapitel zeigen jedoch, daß in der Realität häufig Verletzungen dieses Prinzips zu beobachten sind. Einsetzen in Gleichung (1.19) liefert als tax shield:

$$V_0^{ts} = \sum_{t=1}^{T} \frac{\tau \cdot r_f \cdot E_Q\left[\widetilde{D}_{t-1}\right]}{(1 + r_f)^t}. \tag{1.21}$$

Auf der Basis dieser Bewertungsgleichung existiert eine Reihe von DCF – Verfahren, die eine Bewertung der Steuervorteile erlauben, ohne auf risikoneutrale Wahrscheinlichkeiten zurückgreifen zu müssen.

---

73 Zum Begriff der »ökonomischen Verzinsung« siehe die Ausführungen in Kapitel 3.

Ein klassisches Beispiel bildet die sogenannte autonome Finanzierungspolitik. Hier wird vorausgesetzt, daß die zukünftigen Marktwerte des Fremdkapitals bereits im Bewertungszeitpunkt verbindlich festgelegt werden:

$$\{\widetilde{D}_t\} \implies \text{deterministisch!}$$

Der resultierende Bewertungsansatz wird als »Adjusted Present Value« (APV) bezeichnet.[74] In der Praxis besonders beliebt ist eine Finanzierungspolitik, bei der zukünftige Zielverschuldungsquoten im Bewertungszeitpunkt verbindlich festgelegt werden. Die Verschuldungsquote ist dabei definiert als das Verhältnis aus dem Marktwert des Fremdkapitals und dem Marktwert des fremdfinanzierten Unternehmens:

$$\left\{ \frac{\widetilde{D}_t}{\widetilde{V}_t^l} \right\} \implies \text{deterministisch!}$$

Man spricht deshalb auch von einer marktwertorientierten Finanzierungspolitik. Die Theorie bietet mit dem Konzept des »Weighted Average Cost of Capital« (WACC) hierfür ein prinzipiell geeignetes Bewertungskalkül.[75]

Häufig werden Zielkapitalstrukturen von Unternehmen angestrebt, die nicht auf Marktwerten basieren, sondern vielmehr auf Grundlage von Daten des externen Rechnungswesens definiert sind. Ersetzt man die Marktwerte in der vorhergehenden Gleichung durch ihre in der Bilanz ausgewiesenen Buchwerte, so erfordert eine sogenannte buchwertorientierte Finanzierungspolitik die verbindliche Planung der bilanziellen Verschuldungsquoten bereits im Bewertungszeitpunkt:

$$\left\{ \frac{\widetilde{BD}_t}{\widetilde{BV}_t} \right\} \implies \text{deterministisch!}$$

Wird eine buchwertorientierte Finanzierungspolitik vorausgesetzt, dann kann das Unternehmen nicht mehr mit dem WACC – Verfahren bewertet werden. In dieser Situation müssen offenbar andere Ansätze zum Einsatz kommen, die in Kapitel 4 ausführlich diskutiert werden.

---

74 Vgl. *Myers* (1974), S. 5. Bei zeitlich konstantem Fremdkapital resultiert das klassische Ergebnis von *Modigliani und Miller* (1963), S. 435.

75 Siehe beispielsweise *Wallmeier* (1999) oder *Löffler* (2004).

1.6 Zusammenfassung

Will man Unternehmen mit Hilfe von Verfahren des Discounted Cashflow bewerten, so folgt man einem Paradigma, das sich auf den Beitrag von *Modigliani und Miller* (1958) zurückführen läßt: Die Analyse des Marktwerts von fremdfinanzierten beziehungsweise eigenfinanzierten Unternehmen wird mit Hilfe einer Modellbetrachtung vorgenommen, bei der die Zahlungsansprüche der Financiers an arbitragefreien Kapitalmärkten gehandelt werden. Fremdfinanzierte Unternehmen haben gegenüber eigenfinanzierten Unternehmen den Vorteil, daß sie weniger Ertragsteuern zahlen müssen, weil Fremdkapitalzinsen von den Bemessungsgrundlagen ganz oder mindestens teilweise abgezogen werden können.

Im Hinblick auf spätere Ausführungen werden wesentliche Kernaussagen dieses Kapitels noch einmal zusammengefaßt:

1. Fremdfinanzierung löst Steuervorteile aus, die zu einem Marktwertvorsprung eines fremdfinanzierten Unternehmens gegenüber einem eigenfinanzierten Unternehmen führen. Unter den Begriff der Fremdfinanzierung fällt ausschließlich die Beschaffung von Zahlungsmitteln gegen kontraktbestimmte Auszahlungsansprüche an eine Unternehmung. Innenfinanzierungsaktivitäten werden dem eigenfinanzierten Unternehmen zugeordnet und lösen keine Steuervorteile im hier betrachteten Sinne aus.

2. Spiegelbildlich wird der Erwerb kontraktbestimmter Einzahlungsansprüche über den Kapitalmarkt zum Zwecke der vorübergehenden Anlage überschüssiger Gelder als »negatives Fremdkapital« aufgefaßt, da die entsprechenden Zinserträge die steuerliche Bemessungsgrundlage erhöhen und somit zu Steuernachteilen gegenüber einer Unternehmung führen, die diese Mittel an ihre Anteilseigner ausschüttet.

3. Die Beschaffung kontraktbestimmter Zahlungsansprüche über den Kapitalmarkt stellt eine notwendige Bedingung für die Begründung von Steuervorteilen dar. Um diese Steuervorteile mit Hilfe herkömmlicher DCF – Verfahren bewerten zu können, muß jedoch zusätzlich vorausgesetzt werden, daß der in der Gewinn- und Verlustrechnung ausgewiesene Zinsaufwand in jeder Periode mit der ökonomischen Verzinsung übereinstimmt.

Die restlichen, nicht über den Kapitalmarkt abgewickelten, unternehmerischen Aktivitäten sind damit dem eigenfinanzierten Unternehmen zuzuordnen. Die durch diese Aktivitäten ausgelösten Einzahlungen und Auszahlungen müssen demzufolge als Erhöhung beziehungsweise Minderung des freien Cashflows aufgefaßt werden.

2 Jahresabschlußorientierte Bestimmung von Zahlungsüberschüssen

In diesem Kapitel wird eine einfache Methode dargestellt und diskutiert, die es erlaubt, allein aus den Jahresabschlußdaten eines fremdfinanzierten Unternehmens den freien Cashflow bei vorläufiger Eigenfinanzierung exakt zu bestimmen. Die Grundidee ist nicht neu; sie besteht darin, unter Zuhilfenahme des Prinzips der doppelten Buchführung den Aggregationsprozeß eines Rechnungslegungssystems rückgängig zu machen, um auf diese Weise eine Folge von Buchgewinnen und Buchwerten in eine Folge von Zahlungen umzuwandeln. Eine Anwendung dieses bekannten Prinzips auf die DCF – Theorie setzt jedoch voraus, daß Bilanz und GuV auf eine bestimmte Art und Weise reformuliert werden. Nur so lassen sich die freien Cashflows bzw. Steuervorteile korrekt bewerten.

Die nachfolgenden Abschnitte sind wie folgt gegliedert: Die Kernidee einer jahresabschlußorientierten Bestimmung von Zahlungsgrößen wird in Abschnitt 2.1 anhand eines einfachen Beispiels demonstriert. Eine ausführliche Diskussion der notwendigen Reformulierungsschritte von GuV und Bilanz findet sich in Abschnitt 2.2. Dabei wird auf Ergebnisse aus dem vorhergehenden Kapitel zurückgegriffen. Daran anschließend wird das Prinzip der doppelten Buchführung diskutiert, das den Zusammenhang zu den Cashflows herstellt. Die Vorgehensweise des Modells wird schließlich in Abschnitt 2.3 anhand eines ausführlichen Beispiels veranschaulicht. Abschnitt 2.4 faßt die Ergebnisse zusammen.

2.1 Ein Einführungsbeispiel als Argumentationsgrundlage

Zur Bestimmung des Einzahlungsüberschusses einer Abrechnungsperiode können prinzipiell zwei Wege beschritten werden:

1. Bei Anwendung der sogenannten »direkten Methode« erhält man den Einzahlungsüberschuß, indem sämtliche in einer Abrechnungsperiode anfallenden Auszahlungen von allen Einzahlungen dieser Periode subtrahiert werden.

2. Im Rahmen der »indirekten Methode« wird der in der Gewinn- und Verlustrechnung ausgewiesene Erfolg als Saldo aller Erträge und Aufwendungen um die Periodenabgrenzungen bereinigt, um auf diesem Wege auf den Einzahlungsüberschuß zu schließen.

Bevor Gründe für die Vorteilhaftigkeit der indirekten Methode angeführt werden, ist zunächst zu zeigen, daß die indirekte Bestimmung von Zahlungen grundsätzlich nicht von bilanziellen Abbildungs- und Bewertungskonventionen abhängt. Zu diesem Zweck wird ein zweiperiodiges Modell betrachtet, wobei Steuern und Unsicherheit der Einfachheit halber aus der Betrachtung ausgeblendet werden. Eine Unternehmung wird zum Ende der Periode $t = 0$ gegründet, indem eine Maschine zum Preis von 1 000 € erworben wird. Diese Maschine wird über zwei Perioden genutzt. Dabei werden Umsatzeinzahlungen generiert in Höhe von 800 € in Periode $t = 1$ und 700 € in Periode $t = 2$. Zum Ende von Periode $t = 2$ wird die Unternehmung liquidiert; dabei fallen Abbruchkosten in Höhe von 200 € an. Tabelle 2.1 gibt die in den verschiedenen Perioden anfallenden Einzahlungen und Auszahlungen sowie den Einzahlungsüberschuß CF_t an.

t	0	1	2
Kauf Maschine	−1 000		
Umsatzeinzahlungen		800	700
Abbruchkosten			−200
Einzahlungsüberschuß CF_t	−1 000	800	500

Tabelle 2.1: Einführungsbeispiel: Einzahlungen und Auszahlungen

Die Maschine wird als Vermögensgegenstand aktiviert und in den beiden Folgeperioden vollständig abgeschrieben. Der Parameter δ gibt dabei den Anteil der Anschaffungskosten an, der in der ersten Periode aufwandswirksam erfaßt wird. Die zum Ende von Periode $t = 2$ anfallenden Abbruchkosten werden bereits in Periode $t = 1$ durch eine Rückstellung in Höhe von γ erfaßt. Die Umsatzerlöse entsprechen genau den Umsatzeinzahlungen. Damit ergibt sich ein Periodenerfolg wie in Tabelle 2.2 angegeben.

Demnach entsteht in Periode $t = 2$ immer dann ein sonstiger (zahlungswirksamer) Aufwand, wenn die Rückstellungszuführung in $t = 1$ kleiner als

t	1	2
Umsatzerlöse	800	700
Abschreibungen	$-\delta \cdot 1\,000$	$-(1-\delta) \cdot 1\,000$
Rückstellungszuführung	$-\gamma$	0
a.o. Aufwand/Ertrag	0	$-(200-\gamma)$
Jahresergebnis OI_t	$800 - \delta \cdot 1\,000 - \gamma$	$500 + \gamma - (1-\delta) \cdot 1\,000$

Tabelle 2.2: Einführungsbeispiel: Erträge und Aufwendungen

dic Abbruchkosten war, d.h. im Falle $\gamma < 200$. Fiel die Rückstellungszuführung hingegen mit $\gamma > 200$ größer als die tatsächlichen Abbruchkosten aus, so wird die Differenz in $t = 2$ ertragswirksam – aber nicht einzahlungswirksam – aufgelöst.

Um den Einzahlungsüberschuß aus dem Jahresergebnis einer Periode abzuleiten, reichen die in der GuV ausgewiesenen Informationen grundsätzlich nicht aus. Zwar lassen sich sowohl die Abschreibungen als auch die Rückstellungszuführung leicht als »nicht zahlungswirksame Aufwendungen« identifizieren. Um CF_2 zu bestimmen, benötigt man jedoch Informationen darüber, ob die Position »sonstiger Aufwand« bzw. »sonstiger Ertrag« zahlungswirksam ist oder nicht. Ferner muß die Höhe von γ bekannt sein, der sich in der GuV von Periode $t = 2$ nicht ablesen läßt. (Die einzige Ausnahme bildet freilich der triviale Fall $\gamma = 0$.)[1] Die gewünschten Informationen kann der Bewerter beispielsweise in der Bilanz ablesen. Dort wird ebenfalls das Jahresergebnis ermittelt (Prinzip der doppelten Buchführung), daß sich nicht durch Saldierung von Erträgen und Aufwendungen, wie in der GuV, sondern durch einen Reinvermögensvergleich zwischen zwei Zeitpunkten ergibt. In beiden Rechenwerken wird das gleiche Jahresergebnis bestimmt, weil den Erträgen und Aufwendungen als periodisierte Einzahlungen und Auszahlungen stets entsprechende Zunahmen und Abnah-

---

1 Um diesen Gedankengang zu verdeutlichen, sei angenommen, es gelte $\delta = 0.5$ und $\gamma = 200$. Damit ergibt sich für die Periode $t = 2$ ein Erfolg von $OI_2 = 200$. Die Abschreibungen stellen die einzige nicht zahlungswirksame Position dar. Addition zum Erfolg addiert liefert einen vom korrekten Wert abweichenden Wert von 700. Sei alternativ angenommen, die Rückstellungszuführung in Periode $t = 1$ betrage $\gamma = 300$. In dieser Situation würde in der Folgeperiode ein sonstiger Ertrag in Höhe von 100 fällig, der nicht zahlungswirksam ist. Als Erfolg resultiert nun $OI_2 = 300$. Subtraktion des sonstigen Ertrags und Addition der Abschreibungen liefert mit $300 - 100 + 500 = 700$ wiederum nicht den korrekten Wert.

men von Bilanzpositionen gegenüberstehen.[2] Für dieses Beispiel ergeben sich Buchwerte (Reinvermögen) wie in der ersten Zeile von Tabelle 2.3 angegeben.

t	0	1	2
BV_t	1 000	$(1-\delta) \cdot 1\,000 - \gamma$	0
$\Delta\,BV_t$	1 000	$-\delta \cdot 1\,000 - \gamma$	$\gamma - (1-\delta) \cdot 1\,000$
$OI_t - \Delta\,BV_t$	$-1\,000$	800	500

Tabelle 2.3: Einführungsbeispiel: Buchwerte

Subtrahiert man die Veränderung des Buchwerts zwischen zwei Zeitpunkten vom Jahreserfolg, so ergeben sie Werte, wie in der letzten Zeile von Tabelle 2.3 angegeben.[3] Ein Vergleich mit Tabelle 2.1 zeigt unmittelbar, daß es sich beim Ergebnis gerade um den Einzahlungsüberschuß CF_t handelt. Wie erwartet, wird das Resultat nicht von der Wahl der beiden Parameter δ und γ beeinflußt.

Wenigstens zwei Gründe sprechen für die Bestimmung der Cashflows auf der Basis von Rechnungslegungsdaten:

– Aus praktischen Gesichtspunkten kann auf die schlichte Tatsache verwiesen werden, daß die Prognose der künftigen Einzahlungsüberschüsse häufig ohnehin über den Umweg der Rechnungslegungsinformationen führt.[4] Knapp skizziert wird dabei wie folgt vorgegangen: Zuerst werden auf Basis aktueller beziehungsweise früherer Jahresabschlußdaten verschiedene Bilanz- oder Erfolgskennzahlen ermittelt, die danach unter Zuhilfenahme zusätzlicher Informationen in die Zukunft fortgeschrieben werden, um auf diesem Wege Plan – Bilanzen und Plan – GuV für zukünftige Perioden zu erhalten. In einem letzten Schritt werden diese Plandaten dann in geplante Einzahlungsüberschüsse umgewandelt.[5]

– Aus theoretischer Sicht kann folgendes Argument für die indirekte Methode angeführt werden: Unternehmen müssen Steuern zahlen, und die Bemessungsgrundlage für die Steuerbelastung einer Abrechnungsperiode

---

2 Vgl. *Baetge, Kirsch und Thiele* (2007), S. 612.

3 Es gilt $\Delta\,BV_t := BV_t - BV_{t-1}$. Dabei wird $BV_{-1} = 0$ unterstellt.

4 Siehe etwa *Institut der Wirtschaftsprüfer in Deutschland* (2002), *Soffer und Soffer* (2003), *Koller, Goedhart und Wessels* (2005) oder *Damodaran* (2006).

5 Zur hier beschriebenen Prognosetechnik siehe ausführlich *Penman* (2007).

ist grundsätzlich das Jahresergebnis, das durch das externe Rechnungswesen festgestellt wird. Ohne Kenntnis der Periodenerfolge im Vorfeld lassen sich die Einzahlungsüberschüsse nicht auf direktem Wege ermitteln. Man kann sich das unmittelbar anhand des soeben betrachteten Beispiels klarmachen, wenn zusätzlich angenommen wird, daß die Unternehmung beispielsweise in jeder Periode Steuern in Höhe von $\tau \cdot OI_t$ zu entrichten hat.

Insofern erfordert also eine auf Einzahlungen und Auszahlungen basierenden Planungsrechnung (Finanzplan) notwendigerweise die Planung des Jahreserfolgs zur Bestimmung der Steuerlast. Stehen Jahresabschlußdaten jedoch ohnehin zur Verfügung, so kann unmittelbar auf indirektem Wege auf die entsprechenden Einzahlungsüberschüsse geschlossen werden.

– Allerdings könnte gegen die indirekte Methode vorgebracht werden, daß die korrekte Bestimmung von Zahlungsströmen aus Jahresabschlußdaten deshalb abzulehnen ist, weil sie sich in der praktischen Umsetzung als recht kompliziert, aufwendig und daher fehleranfällig erweist.[6]
Zumindest in dem oben diskutierten Beispiel stellte sich die Anpassung allerdings als sehr einfach heraus: Das Jahresergebnis OI_t mußte schlicht um den Term ΔBV_t vermindert werden, um auf CF_t zu schließen. In den folgenden Ausführungen ist zu diskutieren, ob diese Vorgehensweise verallgemeinert werden kann.

2.2 Herleitung der Cashflows aus Bilanz und GuV

2.2.1 Vorüberlegungen

Das Ziel der folgenden Ausführungen besteht darin, Jahresabschlußdaten eines fremdfinanzierten Unternehmens so zu reformulieren und zueinander in Beziehung zu setzen, daß im Ergebnis der freie Cashflow dieses Unternehmens bei vorläufiger Eigenfinanzierung bestimmt werden kann.

Zu diesem Zweck ist es sinnvoll, noch einmal auf die im letzten Kapitel herausgearbeiteten Unterschiede zwischen einem fremdfinanzierten sowie einem

---

6 Eine exzellente Darstellung der indirekten Methode zur Bestimmung von Einzahlungsüberschüssen findet sich in *Drukarczyk* (2003). Dabei ist jedoch eine Vielzahl von Anpassungen vorzunehmen.

eigenfinanzierten Unternehmen hinzuweisen. Im Kontext dieser Arbeit ist eine Unternehmung gemäß Definition 1.1 genau dann »eigenfinanziert«, wenn sie weder am Bewertungszeitpunkt noch zu irgendeinem späteren Zeitpunkt am Kapitalmarkt auftritt,

1. um sich Zahlungsmittel gegen künftige kontraktbestimmte Auszahlungsansprüche zu beschaffen beziehungsweise

2. um künftige kontraktbestimmte Einzahlungsansprüche zu erwerben.[7]

Kurz gesagt: Eine eigenfinanzierte Unternehmung verfügt weder über Fremdkapital noch über Liquiditätsreserven und zahlt beziehungsweise erhält folglich auch keine Zinsen.

Im weiteren Verlauf wird es zunächst darum gehen, Vermögensgegenstände und Schulden zu identifizieren, die kontraktbestimmte Zahlungsansprüche in der Bilanz abbilden, um danach in analoger Weise Zinserträge und Zinsaufwendungen von den restlichen Erfolgspositionen in der Gewinn- und Verlustrechnung zu isolieren. Die verbliebenen Positionen sind damit diesem Unternehmen bei vorläufiger Eigenfinanzierung zugeordnet. Diese werden in einem letzten Schritt in geeigneter Weise zueinander in Beziehung gesetzt, um schließlich die Bestimmung der freien Cashflows zu ermöglichen.

2.2.2 Reformulierung der Bilanz

In der Bilanz als auf einen bestimmten Stichtag bezogene Zeitpunktrechnung werden die Vermögensgegenstände und Schulden ausgewiesen sowie das Eigenkapital ermittelt, das gerade dem Reinvermögen, also der Differenz aus Vermögen und Schulden, entspricht.[8]

In Abbildung 2.1 ist die Bilanz eines Unternehmens für einen in der Zukunft liegenden Zeitpunkt $t > 0$ dargestellt. Sie enthält $i = 1, \ldots, n$ verschiedene Vermögensgegenstände $\widetilde{A}_{it}$ und $j = 1, \ldots, m$ verschiedene Schulden $\widetilde{L}_{jt}$ sowie das Eigenkapital (Reinvermögen) $\widetilde{BE}_t$. Da sämtliche künftigen Bilanzpositionen aus heutiger Sicht unsicher sind, werden sie mit einer Tilde als stochastische Größen kenntlich gemacht.[9]

---

7 Vgl. ausführlich Seite 40 ff.
8 Vgl. *Moxter* (1986), S. 17.
9 Gemäß § 246 (1) HGB enthält eine nach deutschem Handelsrecht aufgestellte Bilanz nicht

Bilanz (Kontoform)

Vermögensgegenstand (1)	$\widetilde{A}_{1t}$	Reinvermögen	$\widetilde{BE}_t$
Vermögensgegenstand (2)	$\widetilde{A}_{2t}$	Schuld (1)	$\widetilde{L}_{1t}$
Vermögensgegenstand (3)	$\widetilde{A}_{3t}$	Schuld (2)	$\widetilde{L}_{2t}$
...	...	...	...
Vermögensgegenstand (n)	$\widetilde{A}_{nt}$	Schuld (m)	$\widetilde{L}_{mt}$

Abbildung 2.1: Bilanz zum Ende von Periode t in Kontoform

Bezeichnet man die Summe der Vermögensgegenstände mit $\widetilde{A}_t := \sum_{i-1}^{n} \widetilde{A}_{it}$ sowie die Summe der Schulden mit $\widetilde{L}_t := \sum_{j=1}^{m} = \widetilde{L}_{jt}$, so ergibt sich der *Buchwert des Eigenkapitals* definitionsgemäß aufgrund folgender Gleichung[10]

$$\widetilde{BE}_t := \widetilde{A}_t - \widetilde{L}_t. \tag{2.1}$$

Durch Umstellen dieser Gleichung erhält man unmittelbar den Ausweis des Reinvermögens in Kontoform wie in Abbildung 2.1 dargestellt. Traditionellerweise wird in Deutschland die Bilanz in Kontoform aufgestellt; für Kapitalgesellschaften ist diese Art der Darstellung sogar gemäß § 266 (1) Satz 1 HGB verpflichtend. Hingegen entspricht es angelsächsischer Tradition, die Bilanz – so wie in Deutschland bei der GuV üblich – in Staffelform aufzustellen.[11] In diesem Fall werden Vermögensgegenstände und Schulden in einer skontrierenden (also fortschreibenden) Aufstellung angeordnet wie in Abbildung 2.2 dargestellt.

Es versteht sich von selbst, daß die Art der Darstellung keinen Einfluß auf die Bewertung des Eigenkapitals haben kann. Jedoch erleichtert die Staffelform im Vergleich zur Kontoform die Bildung von Zwischensummen beziehungsweise Zwischendifferenzen. Theoretisch könnten die Vermögensgegenstände und Schulden in beliebiger Differenzenbildung untereinander dargestellt werden.

Tatsächlich geht es nun darum, die Höhe des Reinvermögens für diese Unternehmung bei vorläufiger Eigenfinanzierung festzustellen. Zu diesem Zweck

---

nur sämtliche Vermögensgegenstände und Schulden, sondern auch sogenannte »Rechnungsabgrenzungsposten«. Um die formale Darstellung nicht unnötig zu verkomplizieren, werden aktive Rechnungsabgrenzungsposten als Vermögensgegenstände und passive Rechnungsabgrenzungsposten als Schulden aufgefaßt.

10 Eine lesenswerte Darstellung über die Entstehung des Eigenkapitalbegriffs findet sich in *Bitz* (2007). Dort ist auch nachzulesen, wie das Eigenkapital nicht zu interpretieren ist.

11 Vgl. etwa *Whittington* (1992) und *Black* (2005), S. 73.

Bilanz (Staffelform)

Vermögensgegenstand (1)	$\widetilde{A}_{1t}$
Vermögensgegenstand (2)	$\widetilde{A}_{2t}$
...	...
Vermögensgegenstand (n)	$\widetilde{A}_{nt}$
Schuld (1)	$-\widetilde{L}_{1t}$
Schuld (2)	$-\widetilde{L}_{2t}$
...	...
Schuld (m)	$-\widetilde{L}_{mt}$
Reinvermögen	$\widetilde{BE}_t$

Abbildung 2.2: Bilanz zum Ende von Periode t in vertikaler Darstellung

müssen auf Ebene der Vermögensgegenstände diejenigen Posten identifiziert werden, die Liquiditätsreserven repräsentieren – also kontraktbestimmte Einzahlungsansprüche, die auf dem Kapitalmarkt erworben wurden. Bezeichnet man diese Vermögensgegenstände mit dem Symbol $\widetilde{FA}_t$ und die restlichen Vermögensgegenstände mit $\widetilde{OA}_t$, so wird die Summe der Vermögensgegenstände offenbar in zwei Teilsummen zerlegt:

$$\widetilde{A}_t = \widetilde{OA}_t + \widetilde{FA}_t. \qquad (2.2)$$

Analog ist auf Ebene der Schulden vorzugehen. Schulden, die gleichzeitig Fremdkapital im Sinne der DCF – Theorie darstellen – also kontraktbestimmte Auszahlungsverpflichtungen, die auf dem Kapitalmarkt eingegangen wurden – werden im folgenden mit dem Symbol $\widetilde{FL}_t$ belegt. Die restlichen Schuldposten werden entsprechend mit dem Symbol $\widetilde{OL}_t$ bezeichnet. Und auch hier gilt offenbar

$$\widetilde{L}_t = \widetilde{OL}_t + \widetilde{FL}_t.$$

Zunächst wurden also sämtliche Vermögensgegenstände und Schulden in vier Zwischensummen zusammengefaßt. Entsprechend angeordnet, kann die Bilanz wie in Abbildung 2.3 dargestellt werden.

74

Bilanz (Staffelform)	
Liquiditätsreserven	$\widetilde{FA}_t$
Restliche Vermögensgegenstände	$\widetilde{OA}_t$
Fremdkapital	$-\widetilde{FL}_t$
Restliche Schulden	$-\widetilde{OL}_t$
Reinvermögen	$\widetilde{BE}_t$

Abbildung 2.3: Bilanz zum Ende von Periode t nach Bildung von Zwischensummen

Ein eigenfinanziertes Unternehmen verfügt weder über Liquiditätsreserven noch ist es fremdfinanziert. Durch Umgliederung und die Bildung von Zwischendifferenzen läßt sich diese Tatsache in der Bilanzdarstellung besser unterstreichen. Zu diesem Zweck definiert man den *Buchwert des Fremdkapitals* durch Saldierung des Fremdkapitals (im engeren Sinne) mit den Liquiditätsreserven:[12]

$$\widetilde{BD}_t = \widetilde{FL}_t - \widetilde{FA}_t. \tag{2.3}$$

Die restlichen Vermögensgegenstände und Schulden bilden damit den *Buchwert des eigenfinanzierten Unternehmens*:

$$\widetilde{BV}_t := \widetilde{OA}_t - \widetilde{OL}_t. \tag{2.4}$$

Angewendet auf die Darstellung in Abbildung 2.3 liefert eine Bilanz wie in Abbildung 2.4 angegeben.

Während die steuerliche Bevorzugung von Fremdfinanzierung dazu führt, daß die beiden Marktwerte $\widetilde{V}_t^l$ und $\widetilde{V}_t^u$ voneinander unterschieden werden müssen, müßten die entsprechenden Buchwerte $\widetilde{BV}_t^l$ und $\widetilde{BV}_t^u$ eigentlich identisch sein, daß es annahmegemäß zwischen Steuerauszahlung und Steueraufwand einer Periode keine Differenzen gibt, die sich in der Bilanz niederschlagen könnten.

---

12 Vgl. die Ausführungen auf Seite 62 f.

Bilanz (Staffelform)

Restliche Vermögensgegenstände	$\widetilde{OA}_t$
Restliche Schulden	$-\widetilde{OL}_t$
Reinvermögen (eigenfinanziert)	$\widetilde{BV}_t$
Fremdkapital (im engeren Sinne)	$-\widetilde{FL}_t$
Liquiditätsreserven	$\widetilde{FA}_t$
(Netto)Fremdkapital	$-\widetilde{BD}_t$
Reinvermögen (fremdfinanziert)	$\widetilde{BE}_t$

Abbildung 2.4: Bilanz zum Ende von Periode t nach Umgliederung und Bildung von Zwischendifferenzen

Und folgerichtig liefert Einsetzen der Definitionsgleichungen (2.3) und (2.4) in die Bilanzidentität (2.1) nach Umstellen:

$$\widetilde{BV}_t = \widetilde{BE}_t + \widetilde{BD}_t, \qquad (2.5)$$

d.h. der *Buchwert des fremdfinanzierten Unternehmens* entspricht in seiner Höhe genau dem Buchwert des eigenfinanzierten Unternehmens. (Eine Indexierung der beiden Buchwerte ist damit entbehrlich.)

Bevor im folgenden Unterabschnitt in analoger Weise vorgegangen und das Jahresergebnis entsprechend zerlegt wird, ist auf einen Einwand einzugehen, der möglicherweise gegen die hier vorgestellte Methodik vorgebracht werden könnte.

Gemäß Gleichung (2.2) ist die Summe der Vermögensgegenstände in zwei Teilsummen zu zerlegen. Daraus könnte geschlossen werden, daß es für jede aktive Bilanzposition nur zwei Möglichkeiten gibt: Entweder ist sie komplett den Liquiditätsreserven zuzurechnen – oder nicht. Auf dieser Aggregationsstufe über eine Zuordnung zu entscheiden, wird sich in der praktischen Umsetzung unter Umständen als zu grob erweisen. Beispielsweise findet sich in einer handelsrechtlichen Bilanz die Position »Wertpapiere des Anlagevermögens« (als Unterposten der »Finanzanlagen«), die prinzipiell für den Ausweis von Liquiditätsreserven in Frage kommt. Jedoch werden unter diesem Posten nicht nur kontraktbestimmte Zahlungsansprüche, wie z.B. Industrieschuldverschreibungen, Bankobligationen, öffentliche Anleihen oder Zerobonds, sondern ebenfalls residualbestimmte Einzahlungsansprüche, wie z.b. Aktien, Genußscheine oder Investmentzertifikate, aggregiert ausgewiesen.[13]

Um eine feinere Untergliederung zu erreichen, könnte zu diesem Zweck die Zuordnung nicht anhand der Bilanzpositionen, sondern anhand der Summen- und Saldenliste (SuSa) vorgenommen werden, die eine Aufstellung sämtlicher Konten enthält. Orientiert sich die zu bewertende Unternehmung etwa am Industriekontenrahmen (IKR), so findet man die Wertpapiere des Anlagevermögens unter dem Konto 1500 weiter untergliedert.[14] Ein beispielhafter Ausschnitt ist in Abbildung 2.5 dargestellt.

Konto	Bezeichnung	Saldo 2005	Summe 2006		Saldo 2006
		Soll	Soll	Haben	Soll
1500	Stammaktien	10 000		500	9 500
1510	Vorzugsaktien	800			800
1520	Genußscheine				
1530	Investmentzertifikate	4 000	3 000	800	6 200
1540	Gewinnobligationen				
1550	Wandelschuldverschreibungen				
1560	Festverzinsliche Wertpapiere	85 000	12 000	20 000	77 000
1580	Optionsscheine				
1590	Sonstige Wertpapiere				
1500	**Wertpapiere des Anlagevermögens**	99 800	15 000	21 300	93 500

Abbildung 2.5: Beispielhafter Ausschnitt aus der Summen- und Saldenliste einer Unternehmung für das Geschäftsjahr 2006 (Angaben in €)

Anhand dieser Informationen läßt sich schnell feststellen, daß nur das Konto 1560 (Festverzinsliche Wertpapiere) mit einem Bestand von 77 000 € für den Ausweis von Liquiditätsreserven in Frage kommt. Die restlichen 16 500 € würden entsprechend dem Vermögen des vorläufig eigenfinanzierten Unternehmen zugerechnet.

---

13 Vgl. etwa *Adler, Düring und Schmaltz* (1995), § 266, Tz. 84.
14 Vgl. *Bundesverband der Deutschen Industrie* (1986), S. 25.

2.2.3 Reformulierung der GuV

In der Gewinn- und Verlustrechnung (GuV) als auf eine bestimmte Periode bezogene Zeitraumrechnung werden Erträge und Aufwendungen ausgewiesen sowie, als Saldo dieser Positionen, das Jahresergebnis ermittelt.[15]

In Abbildung 2.6 ist die GuV eines Unternehmens für eine in der Zukunft liegende Periode $t > 0$ dargestellt. Sie enthält $i = 1,\dots,n$ verschiedene Erträge $\widetilde{Rev}_{it}$ und $j = 1,\dots,m$ verschiedene Aufwendungen $\widetilde{Exp}_{jt}$. Das Jahresergebnis $\widetilde{NI}_t$ ergibt sich als Saldo aus Erträgen und Aufwendungen unter zusätzlicher Berücksichtigung der zu zahlenden Steuern in Höhe von $\widetilde{Tax}_t^l$.

Gewinn- und Verlustrechnung (Staffelform)	
Ertrag (1)	$\widetilde{Rev}_{1t}$
Ertrag (2)	$\widetilde{Rev}_{2t}$
...	...
Ertrag (n)	$\widetilde{Rev}_{nt}$
Aufwand (1)	$-\widetilde{Exp}_{1t}$
Aufwand (2)	$-\widetilde{Exp}_{2t}$
...	...
Aufwand (m)	$-\widetilde{Exp}_{mt}$
Steuerlast	$-\widetilde{Tax}_t^l$
Jahresergebnis	$\widetilde{NI}_t$

Abbildung 2.6: Gewinn- und Verlustrechnung zum Ende von Periode t in Staffelform

Bezeichnet man die Summe der Erträge mit $\widetilde{Rev}_t := \sum_{i=1}^{n} \widetilde{Rev}_{it}$ sowie die Summe der Aufwendungen mit $\widetilde{Exp}_t := \sum_{j=1}^{m} = \widetilde{Exp}_{jt}$, so ergibt sich das Jahresergebnis per definitionem aufgrund folgender Gleichung

$$\widetilde{NI}_t := \widetilde{Rev}_t - \widetilde{Exp}_t - \widetilde{Tax}_t^l. \tag{2.6}$$

Analog zur Vorgehensweise bei der Bilanz werden nun die im Zusammenhang mit dem Erwerb kontraktbestimmter Einzahlungsansprüche auszuweisenden

---

15 Vgl. *Baetge, Kirsch und Thiele* (2007), S. 3.

Zinserträge mit dem Symbol $\widetilde{ZE}_t$ und die restlichen Erträge mit dem Symbol $\widetilde{OR}_t$ bezeichnet, so daß die gesamten Erträge in zwei Teilsummen zerlegt werden:

$$\widetilde{Rev}_t = \widetilde{ZE}_t + \widetilde{OR}_t.$$

Entsprechend werden Zinsaufwendungen, die im Zusammenhang mit der Beschaffung von Zahlungsmitteln gegen kontraktbestimmte Zahlungsansprüche stehen, mit $\widetilde{ZA}_t$ und die restlichen Aufwendungen mit $\widetilde{OE}_t$ bezeichnet. Somit gilt auch hier

$$\widetilde{Exp}_t = \widetilde{ZA}_t + \widetilde{OE}_t.$$

Wiederum wurden also vier Zwischensummen gebildet. Entsprechend angeordnet, kann die GuV wie in Abbildung 2.7 dargestellt werden.

Gewinn- und Verlustrechnung (Staffelform)	
Zinserträge	$\widetilde{ZE}_t$
Restliche Erträge	$\widetilde{OR}_t$
Zinsaufwendungen	$-\widetilde{ZA}_t$
Restliche Aufwendungen	$-\widetilde{OE}_t$
Steuerlast	$-\widetilde{Tax}_t^l$
Jahresergebnis	$\widetilde{NI}_t$

Abbildung 2.7: Gewinn- und Verlustrechnung zum Ende von Periode t nach Bildung von Zwischensummen

Ein eigenfinanziertes Unternehmen verfügt weder über Liquiditätsreserven noch ist es fremdfinanziert. Demzufolge erwirtschaftet es auch keine Zinserträge und muß auch keine Zinsaufwendungen leisten. Wieder werden Zwischendifferenzen gebildet. Das *Finanzergebnis des fremdfinanzierten Unternehmens* als Saldo aus Zinsaufwendungen und Zinserträgen wurde bereits im vorangegangenen Kapitel definiert; es beläuft sich auf[16]

$$\widetilde{FE}_t := \widetilde{ZA}_t - \widetilde{ZE}_t. \tag{2.7}$$

---

16 Vgl. Seite 60.

In einem nächsten Schritt ist aus der Steuerzahlung $\widetilde{Tax}_t^l$ die Steuerlast bei vorläufiger Eigenfinanzierung zu isolieren. Hierzu ruft man sich in Erinnerung, daß eingangs eine lineare Besteuerung des Finanzergebnisses angenommen wurde.[17] Einsetzen von Gleichung (2.7) in Gleichung (1.5) liefert nach Umstellen

$$\widetilde{Tax}_t^u = \widetilde{Tax}_t^l + \tau \cdot \widetilde{FE}_t. \tag{2.8}$$

Damit bilden die restlichen Erträge und Aufwendungen, vermindert um die Steuerlast $\widetilde{Tax}_t^u$, das *Betriebsergebnis des eigenfinanzierten Unternehmens*:

$$\widetilde{OI}_t := \widetilde{OR}_t - \widetilde{OE}_t - \widetilde{Tax}_t^u. \tag{2.9}$$

Angewendet auf die Darstellung in Abbildung 2.7 erhält man eine Gewinn- und Verlustrechnung wie in Abbildung 2.8 angegeben.

Gewinn- und Verlustrechnung (Staffelform)

Restliche Erträge	$\widetilde{OR}_t$
Restliche Aufwendungen	$-\widetilde{OE}_t$
Steuerlast (eigenfinanziert)	$-\widetilde{Tax}_t^u$
Betriebsergebnis	$\widetilde{OI}_t$
Zinsaufwendungen	$-\widetilde{ZA}_t$
Zinserträge	$\widetilde{ZE}_t$
Finanzergebnis	$-\widetilde{FE}_t$
Steuervorteil (fremdfinanziert)	$\tau \cdot \widetilde{FE}_t$
Jahresergebnis	$\widetilde{NI}_t$

Abbildung 2.8: Gewinn- und Verlustrechnung zum Ende von Periode t nach Umgliederung und Bildung von Zwischendifferenzen

Einsetzen der Definitionsgleichungen (2.7) und (2.9) in Gleichung (2.6) liefert schließlich

$$\widetilde{NI}_t = \widetilde{OI}_t - (1 - \tau) \cdot \widetilde{FE}_t. \tag{2.10}$$

---

17 Vgl. Seite 48.

Im Ergebnis erhält man also das *Jahresergebnis eines fremdfinanzierten Unternehmens*, indem das Betriebsergebnis bei vorläufiger Eigenfinanzierung um das Finanzergebnis nach Steuern vermindert wird.

2.2.4 Bilanzielle Schulden, aber kein Fremdkapital?

In der Literatur hat es sich eingebürgert, ein eigenfinanziertes Unternehmen als »unverschuldet« zu bezeichnen. Folgt man der hier diskutierten Empfehlung zur Reformulierung eines Jahresabschlusses, dann kann die folgende Behauptung aufgestellt werden: *Ein unverschuldetes Unternehmen kann verschuldet sein.* Was auf den ersten Blick wie ein logischer Widerspruch aussieht, löst sich sofort auf, wenn man sich klarmacht, daß die in der Aussage verwendeten Begriffe »unverschuldet« und »verschuldet« unterschiedliche Sachverhalte bezeichnen.

Wie bereits ausgeführt, bezieht sich der erste der beiden Begriffe auf Finanzierungsmaßnahmen, die auf dem Kapitalmarkt durchgeführt werden. In diesem Sinne ist eine Unternehmung »unverschuldet«, wenn sie sich Zahlungsmittel ausschließlich im Rahmen von Beteiligungsfinanzierung (Eigenfinanzierung) beschafft.[18]

Demgegenüber bezieht sich der zweite der beiden Begriffe auf die im handelsrechtlichen Jahresabschluß (neben den Vermögensgegenständen und Rechnungsabgrenzungsposten) auszuweisenden Schulden.[19]

Die bilanziell ausgewiesenen Schuldpositionen sagen zunächst nur etwas über die zum Bilanzstichtag bestehenden Zahlungs- und Leistungsverpflichtungen sowie etliche weitere in Zukunft zu erwartende Belastungen aus. Darunter befinden sich – etwa unter den »Wertpapieren« oder den »Verbindlichkeiten gegenüber Kreditinstituten« – in der Tat auch Zahlungsverpflichtungen, die aus Fremdfinanzierungsaktivitäten resultieren. Jedoch haben Zahlungsverpflichtungen z.B. aus Bußgeldern, Schadenersatzleistungen, Kulanzrückstellungen oder passiven Rechnungsabgrenzungsposten wirklich nichts mehr mit der Beschaffung von Finanzmitteln zu tun.[20] Insofern ist der Begriff der bilanziellen Schuld

---

18 Vgl. ausführlich Unterabschnitt 1.1.2 auf Seite 35 ff.

19 Vgl. § 246 (1) Satz 1 HGB.

20 Passive Rechnungsabgrenzungsposten reflektieren überhaupt keine künftigen Zahlungsabflüsse. Vielmehr handelt es sich hierbei ausschließlich um die Verpflichtung, eine künftige Leistung zu erbringen. Diese besteht beispielsweise bei einer vorab erhaltenen Miete darin, die entsprechenden Wohn- oder Geschäftsräume zur Verfügung zu stellen. Erst mit erbrachter Leistung darf die Mietzahlung erfolgswirksam erfaßt werden.

umfassender als der Begriff des Fremdkapitals. Es ist zu vermuten, daß der un-saubere Gebrauch der Begriffe »Schuld« und »Fremdfinanzierung« in der Ver-gangenheit zu einer Reihe von Mißverständnissen geführt hat – mit dem Ergeb-nis, daß auf »Schwierigkeiten« verwiesen wird, die gar nicht existieren.[21]

Es kann nur spekuliert werden, wie es überhaupt zur Entstehung dieses Mißverständnisses kam. Zunächst einmal ist der Begriff des »unverschuldeten« Unternehmens vermutlich durch eine unglückliche Übersetzung entstanden. In ihrem Originalaufsatz sprechen *Modigliani und Miller* (1958) einerseits von »debt financing« sowie von Unternehmen, die entweder »unlevered« oder »levered« sind. In einer deutschen Übersetzung dieses Aufsatzes wurde »debt financing« korrekt mit »fremdfinanziert« übersetzt, für die anderen beiden Begriffe jedoch »unverschuldet« bzw. »verschuldet« gewählt.[22] Wörtlich meint »levered« jedoch »gehebelt«. Mit diesem Begriff werden also Sachverhalte bezeichnet, bei denen unsichere Zahlungsansprüche durch das Vorhandensein unbedingter Zahlungsverpflichtungen riskanter werden. Das ist aus Sicht der Eigentümer bei Vorliegen von Fremdkapital in der Tat der Fall – aber nicht nur dort. Beispielsweise verweist der »operating leverage« auf die Tatsache, daß das Risiko für den Unternehmensgewinn bei einer Absatzänderung mit den Fixkosten steigt, da diese unabhängig vom Umsatz sind.[23] Ein Unternehmen ohne Fixkosten ist in diesem Sinne also auch »unlevered« – mit Fremdkapital hat das jedoch nichts zu tun.[24]

Wenn nun aber Fremdkapital auf der Passivseite einer Bilanz ausgewiesen und ein eigenfinanziertes Unternehmen als »unverschuldet« bezeichnet wird, dann ist es nicht weiter verwunderlich, wenn sich im Zeitablauf irgendwann die Vorstellung einbürgert, ein eigenfinanziertes Unternehmen weise keine Schul-den in seiner Bilanz aus. Im Rahmen der Unternehmensbewertung wird dann allen Passivpositionen zwingend eine Rolle zugeschrieben, die sich konzeptio-

---

21 Beispielsweise nehmen *Essler, Kruschwitz und Löffler* (2005) für ihr Modell an, daß der Buchwert des Fremdkapitals stets seinem Marktwert entspricht. Mit Blick auf die nicht handelbaren Schulden müssen die Autoren feststellen: »Mit dieser Prämisse wird eine starke Einschränkung vorgenommen. Sie bedeutet im wesentlichen, daß das Unternehmen keine Rückstellungen [...] bilden wird.« (S. 596.)

22 Vgl. *Hax und Laux* (1975), S. 86 ff.

23 Vgl. ausführlich *Heidorn* (1985) oder *Lord* (1995).

24 Insofern wäre es bei der Übersetzung des Aufsatzes von *Modigliani und Miller* (1958) ange-messen gewesen, die Übersetzung des Begriffs »levered« unmittelbar auf »fremdfinanziert« zu beziehen; zumal dieses Wort auf für »debt financed« verwendet wurde. Warum stattdessen »verschuldet« gewählt wurde, bleibt unklar.

nell von denen der Aktivseite unterscheidet. In diesem Sinne unterstreichen *Drukarczyk und Schüler* (2007) die Rolle der Rückstellungen, da diese den Unternehmenswert beeinflussen.[25] Dieser Auffassung ist uneingeschränkt zuzustimmen. Jedoch wird der Unternehmenswert auch von allen anderen Vermögensgegenständen, Schulden und Rechnungsabgrenzungsposten beeinflußt. Auf eine besondere »Finanzierungsfunktion« der Rückstellungen zu schließen, nur weil diese auf der Passivseite der Bilanz ausgewiesen werden, ist schlichtweg falsch. Denn wenn eine Rückstellung gebucht wird, resultiert nur deshalb eine Zahlungswirkung, weil in der GuV Aufwand gebucht wird, dem keine Auszahlung gegenübersteht – an welcher Stelle sich dieser Aufwand in der Bilanz niederschlägt, ist dabei völlig unerheblich. Besteht zum Bilanzstichtag beispielsweise eine Umweltschutzverpflichtung aufgrund eines schadstoffbelasteten Grundstücks, so muß diese künftige Auszahlungsverpflichtung bereits am Abschlußstichtag aufwandswirksam erfaßt werden. In bezug auf die bilanzielle Erfassung hat der Bilanzierende jedoch ein Wahlrecht, ob er das belastete Grundstück um diesen Betrag außerplanmäßig abschreibt, oder ob er stattdessen eine Verbindlichkeitsrückstellung bucht.[26] Für den Unternehmenswert ist es offenkundig belanglos, ob das Unternehmen die Rückstellungsvariante wählt oder stattdessen sein Buchvermögen vermindert.

Abschließend muß darauf hingewiesen werden, daß es schon rein aus methodischen Gesichtspunkten falsch ist, bilanzielle Passivpositionen als »unmittelbaren Reflex von Finanzierungsmaßnahmen« zu interpretieren.[27] Dazu muß man sich klarmachen, daß »Bewertung« nichts anderes ist als »Messung«, d.h. die zahlenmäßige Abbildung eines Sachverhalts. Interessiert man sich also etwa für den Umfang der Fremdfinanzierung und nimmt hierzu die bilanziellen Schulden aus der Bilanz zum Maßstab, dann ersetzt man den zu messenden Sachverhalt (Fremdfinanzierung) durch sein Abbild (Buchwert). Das kann man nur dann machen, wenn man bereits weiß, daß alle bilanziellen Schulden gleichermaßen Fremdfinanzierungsaktitäten abbilden. Diese Prämisse läßt sich jedoch nur dann akzeptieren, wenn man vorab (ohne einen Blick in die Bilanz zu werfen) klärt, was unter »Fremdfinanzierung« zu verstehen ist.[28]

---

25 Vgl. das 8. Kapitel in *Drukarczyk und Schüler* (2007).

26 Vgl. BFH vom 19.11.2003 - I R 77/01 sowie *Schmidt und Roth* (2004). In der Vergangenheit ist viel darüber diskutiert worden, welche der beiden Ausweisvarianten aus theoretischer Sicht zu bevorzugen ist, vgl. etwa *Herzig* (1991).

27 *Bitz* (2007), S. 159. Ähnlich *Schneider* (1992), S. 17.

28 Ein Beispiel aus der Physik: Die Fahrenheit- und die Celsiusskala sind zwei Möglichkeiten,

2.2.5 Bereinigung der Erfolge um Periodenabgrenzungen

2.2.5.1 Überschußrechnung und Reinvermögensrechnung

Prinzipiell läßt sich der Übergang von der Ebene der Ein- und Auszahlungen in die Ebene der Erträge und Aufwendungen erreichen, indem jeder Geschäftsvorfall durch das Rechnungslegungssystem zweifach in Form sogenannter »Buchungen« erfaßt wird (Prinzip der doppelten Buchführung).[29] Hier sind grundsätzlich zwei Möglichkeiten vorstellbar:

1. Eine reine *Überschußrechnung* (»Cash – Accounting«) folgt dem Zufluß-/Abflußprinzip, d.h. Geschäftsvorfälle und andere Ereignisse werden dann erfaßt, wenn die betreffenden Zahlungen anfallen. Eine Ertragsbuchung geht also immer in gleicher Höhe mit einer Einzahlung einher; während Auszahlungen automatisch eine Aufwandsbuchung nach sich ziehen. Beispielsweise entstehen Umsatzerlöse nicht bereits nach Erbringung der Leistung und Forderungsstellung, sondern erst bei Bezahlung der Rechnung. Im Ergebnis stimmen Erfolgs- und Zahlungsebene betraglich in jeder Periode überein:

$$Buchgewinn \equiv Einzahlungsüberschuß.$$

Konsequenz: Mit Ausnahme des Bestands an Zahlungsmitteln bleiben Bestandsveränderungen sonstiger Vermögenswerte oder Schulden unberücksichtigt.

In dieser reinen Form findet man dieses Konzept in der Kapitalflußrechnung wieder, die gemäß § 297 (1) HGB einen Pflichtbestandteil des Konzernabschlusses darstellt.[30] Relativ nahe kommt die im deutschen Steuerrecht verankerte »Einnahmenüberschußrechnung« (EÜR). Gemäß

---

den Sachverhalt »Temperatur« zu messen. Interessiert sich nun jemand dafür, was unter »hohen« Temperaturen zu verstehen ist, dann helfen die Angaben 100 °C bzw. 212 °F nicht weiter. Im Zweifel muß man selbst den Finger in das kochende Wasser halten.

29 Einen Überblick über die konzeptionellen Grundlagen der doppelten Buchführung bieten *Mattessich* (1970), *Ijiri* (1993) sowie jüngst *Bitz* (2007). Als klassische Referenz ist *Pacioli* (1494) zu nennen. Allerdings ist das Prinzip einer »zweifachen« Erfassung von Geschäftsvorfällen keineswegs zwingend. Siehe beispielsweise *Ijiri* (1989) zur Darstellung einer »dreifachen« Buchführung.

30 Vgl. auch IAS 7 »Kapitalflußrechnungen«.

§ 4 (3) Nr. 1 EStG können »Steuerpflichtige, die nicht aufgrund gesetzlicher Vorschriften verpflichtet sind, Bücher zu führen und regelmäßig Abschlüsse zu machen, [...] als Gewinn den Überschuß der Betriebseinnahmen über die Betriebsausgaben ansetzen.« Jedoch wird hier das Zufluß-/Abflußprinzip nicht konsequent zu Ende geführt, da beispielsweise die Anschaffungs- oder Herstellungskosten abnutzbarer Vermögensgegenstände über deren Nutzungsdauer verteilt werden müssen.[31]

2. Damit ein Rechnungslegungssystem seinen Rechnungszwecken gerecht werden kann, wird typischerweise der Erfolg durch eine *Reinvermögensrechnung* (»Accrual – Accounting«) ermittelt.[32] Erträge und Aufwendungen ergeben sich aus dem *Prinzip der Periodenabgrenzung*, wonach Geschäftsvorfälle und andere Ereignisse dann erfaßt werden, wenn sie auftreten und nicht dann, wenn die betreffenden Zahlungen anfallen.[33] Formal zeichnet sich eine Reinvermögensrechnung also durch eine Periodisierung von Zahlungsströmen aus. Konkretisiert wird das Auseinanderfallen von Zahlungs- und Erfolgsebene durch Ansatz- und Bewertungskonventionen des jeweils zugrundeliegenden Rechnungslegungssystems. Grundsätzlich lassen sich jedoch Periodengewinn und Einzahlungsüberschuß einer Periode jedoch stets nach einem Prinzip ineinander überführen wie in Tabelle 2.4 angegeben.[34] Ein prominentes Beispiel für nicht zahlungswirksame Aufwendungen stellen die Abschreibungen dar, die Investitionsauszahlungen über die Nutzungsdauer erfolgswirksam verteilen. Aber auch die Erfassung von Rückstellungen gehören dazu. Beispiele für nicht erfolgswirksame Einzahlungen sind etwa transitorische Kundenanzahlungen bzw. Einzahlungen, die bereits früher ertragswirksam antizipiert wurden, wie etwa Zahlungseingänge bei Bezahlung offener Rechnungen aus dem Verkauf von Produkten oder Dienstleistungen.

---

31 Vgl. § 4 (3) Nr. 3 EStG. Hinsichtlich weiterer Ausnahmen siehe § 11 EStG.
32 Zu den verschiedenen Rechnungszwecken siehe *Schneider* (1997).
33 Vgl. *Wagenhofer und Ewert* (2007), S. 10 f. sowie § 252 (1) Nr. 5 HGB, wobei an dieser Stelle erst einmal offen bleiben muß, wann ein Geschäftsvorfall entstanden ist.
34 Vgl. ausführlich *Drukarczyk* (2003), S. 64 ff. Häufig findet man Formulierungen, bei denen nicht erfolgswirksame Zahlungen nicht berücksichtigt sind. Beispielsweise definiert *Laitenberger* (2003) operative Cashflows als »die operativen Ergebnisse zuzüglich nicht zahlungswirksamer Aufwendungen, abzüglich nicht zahlungswirksamer Erträge und nach Abzug von Investitionen.« (S. 1224).

Buchgewinn der Periode t

+ Nicht zahlungswirksame Aufwendungen
− Nicht zahlungswirksame Erträge
+ Nicht erfolgswirksame Einzahlungen
− Nicht erfolgswirksame Auszahlungen

= Einzahlungsüberschuß der Periode t

Tabelle 2.4: Der Unterschied zwischen Buchgewinn und Einzahlungsüberschuß in einer Periode

2.2.5.2 Zahlungsansprüche der Eigentümer eines eigenfinanzierten Unternehmens

Ein eigenfinanziertes Unternehmen zahlt in jeder Periode t den erwirtschafteten Einzahlungsüberschuß $\widetilde{CF}_t$ an seine Eigentümer aus. Korrespondierend wird in der Gewinn- und Verlustrechnung das durch Gleichung (2.9) definierte Betriebsergebnis $\widetilde{OI}_t$ ausgewiesen. Das Prinzip der Periodenabgrenzung läßt sich nun wie folgt formalisieren:[35]

$$\widetilde{OI}_t := \widetilde{CF}_t + \widetilde{Inv}_t + \widetilde{oac}_t. \qquad (2.11)$$

Für das Auseinanderfallen von betrieblicher Zahlungs- und Erfolgsebene können im wesentlichen zwei Ursachen identifiziert werden:

1. Die im Zeitpunkt t anfallenden Auszahlungen für Investitionsprojekte in Höhe von $\widetilde{Inv}_t$ entfalten erst zukünftig einen Nutzen, weil sie der Erzielung von Einzahlungsüberschüssen dienen. Eine Reinvermögensrechnung berücksichtigt diese Tatsache, indem sie Investitionsauszahlungen grundsätzlich erfolgsneutral behandelt und wieder zum freien Cashflow addiert.

2. Alle sonstigen Modifikationen sind in den *betrieblichen Periodenabgrenzungen (accruals)* $\widetilde{oac}_t$ zusammengefaßt, wie etwa die Verteilung akti-

---

35 Vgl. Beziehung (4.13) in *Penman* (2007), S. 135; *Wagenhofer und Ewert* (2007), S. 209 oder *Horngren, Harrison und Bamber* (1999), S. 718. Vernachlässigt man die Steuerzahlung, dann gilt aufgrund von Beziehung (1.3):

$$\widetilde{OI}_t = \widetilde{C}_t + \widetilde{oac}_t.$$

vierter Investitionsprojekte in Form von Abschreibungen über die Nutzungsdauer, die Erfassung von Rückstellungen, oder die Auflösung von
Lieferantenverbindlichkeiten. Auch Investitionsauszahlungen, deren Aktivierung konkrete Ansatzverbote entgegenstehen, werden durch die betrieblichen Periodenabgrenzungen erfaßt.[36]

Führt ein Geschäftsvorfall zu einem Auseinanderfallen von Erfolgs- und Zahlungsebene, wird die Differenz durch Zu- oder Abnahmen entsprechender Akti-
va oder Passiva in der Bilanz ausgeglichen.[37] Diese Eigenschaft ergibt sich lo-
gisch aus dem Prinzip der doppelten Buchführung. Umgekehrt ist es jedoch prinzipiell mit diesem Prinzip vereinbar, daß sich Wertänderungen an Vermögens-
und Schuldpositionen weder im Periodengewinn noch im Einzahlungüberschuß
niederschlagen, sondern direkt zu einer Änderung des Eigenkapitals führen. Solche Formen von Eigenkapitalveränderungen werden im folgenden annahmegemäß ausgeschlossen:[38]

Annahme 2.1 (Betriebliche Periodenabgrenzungen) *Zwischen den Zeitpunk-
ten $t - 1$ und t entspricht die Änderung des Buchwerts eines eigenfinanzierten
Unternehmens stets der Summe aus betrieblichen Periodenabgrenzungen und
Investitionsauszahlungen:*

$$\widetilde{oac}_t + \widetilde{Inv}_t = \Delta \widetilde{BV}_t. \qquad (2.12)$$

Durch Annahme 2.1 ist sichergestellt, daß jede nicht zahlungswirksame Veränderung des Buchwerts stets Erfolgswirksamkeit entfaltet. In diesem Zusammenhang spricht man auch häufig davon, daß ein solches Rechnungslegungssystem
die sogenannte »Clean – Surplus – Eigenschaft« aufweist.[39]

---

36 Angenommen, ein Unternehmen investiert in ein selbsterstelltes Patent. Die Auszahlungen
belaufen sich 1 000 €. Bilanziert die Unternehmung nach International Financial Reporting
Standards (IFRS), so wird diese Auszahlung auch bilanziell als Investition behandelt, d.h.
es gilt $\widetilde{Inv}_t + \widetilde{oac}_t = 1.000 + 0 = 1.000$ €. (Zu den Ansatzkriterien im einzelnen siehe
IAS 38.) Legt das Unternehmen hingegen nach Grundsätzen ordnungsmäßiger Buchführung
(GoB) Rechnung, so gilt gemäß § 248 (2) HGB das Aktivierungsverbot selbsterstellter im-
materieller Anlagegüter. Formal würde dies durch die Periodenabgrenzungen berücksichtigt,
indem $\widetilde{Inv}_t + \widetilde{oac}_t = 1.000 + (-1.000) = 0$ € gilt, obwohl es sich aus ökonomischer Sicht
natürlich in beiden Fällen um eine Investitionsauszahlung handelt.
37 Vgl. *Baetge, Kirsch und Thiele* (2007), S. 612.
38 Im folgenden bezeichnet ΔX_t stets $X_t - X_{t-1}$.
39 Vgl. *Feltham und Ohlson* (1995), S. 694; *Penman* (1996), S. 238.

Weisen Rechnungslegungssysteme diese grundlegende Eigenschaft auf, so läßt sich leicht zeigen, daß sie dann auch das Prinzip der Pagatorik (Kongruenzprinzip) erfüllen; d.h. über die Lebensdauer der rechnungslegenden Unternehmung stimmt der Totalerfolg mit der Summe der Zahlungen überein.[40]

Ein nach deutschem Handelsrecht aufgestellter Jahresabschluß hat im wesentlichen eine Ausschüttungsbemessungsfunktion zu erfüllen und kommt daher dem Clean – Surplus – Konzept sehr nahe.[41] Auch im deutschen Steuerrecht ist sie in § 4 (1) Satz 1 EStG verankert:

> »Gewinn ist der Unterschiedsbetrag zwischen dem Betriebsvermögen am Schluß des Wirtschaftsjahrs und dem Betriebsvermögen am Schluß des vorangegangenen Wirtschaftsjahrs, vermehrt um den Wert der Entnahmen und vermindert um den Wert der Einlagen.«

Einsetzen von Beziehung (2.12) in Definitionsgleichung (2.11) liefert schließlich eine Gleichung für den freien Cashflow eines eigenfinanzierten Unternehmens:[42]

Satz 2.1 (Freier Cashflow) *Gilt die Clean – Surplus – Bedingung, dann beschreibt die folgende Gleichung*

$$\widetilde{CF}_t = \widetilde{OI}_t - \Delta \widetilde{BV}_t \tag{2.13}$$

den freien Cashflow eines eigenfinanzierten Unternehmens in Periode t.

Gemäß Gleichung (2.13) erhält man den freien Cashflow einer Periode, indem das Betriebsergebnis um die Veränderung des Buchwerts vermindert wird. Bei diesem – auf den ersten Blick verblüffend einfachen – Ergebnis handelt es sich jedoch lediglich um eine konsequente Anwendung des Prinzips der doppelten Buchführung. Um sich das klarzumachen, wirft man am besten

---

40 Vgl. *Preinreich* (1937), S. 220; *Lücke* (1955), S. 315.
41 Mit der offenen Verrechnung des aktivischen Unterschiedsbetrages mit den Rücklagen gemäß § 309 Abs. 1 Satz 3 HGB im Rahmen der Kapitalkonsolidierung existiert eine Ausnahme, jedoch nur im Konzernabschluß, der eine reine Informationsfunktion zu erfüllen hat. Auch im Steuerrecht kann es zu wesentlichen Ausnahmen kommen: So gibt es nichtabziehbare Betriebsausgaben, wie etwa Bestechungsgelder; steuerfreie Einnahmen, wie Investitionszulagen gemäß § 5 InvZulG 1991 oder Gewinnzuschläge bei der Auflösung steuerfreier Rücklagen gemäß § 6b (7) EStG und § 7g (5) EStG, wenn die Rücklagen nicht auf Reinvestitionsgüter übertragen werden.
42 Vgl. ebenfalls *Penman* (2007), S. 246.

einen erneuten Blick auf Tabelle 2.4 (Seite 86). Demzufolge läßt sich der Unterschied zwischen Buchgewinn und Einzahlungsüberschuß einer Periode auf vier Ursachen zurückführen. Wenn nun aber dieser Unterschied – wie soeben gezeigt – gerade durch die Veränderung des Buchwerts abgebildet wird, dann läßt sich ein Zusammenhang herstellen wie in Tabelle 2.5 angegeben.

	Buchwert zu Beginn der Periode t
−	Nicht zahlungswirksame Aufwendungen
+	Nicht zahlungswirksame Erträge
−	Nicht erfolgswirksame Einzahlungen
+	Nicht erfolgswirksame Auszahlungen
=	Buchwert zum Ende der Periode t

Tabelle 2.5: Die Veränderung des Buchwerts in einer Periode

Offenbar sind die gleichen vier Ursachen auch für die Veränderung des Buchwerts in einer Periode verantwortlich – nur mit umgekehrtem Vorzeichen! Jeder Geschäftsvorfall, der bei unverändertem Einzahlungsüberschuß zu einer Minderung des Buchgewinns führt (nicht zahlungswirksamer Aufwand), geht mit einer korrespondierenden Minderung des Buchwerts einher. Steigt der Cashflow, und der Buchgewinn bleibt unverändert, so handelt es sich um eine nicht erfolgswirksame Einzahlung, die sich zwangsläufig in einem geminderten Buchwert niederschlägt. Dabei spielt es keine Rolle, ob es sich hierbei um eine Einzahlung handelt, die bereits früher ertragswirksam vereinnahmt wurde (Aktivminderung), oder ob es sich um eine Einzahlung handelt, die erst später ertragswirksam zu vereinnahmen ist (Passivmehrung).

Damit wird noch einmal die Wirkungsweise der Clean – Surplus – Eigenschaft unterstrichen: Jede Änderung des Buchwerts muß entweder zahlungswirksam oder erfolgswirksam sein. Geschäftsvorfälle, die dieses Prinzip verletzen, betreffen nicht zahlungswirksame Wertänderungen an Vermögensgegenständen und Schulden, die »am Buchgewinn vorbei« zu einer Veränderung des Buchwerts führen (dirty – surplus – transactions). Beispiele für solche Geschäftsvorfälle finden sich in Jahresabschlüssen, die nach internationalen Rechnungslegungsnormen (IFRS oder US – GAAP) aufgestellt sind.[43] Beispielsweise

---

43 Für die US – GAAP vgl. stellvertretend *Penman* (2007), Kapitel 8.

kann gemäß IAS 16 die Folgebewertung von Sachanlagevermögen nach dem sogenannten »Neubewertungsmodell« durchgeführt werden. Dieses Konzept sieht vor, daß Werterhöhungen erfolgsneutral im Eigenkapital gegen eine Neubewertungsrücklage anzusetzen sind und nicht über die GuV laufen, und zwar auch dann nicht, wenn der Vermögensgegenstand verkauft wird.[44]

Eine wichtige Eigenschaft von Gleichung (2.13) besteht darin, daß die Berechnung des freien Cashflows unabhängig von den konkreten Abbildungs- und Bewertungskonventionen des zugrundeliegenden Rechnungslegungssystems ist. Dessen Aufgabe besteht darin, eine Folge von Zahlungen in eine Folge von Buchwerten und Buchgewinnen abzubilden. Insofern kann (BV_t, OI_t) mit einer Vielzahl möglicher Realisierungen von CF_t vereinbar sein. Jedoch ist der Vektor (BV_{t-1}, BV_t, OI_t) nur mit genau einer Realisierung CF_t konsistent.[45] Jede Folge realisierter Cashflows $\{CF_t\}_{t=1}^T$ wird damit *eindeutig* durch eine Folge realisierter Jahresabschlußdaten $\{BV_{t-1}, OI_t\}_{t=1}^T$ bestimmt.[46]

Beispiel: Um zu zeigen, daß unterschiedliche Ansatz- und Bewertungsregeln keinen Einfluß auf die Herleitung des Einzahlungsüberschusses haben, genügt es, ein Modell mit drei Zeitpunkten zu betrachten: Ein eigenfinanziertes Unternehmen wird in Periode $t = 1$ gegründet; es beendet seine Geschäftstätigkeit zum Ende von Periode $t = 2$. Unsicherheit und Steuern werden vereinfachend aus der Betrachtung ausgeblendet.

1. Für die Entwicklung einer Software fallen in Periode $t = 1$ Investitionsauszahlungen in Höhe von 1 000 € an. Die Unternehmung nutzt diese Software für den Absatz von Dienstleistungen in der Folgeperiode, die betriebliche Einzahlungen in Höhe von 3 000 € erzielen. Die freien Cashflows belaufen sich damit auf $CF_1 = -1\,000$ und $CF_2 = +3\,000$.

Gemäß § 248 (2) HGB existiert für selbsterstellte immaterielle Vermögensgegenstände des Anlagevermögens ein Ansatzverbot, so daß die Investitionsauszahlungen in Periode $t = 1$ als Aufwand zu verrechnen sind. In Periode $t = 2$ werden Umsatzerlöse von 3 000 € erwirtschaftet. Gemäß IAS 38 erfüllt die Software unter bestimmten Bedingungen die Ansatzkriterien für einen immateriellen Vermögensgegenstand. In diesem Fall wer-

---

44 Vgl. ausführlich *Wagenhofer* (2005), S. 361 ff.
45 Vgl. *Feltham und Ohlson* (1996), S. 218 (Fußnote 16).
46 Vgl. *Feltham und Ohlson* (1995), S. 698.

den die Investitionen in Periode $t = 1$ erfolgsneutral mit der Bilanz verrechnet und in der Folgeperiode abgeschrieben. Es ergeben sich folgende Daten:

	GoB		IFRS	
t	1	2	1	2
OA_t	0	0	1 000	0
OL_t	0	0	0	0
BV_t	0	0	1 000	0
OI_t	−1 000	3 000	0	2 000

Tabelle 2.6: Jahresabschlußorientierte Bestimmung des freien Cashflows: Software

Einsetzen der Daten in Gleichung (2.13) liefert in beiden Fällen wegen $BV_0 \equiv 0$ identische freie Cashflows.

2. Aber auch zwischen handelsrechtlicher und steuerrechtlicher Rechnungslegung gibt es Ausnahmen von der Maßgeblichkeit. So dürfen gemäß § 5 (4a) EStG keine Drohverlustrückstellungen gebildet werden. Angenommen, die Unternehmung verpflichtet sich bereits in Periode $t = 1$ vertraglich, in der Folgeperiode Waren zum Preis von 120 € von einem Lieferanten zu erwerben. Diese Waren sollen dann gewinnbringend weiterveräußert werden. Zum Ende der Periode $t = 1$ sinkt der Verkaufspreis jedoch auf 100 €. Die freien Cashflows belaufen sich damit auf $CF_1 = 0$ und $CF_2 = -20$.

Gemäß Imparitätsprinzip hat die Unternehmung zum Ende der Periode $t = 1$ eine Rückstellung für drohende Verluste in Höhe von 20 € zu bilden; in der Steuerbilanz ist das untersagt.

Es ergeben sich die in Tabelle 2.7 angegebenen Daten, die wiederum in beiden Fällen identische freie Cashflows implizieren. ♠

	GoB		StB	
t	1	2	1	2
OA_t	0	0	0	0
OL_t	−20	0	0	0
BV_t	−20	0	0	0
OI_t	−20	0	0	−20

Tabelle 2.7: Jahresabschlußorientierte Bestimmung des freien Cashflows: Drohverlustrückstellung

2.2.5.3 Zahlungsansprüche der Gläubiger eines fremdfinanzierten Unternehmens

Wie auf Seite 61 ausgeführt, faßt der Flow to Debt alle Zahlungen (Zins und Tilgung) zusammen, die im Zusammenhang mit Fremdfinanzierung und Liquiditätsreserven stehen:

$$\widetilde{FtD}_t = \widetilde{I}_t + \widetilde{R}_t.$$

Parallel dazu wird in der Gewinn- und Verlustrechnung ein Finanzergebnis als Saldo aus Zinsaufwendungen und Zinserträgen ausgewiesen:

$$\widetilde{FE}_t = \widetilde{ZA}_t - \widetilde{ZE}_t.$$

Auch hier lassen sich Unterschiede zwischen beiden Flußgrößen auf das Prinzip der Periodenabgrenzung zurückführen:

$$\widetilde{FE}_t := \widetilde{FtD}_t - \widetilde{R}_t + \widetilde{fac}_t. \tag{2.14}$$

1. Mit der Inanspruchnahme eines Darlehens durch den Schuldner ist unmittelbar die Verpflichtung zur Rückzahlung verbunden. Insofern werden Tilgungen und Neukreditaufnahmen durch das Rechnungslegungssystem erfolgsneutral behandelt, und $\widetilde{R}_t$ wird vom Flow to Debt wieder subtrahiert.

2. Demgegenüber stellen die zu zahlenden Zinsen einen Werteverzehr für die Nutzung des zur Verfügung gestellten Fremdkapitals dar, so daß der

Betrag von $\widetilde{I}_t = \widetilde{FtD}_t - \widetilde{R}_t$ erfolgswirksam in der GuV erfaßt wird. Typischerweise entsprechen die Zinszahlungen $\widetilde{I}_t$ genau dem Finanzergebnis $\widetilde{FE}_t$. Liegt allerdings der Nennbetrag eines Darlehens über seinem Auszahlungsbetrag, so hat der Bilanzierende gemäß § 250 (3) HGB das Wahlrecht, diesen Unterschiedsbetrag (Disagio) zu aktivieren und erfolgswirksam auf die Laufzeit des Darlehens zu verteilen.[47] Die erfolgswirksame Verteilung eines Disagios wird in einer solchen Situation durch die *finanziellen Periodenabgrenzungen* $\widetilde{fac}_t$ übernommen, so daß das Finanzergebnis $\widetilde{FE}_t$ von den Zinszahlungen $\widetilde{I}_t$ abweicht.

Wiederum wird angenommen, daß die Clean – Surplus – Eigenschaft erfüllt ist:

Annahme 2.2 (Finanzielle Periodenabgrenzungen) *Die Änderung des Fremdkapitalbuchwerts zwischen den Zeitpunkten $t - 1$ und t entspricht stets den finanziellen Periodenabgrenzungen, vermindert um Tilgungsleistungen:*

$$\widetilde{fac}_t - \widetilde{R}_t = \Delta \widetilde{BD}_t. \qquad (2.15)$$

Annahme 2.2 stellt sicher, daß jede Änderung des Fremdkapitalbuchwerts, die nicht im Zusammenhang mit dem Aufbau bzw. Abbau von Liquiditätsreserven oder Fremdfinanzierung steht, im Finanzergebnis erfaßt wird. Eine Verletzung dieser Bedingung findet sich beispielsweise in IAS 39, wo Wertänderungen einer Periode bei »zur Veräußerung verfügbaren finanziellen Vermögenswerten« erfolgsneutral mit dem Eigenkapital verrechnet und erst bei Ausbuchung des betreffenden Finanzinstruments erfolgswirksam in der GuV erfaßt werden.[48]

Einsetzen von Gleichung (2.15) in Beziehung (2.14) liefert nach Umstellen eine Bestimmungsgleichung für den Flow to Debt, die – im Gegensatz zu Gleichung (1.15) – ausschließlich auf Jahresabschlußdaten beruht:

---

47 Vgl. *Adler, Düring und Schmaltz* (1995), § 253, Tz. 77 ff. Eine Inanspruchnahme des Wahlrechts (und damit eine Belastung der ersten Periode mit Aufwand) widerspricht freilich dem Realisationsprinzip, da das Disagio eine Zinsvorauszahlung für die Nutzung des Darlehens in zukünftigen Perioden darstellt. Steuerrechtlich ist ein Disagio allerdings gemäß H 37 EStR stets zu aktivieren. Analog wird der Aufschlag auf den Nennwert eines Darlehens als Agio bezeichnet, siehe hierzu ausführlich *Böcking* (1988), S. 42 – 52.

48 Vgl. ausführlich *Wagenhofer* (2005), S. 234 ff.

Satz 2.2 (Flow to Debt) *Bei Gültigkeit des Clean – Surplus – Prinzips beschreibt die folgende Gleichung*

$$\widetilde{FtD}_t = \widetilde{FE}_t - \Delta\,\widetilde{BD}_t \qquad (2.16)$$

den in Periode t fließenden Zahlungsstrom an die Gläubiger eines fremdfinanzierten Unternehmens.

Auch Beziehung (2.16) ist unabhängig von konkreten Ansatz- und Bewertungsregeln sowie der Ausübung von Wahlrechten gültig. Ist beispielsweise der Auszahlungsbetrag einer Verbindlichkeit kleiner als ihr Rückzahlungsbetrag, so ist der sich ergebende Unterschiedsbetrag aufgrund des Realisationsprinzips als aktiver Rechnungsabgrenzungsposten zu aktivieren und auf die Laufzeit des Darlehens bzw. der Anleihe planmäßig zu verteilen. Für den handelsrechtlichen Jahresabschluß kann der Bilanzierende jedoch auch alternativ von seinem Wahlrecht Gebrauch machen und gemäß § 250 (3) HGB den Unterschiedsbetrag sofort aufwandswirksam zu verrechnen. Der Flow to Debt wird durch dieses Wahlrecht nicht beeinflußt wie das folgende Beispiel zeigt:

Beispiel: Angenommen, eine Unternehmung begibt im Zeitpunkt $t = 0$ eine Anleihe mit dreijähriger Laufzeit. Der Nennbetrag beträgt 10 000 €, Nominalverzinsung 8 %. Die Anleihe wird ab dem Zeitpunkt $t = 2$ mit zwei gleichgroßen Raten zurückgezahlt. Beträgt der risikolose Zinssatz $r_f = 10 \%$, so ergibt sich ein Auszahlungsbetrag von 9 577.76 €. Tabelle 2.8 enthält die Zinszahlungen, die Tilgung sowie den Flow to Debt.

t	0	1	2	3
I_t	0.00	800.00	800.00	400.00
R_t	−9 577.76	0.00	5 000.00	5 000.00
FtD_t	−9 577.76	800.00	5 800.00	5 400.00

Tabelle 2.8: Zahlungsbasierte Bestimmung des Flow to Debt

Nach herrschender Auffassung ist die Anleihe in der Bilanz in Höhe von $FL_0 = 10 000$ als Schuld zu passivieren.[49] Wird der Unterschiedsbetrag in

---

49 Vgl. die Ausführungen in Unterabschnitt 3.2.3.

Höhe von $FA_0 = 422.24$ als aktiver Rechnungsabgrenzungsposten aktiviert, so beläuft sich der Buchwert des Fremdkapitals nach Reformulierung auf:[50]

$$BD_0 = FL_0 - FA_0$$
$$= 9577.76.$$

Das Finanzergebnis in den Folgeperioden setzt sich zusammen aus den Zinszahlungen sowie aus der (als linear unterstellten) aufwandswirksamen Verteilung des Rechnungsabgrenzungspostens. Insgesamt ergeben sich die in Tabelle 2.9 angegebenen Daten.

t	0	1	2	3
FA_t	422.24	281.49	140.75	0.00
FL_t	10 000.00	10 000.00	5 000.00	0.00
BD_t	9 577.76	9 718.51	4 859.25	0.00
FE_t	0.00	940.75	940.75	540.75

Tabelle 2.9: Jahresabschlußorientierte Bestimmung des Flow to Debt: Lineare Verteilung des aktiven Rechnungsabgrenzungspostens

Unter Zuhilfenahme der in Satz 2.2 notierten Beziehung ergeben somit BD_t im Zusammenspiel mit FE_t einen zu Tabelle 2.8 identischen Flow to Debt.

t	0	1	2	3
FA_t	0.00	0.00	0.00	0.00
FL_t	10 000.00	10 000.00	5 000.00	0.00
BD_t	10 000.00	10 000.00	5 000.00	0.00
FE_t	422.24	800.00	800.00	400.00

Tabelle 2.10: Jahresabschlußorientierte Bestimmung des Flow to Debt: Sofortige aufwandswirksame Erfassung des Unterschiedsbetrags

Daran ändert sich auch nichts, wenn demgegenüber der Unterschiedsbetrag sofort aufwandswirksam in Periode $t = 0$ verrechnet wird. In diesem Fall erhält man Daten wie in Tabelle 2.10 angegeben. ♠

---

50 Vgl. Definitionsgleichung (2.3) auf Seite 75.

2.2.5.4 Zahlungsansprüche der Eigentümer eines fremdfinanzierten Unternehmens

Auf Seite 61 wurde ausgeführt, daß sich der Flow to Equity unmittelbar durch Umstellen der Liquiditätsbedingung ergibt:

$$\widetilde{FtE}_t = \widetilde{CF}_t + \tau \cdot \widetilde{FE}_t - \widetilde{FtD}_t. \tag{2.17}$$

Während Gleichung (2.17) ausschließlich auf Zahlungen abstellt, läßt sich $\widetilde{FtE}_t$ auch auf der Basis von Jahresabschlußdaten bestimmen. Eine zusätzliche Annahme ist hierfür nicht notwendig, denn Einsetzen von (2.13) und (2.16) in Gleichung (2.17) liefert nach Umstellen

$$\widetilde{FtE}_t = \widetilde{OI}_t - (1-\tau) \cdot \widetilde{FE}_t - \left(\Delta \widetilde{BV}_t - \Delta \widetilde{BD}_t \right).$$

Die ersten beiden Summanden entsprechen gerade dem Jahresergebnis $\widetilde{NI}_t$ und der Term in Klammern der Veränderung des Eigenkapitalbuchwerts $\Delta \widetilde{BE}_t$, so daß folgende Beziehung notiert werden kann:[51]

$$\widetilde{FtE}_t = \widetilde{NI}_t - \Delta \widetilde{BE}_t. \tag{2.18}$$

Alternativ läßt sich Gleichung (2.18) auch wie folgt darstellen:

$$\widetilde{FtE}_t = \widetilde{CF}_t - (1-\tau) \cdot \widetilde{FE}_t + \Delta \widetilde{BD}_t. \tag{2.19}$$

Üblicherweise findet sich in der Literatur folgende Gleichung zur Bestimmung des Flow to Equity:[52]

$$\widetilde{FtE}_t = \widetilde{CF}_t - (1-\tau) \cdot r_f \cdot \widetilde{D}_{t-1} + \Delta \widetilde{D}_t.$$

In gewisser Hinsicht sind beide Gleichungen identisch, da sich der Nettozahlungsstrom an die Eigentümer einer fremdfinanzierten Unternehmung ergibt, indem der Flow to Debt vom erwirtschafteten Einzahlungsüberschuß (freier Cashflow zuzüglich Steuervorteil) subtrahiert wird. Jedoch sind zwei Unterschiede

---

51 Vgl. die Gleichungen (2.5) auf Seite 76 sowie (2.10) auf Seite 80.
52 Siehe etwa *Schwetzler und Darijtschuk* (1999); *Heitzer und Dutschmann* (1999); *Drukarczyk und Honold* (1999); *Schildbach* (2000); *Kruschwitz und Löffler* (2003) oder *Casey* (2004).

festzustellen: Erstens enthält die in der Literatur vorherrschende Formulierung Fremdkapitalmarktwerte, während Beziehung (2.19) auf Fremdkapitalbuchwerten basiert. Zweitens wird in der Literatur unterstellt, daß das Finanzergebnis in Periode t der ökonomischen Verzinsung des Fremdkapitals entspricht. Der letzte Aspekt wird ausführlich im folgenden Kapitel diskutiert.

2.3 Ein Beispiel

Anhand des folgenden Beispiels soll veranschaulicht werden, wie mit Hilfe von Jahresabschlußdaten künftige Cashflows prognostiziert werden können. In einem ersten Schritt wird zu diesem Zweck ein Jahresabschluß entsprechend der in diesem Kapitel diskutierten Vorgehensweise reformuliert, um auf dieser Basis in einem zweiten Schritt mit Hilfe einiger zusätzlicher Annahmen Plan – Bilanzen sowie Plan – Gewinn- und Verlustrechnungen schätzen zu können.

Position	Buchwert 31.12.05	Buchwert 31.12.06
Aktiva		
Anlagevermögen	4 860.00	5 750.00
Vorräte	1 060.00	780.00
Unfertige Erzeugnisse	661.00	1 120.00
Lieferantenforderungen	1 535.00	1 320.00
Wertpapiere	6 000.00	0.00
Kasse	45.50	69.75
Aktive Rechnungsabgrenzung	350.00	241.00
Summe Aktiva	14 511.50	9 280.75
Passiva		
Gezeichnetes Kapital	1 000.00	1 000.00
Rücklagen	531.50	330.75
Rückstellungen	900.00	1 090.00
Anleihen	10 000.00	5 000.00
Lieferantenverbindlichkeiten	2 080.00	1 860.00
Summe Passiva	14 511.50	9 280.75

Tabelle 2.11: Ausgangsbilanzen im Beispiel (Werte in €)

2.3.1 Schritt 1: Reformulierung von Jahresabschlußdaten

Ausgangspunkt ist der Jahresabschluß einer Kapitalgesellschaft für das Jahr 2006. Tabelle 2.11 enthält die Buchwerte zu Beginn des Jahres sowie zum Abschlußstichtag. Die Gewinn- und Verlustrechnung für das Jahr 2006 ist in Tabelle 2.12 angegeben.

Position	31.12.06
Erträge	
Umsatzerlöse	10 610.00
Erträge aus Beteiligungen	150.00
Sonstige Zinsen und ähnliche Erträge	600.00
Aufwendungen	
Herstellungskosten der zur Erzielung der Umsatzerlöse erbrachten Leistungen	6 980.00
Vertriebskosten	975.00
Allgemeine Verwaltungskosten	870.00
Zinsen und ähnliche Aufwendungen	967.75
Ertragsteuern	610.00
Jahresüberschuß	957.25

Tabelle 2.12: Ausgangs – Gewinn- und Verlustrechnung im Beispiel (Werte in €)

Zum Zwecke der Reformulierung sind noch die folgenden Informationen zu berücksichtigen:

– Der risikolose Zinssatz beträgt konstant $r_f = 10\,\%$. Auf Unternehmensebene kommt ein Grenzsteuersatz von $\tau = 50\,\%$ zum Ansatz.

– Die im Anlagevermögen enthaltenen Finanzanlagen bestehen ausschließlich aus Beteiligungen an Tochterunternehmen in Form von Aktien, die insofern nicht als Liquiditätsreserven zu klassifizieren sind.

– Das Unternehmen hält Liquiditätsreserven in Form einer kapitalmarktfähigen Anleihe, deren Nominalverzinsung genau dem risikolosen Zinssatz entspricht. (Damit entspricht der Buchwert dieses Papiers gerade seinem Marktwert.) Die Anleihe wird im Umlaufvermögen unter der Position »Wertpapiere« ausgewiesen.

– Die in der Kasse enthaltenen Zahlungsmittel (working cash) erwirtschaften einen Zins von Null. Sie können als Investitionen aufgefaßt werden, deren Aufgabe darin besteht, die rasche und verlustfreie Abwicklung von Zahlungsverpflichtungen – auch bei Eintritt ungünstiger bzw. nicht vorhergesehener Umweltzustände – zu gewährleisten.[53] Dieser Posten übernimmt die Aufgabe eines »Liquiditätspolsters«[54] und ist nicht den Liquiditätsreserven zuzuordnen.

– Die Unternehmung hat zum Ende des Jahres 2004 eine Anleihe mit dreijähriger Laufzeit ausgegeben. Der Nennbetrag beträgt 10 000 € bei einer Nominalverzinsung von 8 %. Die Anleihe ist ab dem Jahr 2006 in zwei gleichgroßen Raten zu tilgen. Da der Kapitalmarktzins $r_f = 10\,\%$ beträgt, wurde zum Ende des Jahres 2004 ein Disagio in Höhe von 422.24 aktiviert, das in der Folge linear über die Darlehenslaufzeit verteilt wird.[55] Dieses Disagio ist den Fremdfinanzierungsaktivitäten zuzurechnen. Zu diesem Zweck wirft man einen Blick auf die Unterkonten der aktiven Rechnungsabgrenzungsposten:[56]

Kontobezeichnung	31.12.05	31.12.06
Aktive Rechnungsabgrenzung		
Disagio	281.50	140.75
Andere aktive Jahresabgrenzungsposten	68.50	100.25
Summe	350.00	241.00

Tabelle 2.13: Unterkonten der aktiven Rechnungsabgrenzung (Werte in €)

– Die Abschreibung des Disagios wird gemeinsam mit den zu leistenden Nominalzinsen unter der Position »Zinsen und ähnliche Aufwendungen« ausgewiesen:[57]

---

53 Vgl. *Penman* (2007), S. 302 f.

54 *Schneider* (1992), S. 43

55 Die Daten sind dem Beispiel auf Seite 94 ff. entnommen. Für weitere Details siehe insbesondere Tabelle 2.8.

56 Die lineare Verteilung des Disagios entspricht einer Abschreibung von $422.24/3 = 140.75$ pro Jahr. Damit erhält man als Buchwert zum Ende des Jahres 2005: $422.24 - 140.75 = 281.50$.

57 Die Höhe der Nominalzinsen ergibt sich durch Multiplikation des Darlehensnennwerts mit der Nominalverzinsung: $0.08 \cdot 10\,000 = 800$.

Kontobezeichnung	31.12.06
Zinsen und ähnliche Aufwendungen	
Zuführung zu Pensionsrückstellungen	27.00
Abschreibungen auf Disagio	140.75
Zinsen für Verbindlichkeiten	800.00
Summe	967.75

Tabelle 2.14: Unterkonten der Zinsen und ähnlichen Aufwendungen (Werte in €)

Die Hälfte der Rückstellungen besteht aus Pensionsverpflichtungen. Das Unternehmen weist den Zinsanteil bei der Zuführung zur Pensionsrückstellung ebenfalls unter der Position »Zinsen und ähnliche Aufwendungen« aus.[58] Da Rückstellungen dem eigenfinanzierten Unternehmen zuzuordnen sind, ist auch der Zinsanteil als Bestandteil des Betriebsgewinns zu klassifizieren.[59]

– Die Herstellungskosten der unfertigen Erzeugnisse enthalten keine Fremdkapitalzinsen, d.h. die Unternehmung verzichtet auf ihr Wahlrecht gemäß § 255 (3) HGB bzw. R 33 (4) EStR.

Auf der Basis des in Unterabschnitt 2.2.2 ausgeführten Schemas erhält man reformulierte Bilanzen wie in Tabelle 2.15 angegeben.

Mit Hilfe der eingangs eingeführten Symbolik können die Buchwerte auch zusammengefaßt werden wie in Tabelle 2.16 angegeben. Das Eigenkapital aus der Ausgangsbilanz, d.h. gezeichnetes Kapital zuzüglich Rücklagen, erhält man auch durch Anwendung von Gleichung (2.5)

$$BE_t = BV_t - BD_t.$$

---

58 *Schruff* (1997) plädiert dafür, den Zinsanteil, je nach funktionaler Zugehörigkeit, unter den Herstellungskosten der zur Erzielung der Umsatzerlöse erbrachten Leistungen, den Vertriebskosten bzw. den Verwaltungskosten auszuweisen.

59 Bei der Berechnung des Zinsanteils verwendet das Unternehmen einen Zinsfuß von 6 %, der gemäß § 6a (3) Satz 3 EStG steuerlich vorgeschrieben ist. Demnach erhält man einen Zinsanteil von $0.06 \cdot \frac{900}{2} = 27$.

Position	Buchwert 31.12.05	Buchwert 31.12.06
Anlagevermögen	4 860.00	5 750.00
Vorräte	1 060.00	780.00
Unfertige Erzeugnisse	661.00	1 120.00
Lieferantenforderungen	1 535.00	1 320.00
Kasse	45.50	69.75
Andere aktive Rechnungsabgrenzung	68.50	100.25
Rückstellungen	−900.00	−1 090.00
Lieferantenverbindlichkeiten	−2 080.00	−1 860.00
Reinvermögen (eigenfinanziert)	5 250.00	6 190.00
Anleihen	−10 000.00	−5 000.00
Wertpapiere	6 000.00	0.00
Disagio	281.50	140.75
Fremdkapital	−3 718.50	−4 859.25
Reinvermögen (fremdfinanziert)	1 531.50	1 330.75

Tabelle 2.15: Reformulierte Bilanzen im Beispiel (Werte in €)

Obwohl die Anleihe zur Hälfte getilgt wurde, steigt die Fremdfinanzierung per Saldo um rund ein Drittel, weil gleichzeitig die Liquiditätsreserven in stärkerem Maße abgebaut worden sind.

Um die Gewinn- und Verlustrechnung zu reformulieren, ist dem in Unterabschnitt 2.2.3 ausgeführten Schema zu folgen. Zunächst enthält Tabelle 2.17 die reformulierte GuV vor der Berücksichtigung von Ertragsteuern.

In einem weiteren Schritt ist nun die fiktive Steuerzahlung des eigenfinanzierten Unternehmens gemäß folgender Formel zu bestimmen:[60]

$$Tax_{06}^u = Tax_{06}^l + \tau \cdot FE_{06}.$$

---

60 Vgl. Beziehung (2.8) auf Seite 80.

	31.12.05	31.12.06	Änderung (abs.)	Änderung (rel.)
BV_t	5 250	6 190	940	$+18\%$
BD_t	3 719	4 859	1 140	$+31\%$
BE_t	1 532	1 331	-201	-13%

Tabelle 2.16: Buchwerte nach Reformulierung (gerundete Werte in €)

Das Finanzergebnis wird vom Betriebsergebnis subtrahiert; damit beläuft sich der fremdfinanzierungsbedingte Steuervorteil auf $0.5 \cdot 340.75 = 170.38$. Einsetzen liefert

$$Tax_{06}^u = 610 + 170.38 = 780.38.$$

Auch hier lassen sich unter Zuhilfenahme der eingeführten Symbolik die Daten zusammenfassen wie in Tabelle 2.18 dargestellt.

Anhand dieser Daten kann man sich leicht davon überzeugen, daß Beziehung (2.10)

$$NI_t = OI_t - (1 - \tau) \cdot FE_t$$

erfüllt ist. In einem letzten Schritt können nun mit Hilfe der in Unterabschnitt 2.2.5 hergeleiteten Bewegungsgleichungen der freie Cashflow sowie die an die beiden Anteilseignergruppen fließenden Nettozahlungsströme bestimmt werden. Zu diesem Zweck benötigt man die Informationen aus Tabelle 2.18 sowie die Informationen der vierten Spalte aus Tabelle 2.16. So erhält man z.B. den freien Cashflow gemäß Gleichung (2.13) wie folgt:

$$CF_{06} = OI_{06} - \Delta BV_{06}$$
$$= 1 128 - 940 = 188.$$

Den Flow to Equity bzw. den Flow to Debt erhält man analog über die Gleichungen (2.18) bzw. (2.16). Tabelle 2.19 faßt zusammen.

Ein Vergleich mit Tabelle 2.18 offenbart, daß nicht nur der gesamte Jahresüberschuß in Höhe von $NI_{06} = 957$, sondern auch Teile des Eigenkapitals an die Eigentümer ausgeschüttet worden sind. Und in der Tat haben sich in der Aus-

Position	31.12.06
Umsatzerlöse	10 610.00
Erträge aus Beteiligungen	150.00
Herstellungskosten der zur Erzielung der Umsatzerlöse erbrachten Leistungen	−6 980.00
Vertriebskosten	−975.00
Allgemeine Verwaltungskosten	−870.00
Zuführung zu Pensionsrückstellungen	−27.00
Betriebsergebnis vor Steuern	1 908.00
Abschreibungen auf Disagio	−140.75
Zinsen für Verbindlichkeiten	−800.00
Sonstige Zinsen und ähnliche Erträge	600.00
Finanzergebnis	−340.75

Tabelle 2.17: Reformulierte GuV vor Steuern im Beispiel (Werte in €)

gangsbilanz zwischen 2005 und 2006 die Rücklagen um 201 verringert, was in der Summe genau dem Zahlungsstrom $FtE_{06} = 957 + 201 = 1\,158$ entspricht.

Da die Zins- und Tilgungsleistungen direkt aus den Jahresabschlußdaten ablesbar sind, kann der Flow to Debt probehalber auch wie folgt berechnet werden:[61] Die Unternehmung tilgt die Anleihe in Höhe von 5 000 €; gleichzeitig werden Liquiditätsreserven in Höhe von 6 000 € abgebaut. Folglich fließt aus Tilgungsleistungen insgesamt einen Betrag von 1 000 € an das Unternehmen. Demgegenüber zahlt die Unternehmung Zinsen von 800 € und erhält Zinsen von 600 €, d.h. per Saldo zahlt das Unternehmen 200 € an außenstehende Gläubiger und Schuldner. Zusammengenommen ergibt sich damit ein Nettozahlungsstrom aus Finanzierungsaktivitäten von

$$FtD_{06} = R_{06} + I_{06}$$
$$= 200 - 1\,000 = -800.$$

---

61 Vgl. Beziehung (1.15) auf Seite 61.

Bezeichnung	31.12.06
OI_t	1 128
FE_t	341
NI_t	957

Tabelle 2.18: Buchgewinne nach Reformulierung (grundete Werte in €)

Bezeichnung	31.12.06
CF_t	188
FtE_t	1 158
FtD_t	−800

Tabelle 2.19: Nettozahlungsströme nach Reformulierung (grundete Werte in €)

Insofern kann man sich davon überzeugen, daß die Liquiditätsbedingung (1.17)

$$CF_{06} + \tau \cdot FE_{06} = FtD_{06} + FtE_{06}$$

eingehalten ist, denn die Summe aus Flow to Debt und Flow to Equity beträgt 358 € und entspricht damit gerade dem freien Cashflow zuzüglich Steuervorteil. Abschließend erscheint es sinnvoll, auf einige Punkte gesondert hinzuweisen:

– Setzt man die fiktive Steuerzahlung des eigenfinanzierten Unternehmens ins Verhältnis zum Betriebsergebnis vor Steuern, so erhält man den effektiven Steuersatz, der für dieses Beispiel

$$\tau^{\text{eff}} = \frac{Tax_{06}^u}{OI_{06} - Tax_{06}^u} = \frac{780}{1\,908} \approx 41\,\%$$

beträgt und damit unter dem Grenzsteuersatz von $\tau = 50\,\%$ liegt. Das kann etwa darauf zurückzuführen sein, daß Rückstellungen gebildet wurden, die steuerlich nicht anerkannt sind (beispielsweise Drohverlustrückstellungen). Ein Problem für die DCF – Theorie entsteht damit nicht, weil auf Ebene des eigenfinanzierten Unternehmens keine lineare Besteuerung erforderlich ist.

– Zwingend notwendig ist eine lineare Besteuerung nur beim Finanzergebnis. Um die künftigen Steuervorteile bewerten zu können, muß zusätzlich vorausgesetzt werden, daß

$$FE_{06} = r_f \cdot D_{05} \qquad (2.20)$$

erfüllt ist.[62] Zu Beginn des Jahres 2006 beträgt der Marktwert der Liquiditätsreserven annahmegemäß 6 000 €. Der Marktwert der Anleihe beläuft sich hingegen auf 9 735.54 €.[63] Per Saldo beträgt also der Marktwert des Fremdkapitals D_{05} = 9 735.54 − 6 000 ≈ 3 736 € und weicht damit vom Buchwert um rund 17 € ab. Setzt man den Marktwert in Gleichung (2.20) ein, so erhält man

$$FE_{06} = 341 \neq 374 = r_f \cdot D_{05}.$$

Offenbar ist Beziehung (2.20) verletzt. Der Grund hierfür ist die lineare Verteilung des Disagios.[64] Bei Vornahme der Disagioverteilung nach der Effektivzinsmethode hätte die Äquivalenz zwischen Finanzergebnis und ökonomischer Verzinsung des Fremdkapitals erreicht werden können. Dieser Aspekt ist Gegenstand des folgenden Kapitels.

2.3.2 Schritt 2: Cashflowprognose mit Hilfe des DuPont – Modells

Im folgenden sollen die reformulierten Jahresabschlußdaten in einem einfachen Prognosemodell eingesetzt werden. Zu diesem Zweck bietet es sich an, die Schätzungen auf das DuPont – Modell zu stützen.[65]

---

62 Vgl. Annahme 1.3 auf Seite 63.
63 Der Restbuchwert der Anleihe beträgt zum Ende des Jahres 2005 noch 10 000 €, der in den beiden darauffolgenden Jahren jeweils mit 5 000 € getilgt wird. Unter Berücksichtigung der Nominalverzinsung von 8 % sowie einem Kapitalmarktzins von 10 % erhält man

$$D_{05}^{\text{Anleihe}} = \frac{5\,800}{1.10} + \frac{5\,400}{1.10^2} = 9\,735.54.$$

64 Die Differenz beläuft sich auf einen Betrag von 33 €. Siehe hierzu auch Tabelle 3.2 des nächsten Kapitels. Dort wird der Effekt der linearen Disagioverteilung ausschließlich für die Anleihe betrachtet. In der vierten Spalte ist als ökonomische Verzinsung 973.55 € und als Finanzergebnis 940.75 € angegeben. Die Differenz entspricht ebenfalls 33 €.
65 Siehe hierzu Penman (1991).

Tabelle 2.20 enthält die relevanten Ausgangswerte für die Prognose.

Bezeichnung	Symbol	31.12.06
Umsatzerlöse	S_t	10 610
Betriebsergebnis	OI_t	1 128
Buchwert	BV_{t-1}	5 250

Tabelle 2.20: Ausgangswerte für die Prognose (grundete Werte in €)

Zunächst ist die *Eigenkapitalrendite des eigenfinanzierten Unternehmens* (Return on Book Value) für das Jahr 2006 zu bestimmen. Diese erhält man, indem das Betriebsergebnis ins Verhältnis zum Buchwert zu Beginn der Periode gesetzt wird:

$$RBV_{06} := \frac{OI_{06}}{BV_{05}}$$

Mit den Daten aus der Tabelle erhält man eine Eigenkapitalrendite von $RBV_{06} = 21.5\,\%$. Durch Erweitern mit den Umsatzerlösen – hier mit dem Symbol S_{06} bezeichnet – läßt sich diese Rentabilitätskennzahl in das Produkt zweier Werttreiber zerlegen:

$$RBV_{06} = \frac{OI_{06}}{S_{06}} \cdot \frac{S_{06}}{BV_{05}}$$
$$= PM_{06} \cdot AT_{06}.$$

– Die mit PM_{06} bezeichnete *Gewinnspanne* (profit margin) offenbart, wieviel Cent an Gewinn mit einem Umsatzeuro im aktuellen Jahr erzielt wurde. Mit den Daten aus Tabelle 2.20 erhält man $PM_{06} = 10.6\,\%$, d.h. mit jedem Euro an Umsatz wurden rund 10 Cent verdient.

– Demgegenüber ist der mit AT_{06} bezeichnete *Kapitalumschlag* (asset turnover) ein Maß für die Fähigkeit des Buchwerts, Umsatzerlöse zu generieren. Konkret beantwortet diese Kennzahl die Frage: Wieviel Umsatz wurde mit einem investierten Euro verdient? Für dieses Beispiel beträgt der Kapitalumschlag $AT_{06} = 202\,\%$, d.h. im aktuellen Jahr generierte jeder, im Buchwert gebundene, Euro Umsatzerlöse von 2 Euro.

Die folgenden Abbildungen 2.9 sowie 2.10 sind einer empirischen Studie von *Nissim und Penman* (2001) entnommen. Die Autoren haben die Veränderungsraten der Gewinnspanne bzw. des Kapitalumschlags über einen langen Zeitraum hinweg untersucht und kommen zu dem Ergebnis, daß diese zwei Bilanzkennzahlen im Zeitablauf relativ konstant sind und Abweichungen typischerweise auf transitorische Effekte zurückzuführen sind.[66] Vor diesem Hintergrund stützt sich die Prognose auf folgende Annahmen: Die Unternehmung rechnet damit, die Umsatzerlöse künftig um 5 % jährlich zu steigern. Dabei soll eine Gewinnspanne von rund 10 % beibehalten werden. Zu diesem Zweck müssen Investitionen in den Buchwert im Umfang von etwa 60 Cent pro erzieltem Umsatzeuro in jeder Periode zur Verfügung stehen. Das bedeutet nichts anderes, als daß mit einem Kapitalumschlag von konstant $AT = 0.6^{-1} = 167\%$ kalkuliert wird.

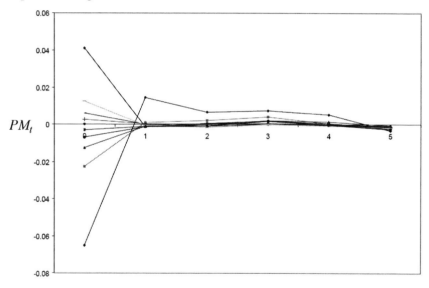

Abbildung 2.9: Beispielhafte Veränderungsraten der Gewinnspanne im Zeitablauf [Quelle: *Nissim und Penman* (2001), Figure 6b (S. 145).]

Basierend auf diesen Schätzungen können künftige Plan – GuV sowie Plan – Bilanzen prognostiziert werden, mit deren Hilfe sich der freie Cashflow ermitteln läßt:

---

66 Die zugrundeliegende Arbeit von *Nissim und Penman* (2001) wird ausführlicher auf den Seiten 134 sowie 152 diskutiert.

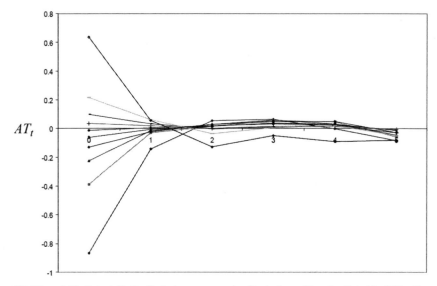

Abbildung 2.10: Beispielhafte Veränderungsraten des Kapitalumschlags im Zeitablauf [Quelle: *Nissim und Penman* (2001), Figure 6c (S. 145).]

1. Die Umsatzerlöse wachsen annahmegemäß mit einer Rate von $g = 5\%$. Damit werden folgende Umsätze für die Zukunft erwartet:

$$E[\widetilde{S}_t] = (1 + g)^t \cdot \bar{S}$$

für $t = 1, 2, \ldots$ bzw. für $\bar{S} = 10\,610$:

$$E[\widetilde{S}_t] = 1.05^t \cdot 10\,610.$$

2. Mit Hilfe der als konstant unterstellten Gewinnspanne $PM = 10.6\%$ erhält man über

$$E[\widetilde{OI}_t] = 0.106 \cdot E[\widetilde{S}_t]$$

künftige Plan – Gewinn- und Verlustrechnungen.

108

3. Weil der Kapitalumschlag ebenfalls mit konstant $AT = 167\%$ unterstellt wird, ergeben sich wegen

$$\mathrm{E}\left[\widetilde{BV}_t\right] = 0.6 \cdot \mathrm{E}\left[\widetilde{S}_t\right]$$

auch die künftigen Plan – Bilanzen.

4. In einem letzten Schritt erhält man die prognostizierten freien Cashflows durch Anwendung der folgenden Gleichung:

$$\mathrm{E}\left[\widetilde{CF}_t\right] = \mathrm{E}\left[\widetilde{OI}_t\right] - \mathrm{E}\left[\widetilde{BV}_t\right] + \mathrm{E}\left[\widetilde{BV}_{t-1}\right].$$

Die Zahlen des Beispiels auf diese Gleichungen angewendet, liefert Daten wie in Tabelle 2.21 angegeben.

	2005	2006	2007p	2008p	2009p	2010p
Gewinn- und Verlustrechnung						
Umsatzerlöse		10 610	11 141	11 698	12 282	12 897
Betriebsergebnis		1 128	1 181	1 240	1 302	1 367
Finanzergebnis		−341				
Jahresergebnis		957				
Bilanz						
Buchwert	5 250	6 190	6 684	7 019	7 369	7 738
BV-Wachstum		18 %	8 %	5 %	5 %	5 %
Fremdkapital	3 719	4 859				
Eigenkapital	1 532	1 331				
Cashflow						
Betriebsergebnis		1 128	1 181	1 240	1 302	1 367
Buchwert	−5 250	−6 190	−6 684	−7 019	−7 369	−7 738
Buchwert Vorjahr		5 250	6 190	6 684	7 019	7 369
Freier Cashflow		188	687	906	951	999
CF-Wachstum			265 %	32 %	5 %	5 %

Tabelle 2.21: Plandaten für die Jahre 2007 bis 2009 (grundete Werte in €)

Offenbar wachsen die freien Cashflows ab dem Jahr 2009 ebenfalls mit einer Rate von 5 %. Um den Marktwert des eigenfinanzierten Unternehmens gemäß Bewertungsgleichung (1.4) auszurechnen, wird noch ein Kapitalkostensatz k^u benötigt. Dieser betrage konstant $k^u = 15\,\%$. Einsetzen liefert:

$$V_{06}^u = \frac{687}{1.15} + \frac{906}{1.15^2} + \frac{906 \cdot 1.05}{1.15^2 \cdot (0.15 - 0.05)}$$

$$\approx 8\,476\, \text{\euro}.$$

2.4 Zusammenfassung

1. Die Aufgabe eines Rechnungslegungssystems besteht darin, Einzahlungen und Auszahlungen einer Periode mit Hilfe von Periodenabgrenzungen in Erträge und Aufwendungen umzuwandeln. Das Prinzip der doppelten Buchführung sorgt dafür, daß die dabei entstehenden Differenzen durch entsprechende Zunahmen und Abnahmen bestimmter Bilanzpositionen ausgeglichen werden.

2. Formal kann also ein Rechnungslegungssystem als Funktion aufgefaßt werden, die eine Folge von Zahlungen in eine Folge von Buchgewinnen und Buchwerten abbildet. Diese Abbildung wird durch Ansatz- und Bewertungskonventionen des Rechnungslegungssystems konkretisiert. Interessiert man sich nun umgekehrt dafür, aus vorliegenden Jahresabschlußdaten den Zahlungsstrom zu ermitteln, der diese Daten generiert hat, so stellt man im Kern die Frage nach der Invertierbarkeit des Abbildungsprozesses.

3. Der Abbildungsprozeß ist dann invertierbar, wenn zusätzlich angenommen wird, daß sich Bilanzveränderungen, denen keine Zahlungen gegenüberstehen, stets im Buchgewinn niederschlagen (»Clean – Surplus – Prinzip«). In diesem Fall ist sichergestellt, daß jede Folge von Zahlungen eindeutig durch eine Folge von Buchgewinnen und Buchwerten bestimmt wird.

4. Dieses Prinzip kann man sich zunutze machen, um den freien Cashflow aus den Jahresabschlußdaten eines fremdfinanzierten Unternehmens zu ermitteln. Zu diesem Zweck müssen Bilanz und GuV zunächst um Fremdfinanzierungsaktivitäten bereinigt werden. In der Bilanz sind also Liqui-

ditätsreserven und Fremdkapital zu eliminieren. Entsprechend sind in der GuV Zinserträge sowie Zinsaufwendungen auszusondern. Im Ergebnis erhält man Jahresabschlußdaten dieser Unternehmung bei vorläufiger Eigenfinanzierung, aus denen bei Gültigkeit des Clean – Surplus – Prinzips der freie Cashflow ermittelt werden kann.

5. Gegenüber herkömmlichen Vorgehensweisen zur jahresabschlußorientierten Bestimmung von Einzahlungsüberschüssen zeichnet sich die hier vorgestellte Methode dadurch aus, daß sie in der Anwendung denkbar einfach ist: Die Reformulierung von Bilanz und GuV braucht im Prinzip nur einmal durchgeführt werden. Ist das geschehen, reicht der Jahresabschluß einer Periode, bestehend aus Eröffnungs- und Schlußbilanz sowie GuV, um den freien Cashflow zu bestimmen. Weitere Informationen werden nicht benötigt.

6. Die hier diskutierte Methodik unterscheidet sich von der in *Penman* (2007) dargestellten in bezug auf den Umfang der Positionen, um die der Jahresabschluß zu bereinigen ist. Im Modellrahmen von *Penman* sind das jene Positionen, die in der Bilanz zum Marktwert (Fair Value) ausgewiesen werden. Das betrifft alle Finanztitel, die auf dem Kapitalmarkt gehandelt werden – neben Fremdkapital und Liquiditätsreserven kommen hierfür auch Beteiligungstitel oder Derivate in Frage. Im Kontext des hier betrachteten Modells dürfen jedoch nur Positionen berücksichtigt werden, die zusätzlich kontraktbestimmte Zahlungsansprüche reflektieren, da nur diese Steuervorteile im Sinne der DCF – Theorie begründen.

3 Steuervorteile und ökonomische Verzinsung des Fremdkapitals

In Kapitel 1 wurde ausgeführt, daß fremdfinanzierte Unternehmen höhere Zahlungen an ihre Kapitalgeber leisten können als eigenfinanzierte Unternehmen, weil die Nutzung von Fremdkapital steuerlich gegenüber Eigenkapital bevorzugt wird. Konkret beläuft sich die Höhe dieses Steuervorteils auf das Produkt aus Steuersatz τ und Finanzergebnis $\widetilde{FE}_t$.[1]

Ferner wurde darauf hingewiesen, daß eine Anwendungsvoraussetzung der Theorie des Discounted Cashflow darin besteht, daß sich das Finanzergebnis in jeder Periode am Konzept der ökonomischen Verzinsung orientiert:[2]

$$\widetilde{FE}_t = r_f \cdot \widetilde{D}_{t-1}. \tag{3.1}$$

Auf der linken Seite von Gleichung (3.1) sind die Kosten für die Nutzung von Fremdkapital angegeben, wie sie in der Gewinn- und Verlustrechnung ausgewiesen werden; auf der rechten Seite finden sich die Kosten, wie sie vom Kapitalmarkt bewertet werden. Da die linke Seite von den konkreten Abbildungs- und Bewertungskonventionen eines Rechnungslegungssystems abhängt, die rechte jedoch nicht, ist keineswegs davon auszugehen, daß Gleichung (3.1) selbstverständlich vorausgesetzt werden darf. Gleichwohl wird in der Literatur eine ökonomische Verzinsung des Fremdkapitals im soeben geschilderten Sinne vorausgesetzt, um Bewertungsgleichungen für fremdfinanzierte Unternehmen herleiten zu können.[3]

In Abschnitt 3.2 wird diskutiert, unter welchen Umständen mit einer Verletzung von Gleichung (3.1) gerechnet werden muß, und wie die Ansatz- und Bewertungsregeln eines Rechnungslegungssystems gestaltet sein müssen, damit

---

1 Vgl. Beziehung (1.16) auf Seite 62.
2 Vgl. Annahme 1.3 auf Seite 63.
3 Vgl. *Richter* (1998); *Drukarczyk und Honold* (1999); *Schwetzler und Darijtschuk* (1999); *Wallmeier* (1999); *Schildbach* (2000); *Husmann, Kruschwitz und Löffler* (2001); *Husmann, Kruschwitz und Löffler* (2002); *Casey* (2004); *Kruschwitz, Lodowicks und Löffler* (2005) sowie *Kruschwitz und Löffler* (2006).

diese Verletzungen vermieden werden können. Zuvor wird jedoch in Abschnitt 3.1 gefragt, welche Auswirkungen die durch Gleichung (3.1) formulierte Prämisse auf die Bewertung des Fremdkapitals in der Bilanz hat. Ausgangspunkt dieser Überlegung ist die Beobachtung, daß in der Literatur häufig mit Nachdruck darauf verwiesen wird, daß Finanzierungspolitiken stets auf den Marktwert des Fremdkapitals abzustellen sind, und Buchwerte in diesem Zusammenhang keine Rolle spielen.[4] Abschnitt 3.3 faßt die Resultate zusammen.

3.1 Ökonomische Verzinsung und die Bewertung des Fremdkapitals in der Bilanz

3.1.1 Das Konzept des ökonomischen Gewinns

Bevor das Verhältnis von Buchwert und Marktwert des Fremdkapitals diskutiert wird, ist kurz zu illustrieren, welche Idee hinter dem Konzept des ökonomischen Gewinns steckt. Angenommen, einem Individuum fließt jährlich ein sicherer Betrag in Höhe von X € zu. Beträgt der Kapitalmarktzinssatz r_f, so beläuft sich der Marktwert dieses uniformen Zahlungsstroms auf $X/r_f = P$ €. Stellt man sich jetzt ein weiteres Individuum vor, das über einen Zahlungsstrom mit nichtuniformer Zahlungsstruktur verfügt, dessen Marktwert zu Beginn eines Jahres ebenfalls P € beträgt, so kann man darüber nachdenken, welchen Betrag dieses Individuum im laufenden Jahr konsumieren kann, ohne die Substanz der Einkommensquelle zu gefährden, bzw. um am Ende des Jahres wieder über einen Zahlungsstrom im Wert von P € zu verfügen. Da der Wert der Einkommensquelle ohne Konsum am Ende des Jahres $(1 + r_f) \cdot P$ beträgt, beläuft sich der maximal mögliche Konsum offenbar auf $r_f \cdot P$ €. Dieses Einkommenskonzept wird in der Literatur auch als *ökonomischer Gewinn* bezeichnet.[5] Dieser Begriff geht auf *Hicks* (1946) zurück, der Einkommen definiert als »the maximum amount which can be spent during a period if there is to be an expectation of maintaining intact the capital value of prospective

---

4 In diesem Zusammenhang stellt beispielsweise *Institut der Wirtschaftsprüfer in Deutschland* (2002) fest:»Das bilanzielle Fremdkapital ist irrelevant; es kommt allein auf den Marktwert an.« (S. 112, Fußnote 640, Hervorhebungen im Original).

5 Vgl. *Solomons* (1961); *Schneider* (1963) – der später den Ausdruck »kapitaltheoretischer Gewinn« vorschlägt, siehe *Schneider* (1980) – und *Ohlson* (1991). Alternativ findet man auch die Bezeichnung »permanent earnings«, siehe *Beaver* (1998). Einen umfassenden Überblick über verschiedene Gewinnkonzepte gibt *Moxter* (1982).

receipts (in money terms).«[6] Es bietet sich an, das Konzept des ökonomischen Gewinns anhand eines Beispiels zu erläutern. Angenommen, ein Individuum hat Anspruch auf sichere Zahlungen X_t wie in Tabelle 3.1 angegeben.

t	0	1	2	3
X_t	$-10\,000$	800	5 800	5 400
P_t	10 000	10 000	5 000	0
$r_f \cdot P_{t-1}$	—	800	800	400

Tabelle 3.1: Bestimmung des ökonomischen Gewinns bei einem nichtuniformen Zahlungsstrom mit endlichem Zeithorizont

Bei einem Kapitalmarktzins von $r_f = 8\,\%$ beträgt der Marktwert des Zahlungsstroms jeweils P_t. Für die Periode $t = 1$ beträgt die ökonomische Verzinsung 800 €; das ist nun gerade der Betrag, den das Individuum lebenslang konsumieren kann, ohne die Substanz der Einkommensquelle zu beeinflussen. Wird in Periode $t = 2$ der gesamte Zufluß an Zahlungsmitteln in Höhe von 5 800 € konsumiert, so signalisiert der auf $P_t = 5\,000$ € gesunkene Marktwert, daß auch der lebenslang zur Verfügung stehende, uniforme Konsumstrom um die Hälfte auf 400 € gesunken ist. Wird hingegen nur der ökonomische Gewinn konsumiert und der überschüssige Betrag wieder am Kapitalmarkt angelegt, so bleibt auch zukünftig ein Konsumniveau von 800 € erhalten.

Im Hinblick auf die Bewertung fremdfinanzierungsbedingter Steuervorteile stellt sich nun die Frage, in welchem Verhältnis der ökonomische Gewinn zum Gewinnbegriff des kaufmännischen Rechnungswesens steht:

»If we take Hicks's definition of income [...], it is easy to see, however we define our terms, income in Hicks's sense and income as the accountant measures it will only by accident ever be the same thing. [...] [F]or Hicksian income demands that evaluating net worth we capitalize expected future net receipts, while accounting income only requires that we evaluate net assets on the basis of their unexpired cost.«[7]

---

6 *Hicks* (1946), S. 173.
7 *Solomons* (1961), S. 376. *Beaver* (1998) stellt fest: »Economic earnings is a valuation concept, not an accounting concept.« (S. 44).

Fazit: Der in der Gewinn- und Verlustrechnung ausgewiesene Buchgewinn hat *per se* nichts mit dem ökonomischen Gewinn zu tun, weil es sich bei letzterem um ein Konzept handelt, das aus einer Marktbewertung erwächst.

3.1.2 Fair Value – Bewertung in der Bilanz

Um das Verhältnis von Buchwert und Marktwert des Fremdkapitals untersuchen zu können, wird die Darstellung im folgenden etwas vereinfacht: Es wird ausschließlich ein einziger Finanzierungsvorgang im Zeitpunkt $t = 0$ betrachtet. Die Unternehmung nimmt zu diesem Zeitpunkt Fremdkapital mit einem Marktwert von D_0 auf, das über einen Zeitraum von T Perioden zurückgezahlt werden muß. Weitere Kreditaufnahmen finden nicht statt.

Aus diesem Finanzierungsvorgang fließen Zahlungsmittel mit einem Betrag von $FtD_0 = -D_0$ zu. Der Flow to Debt einer Periode beinhaltet die bei Vertragsabschluß vereinbarten Zinsen und Tilgungsbeträge.[8] Damit ergibt sich der Marktwert des Fremdkapitals im Zeitpunkt t aufgrund folgender Gleichung:

$$D_t = \sum_{j=t+1}^{T} \frac{FtD_j}{(1 + r_f)^{j-t}}. \tag{3.2}$$

Umstellen von Gleichung (3.2) liefert

$$r_f \cdot D_{t-1} = FtD_t - (D_{t-1} - D_t). \tag{3.3}$$

Die linke Seite dieser Gleichung entspricht gerade dem Konzept der ökonomischen Verzinsung. Die Inhaber kontraktbestimmter Zahlungsansprüche können also maximal den Flow to Debt abzüglich der sogenannten »ökonomischen Abschreibung« konsumieren, ohne den Wert ihrer Einkommensquelle zu gefährden.[9]

Gilt das Clean – Surplus – Prinzip, so läßt sich das Finanzergebnis gemäß Gleichung (2.16) wie folgt darstellen:

$$FE_t = FtD_t + \Delta BD_t. \tag{3.4}$$

---

8   Vgl. Definitionsgleichung (1.15) auf Seite 61.
9   Vgl. *Beaver* (1998), S. 43. Häufig findet sich auch der Begriff »Ertragswertabschreibung«, siehe *Schneider* (1992), S. 220.

Einsetzen von Gleichung (3.3) in (3.4) liefert nach Umstellen

$$FE_t - r_f \cdot D_{t-1} = \Delta BD_t - \Delta D_t. \tag{3.5}$$

Die DCF – Theorie setzt voraus, daß die linke Seite von Gleichung (3.5) Null ist. Daraus folgt

$$\Delta BD_t = \Delta D_t, \tag{3.6}$$

d.h. jede Marktwertänderung muß in gleicher Höhe durch eine Veränderung des Buchwerts abgebildet werden. Da offenkundig $D_{-1} = BD_{-1} = 0$ gilt, impliziert Beziehung (3.6)

$$BD_0 = D_0, \tag{3.7}$$

d.h. eine notwendige Bedingung für die Gültigkeit von Gleichung (3.1) besteht darin, daß die beschafften Zahlungsmittel im Zeitpunkt der Kreditaufnahme erfolgsneutral in der Bilanz erfaßt werden.[10]
Für die folgenden Zeitpunkte $t = 1, \ldots, T$ implizieren Gleichung (3.6) und Gleichung (3.7) gemeinsam

$$BD_t = D_t.$$

Mit anderen Worten: Die oben vorausgesetzte Äquivalenz zwischen Finanzergebnis und ökonomischer Verzinsung impliziert, daß der Buchwert des Fremdkapitals in jedem Zeitpunkt genau seinem Marktwert entspricht.
Dieses Resultat läßt sich offenbar auch auf Neukreditaufnahmen zu verschiedenen späteren Zeitpunkten verallgemeinern, so daß schließlich folgende Aussage notiert werden kann:

Beobachtung 3.1 *Das in der Gewinn- und Verlustrechnung ausgewiesene Finanzergebnis entspricht genau dann der ökonomischen Verzinsung des Fremdkapitals, wenn der Buchwert des Fremdkapitals genau seinem Marktwert entspricht:*

$$\widetilde{FE}_t = r_f \cdot \widetilde{D}_{t-1} \quad \Longleftrightarrow \quad \widetilde{BD}_t = \widetilde{D}_t.$$

---

10 Das ist gerade dann der Fall, wenn $BD_0 = -FtD_0$ gilt.

Einzige Bedingung für die Gültigkeit des in Beobachtung 3.1 festgestellten Zusammenhangs ist die Clean – Surplus – Eigenschaft des zugrundeliegenden Rechnungslegungssystems, die im Kontext dieser Arbeit jedoch annahmegemäß vorausgesetzt wird.[11]

3.1.3 Fazit

Ausgangspunkt der Überlegungen war Gleichung (3.1) als eine der Grundvoraussetzungen der Theorie des Discounted Cashflow. Demzufolge muß sich der Ausweis des Finanzergebnisses in der Gewinn- und Verlustrechnung am Konzept des ökonomischen Gewinns orientieren.

Wie die Ausführungen dieses Abschnitts zeigen, kann diese Bedingung nur dann eingehalten werden, wenn gleichzeitig das Fremdkapital in der Bilanz zum Marktwert ausgewiesen wird. Daß »ökonomischer Gewinn« und »Fair Value« zwei Seiten einer Medaille sind, ist für sich genommen auch überhaupt nicht überraschend.[12]

In bezug auf die DCF – Theorie bedeutet das jedoch: Man bekommt die eine Eigenschaft nicht ohne die andere. Entweder setzt man beide gemeinsam voraus – oder keine von beiden!

3.2 Disagiovereinbarungen und ökonomische Verzinsung des Fremdkapitals

3.2.1 Ein Beispiel als Argumentationsgrundlage

Ob das Fremdkapital in der Bilanz zum Fair Value ausgewiesen wird oder nicht, hängt von der Ausgestaltung der Kreditvereinbarung sowie von den Abbildungs- und Bewertungskonventionen des Rechnungslegungssystems ab.

Gemeinhin gilt der geschuldete Nominalzins als Vergütung für die Überlassung von Fremdkapital. Entspricht dieser gerade dem Kapitalmarktzins, so ergibt sich trivialerweise eine Äquivalenz von Buch- und Marktwert des Fremdkapitals: Angenommen, ein Unternehmen begibt im Zeitpunkt $t = 0$ eine Anleihe mit dreijähriger Laufzeit. Der Nominalwert in Höhe von 10 000 € wird ab dem

---

11 Vgl. Annahme 2.2 auf Seite 93.
12 Vgl. *Christensen und Demski* (2003), Kapitel 3.

Zeitpunkt $t = 2$ in zwei gleichgroßen Raten zurückgezahlt. Die Nominalverzinsung beträgt 8 % und entspricht genau dem Kapitalmarktzins von $r_f = 8\%$. Der Buchwert des Fremdkapitals im Zeitpunkt t besteht aus dem Nominalwert (vermindert um bereits erfolgte Tilgungsleistungen). Das Finanzergebnis umfaßt die Zinszahlungen der jeweiligen Periode. Neben den Zahlungen, den Buch- und Marktwerten des Fremdkapitals enthält Tabelle 3.2 auch das Finanzergebnis sowie die ökonomische Verzinsung.[13]

t	0	1	2	3
FtD_t	−10 000	800	5 800	5 400
D_t	10 000	10 000	5 000	0
$r_f \cdot D_{t-1}$	0	800	800	400
BD_t	10 000	10 000	5 000	0
FE_t	0	800	800	400

Tabelle 3.2: Finanzergebnis und ökonomische Verzinsung bei übereinstimmenden Nominal- und Kapitalmarktzinsen

Es ist unmittelbar erkennbar, daß das in der Erfolgsrechnung ausgewiesene Finanzergebnis in jeder Periode mit der ökonomischen Verzinsung übereinstimmt und gleichzeitig das Fremdkapital zum Fair Value in der Bilanz ausgewiesen wird.

Allerdings ist der Nominalzins nicht in allen Fällen der alleinige Preis für die Überlassung von Fremdkapital. Häufig wird zusätzlich ein Disagio vereinbart. Die Gründe dafür, warum Disagiovereinbarungen in der Praxis häufig anzutreffen sind, verdienen zweifellos Interesse, werden an dieser Stelle aber nicht diskutiert. Unter einem Disagio (Abgeld) versteht man einen Abschlag vom Nominalwert.[14] Vereinbaren Schuldner und Gläubiger ein Disagio, dann ist der dem Schuldner zur Verfügung gestellte Betrag niedriger als der von ihm zurückzuzahlende Betrag.

Unterstellt man, abweichend vom Ausgangsbeispiel, einen Kapitalmarktzins von $r_f = 10\%$, so resultiert ein Auszahlungsbetrag von 9 577.76 €. Wird das

---

13 Vgl. ebenso Seite 94 ff.

14 Entsprechend bezeichnet der Begriff des Agios (Aufgeld) einen Aufschlag auf den Nominalwert. Die folgenden Überlegungen konzentrieren sich auf Disagiovereinbarungen, sind jedoch auf Agiovereinbarungen entsprechend anzuwenden.

Disagio als aktiver Rechnungsabgrenzungsposten aktiviert, so ergibt sich der Buchwert des Fremdkapitals im Zeitpunkt t, indem der Nominalwert (abzüglich bereits erfolgter Tilgungsleistungen) mit dem Buchwert des Rechnungsabgrenzungspostens verrechnet wird:[15]

$$BD_t = FL_t - FA_t.$$

Typischerweise wird eine lineare Verteilung des Rechnungsabgrenzungspostens auf die Darlehenslaufzeit empfohlen.[16] Folgt man dieser Empfehlung, so ergeben sich Daten wie in Tabelle 3.3 angegeben (vgl. auch Tabelle 2.9 auf Seite 95).

t	0	1	2	3
FtD_t	$-9\,577.76$	800	5 800	5 400
D_t	9 577.76	9 735.54	4 909.09	0.00
$r_f \cdot D_{t-1}$	0.00	957.78	973.55	490.91
BD_t	9 577.76	9 718.51	4 859.25	0.00
FE_t	0.00	940.75	940.75	540.75

Tabelle 3.3: Finanzergebnis und ökonomische Verzinsung bei abweichenden Nominal- und Kapitalmarktzinsen sowie linearer Verteilung des Disagios

Ein Blick auf Tabelle 3.3 offenbart, daß die durch Gleichung (3.1) beschriebene Beziehung nicht mehr erfüllt ist. Gleichzeitig weichen Buch- und Marktwert des Fremdkapitals in den Zeitpunkten $t = 1$ und $t = 2$ voneinander ab.[17]

Zwar gleichen sich die Unterschiede zwischen Finanzergebnis und ökonomischer Verzinsung im Zeitablauf wieder aus[18]

$$\sum_{t=1}^{3} FE_t = 2\,422.25 = \sum_{t=1}^{3} r_f \cdot D_{t-1},$$

jedoch beeinflussen sie den Barwert der Steuervorteile im Zeitpunkt der Kre-

---

15 Vgl. die Ausführungen in Unterabschnitt 2.2.2.

16 Siehe beispielsweise *Baetge, Kirsch und Thiele* (2007), S. 543.

17 Im Zeitpunkt $t = 3$ gilt trivialerweise $BD_3 = D_3 = 0$ und im Zeitpunkt der Kreditaufnahme aufgrund der erfolgsneutralen Erfassung des Auszahlungsbetrags: $BD_0 = D_0 = -FtD_0$.

18 Analog gilt: $\sum_{t=0}^{3} (\Delta\,BD_t - \Delta\,D_t) = 0$.

ditaufnahme. Nimmt man einen Steuersatz von $\tau = 50\%$ an, so ergäbe sich folgender Marktwert, wenn auf das Konzept der ökonomischen Verzinsung zurückgegriffen wird:

$$V_0^{ts} = \sum_{t=1}^{3} \frac{\tau \cdot r_f \cdot D_{t-1}}{(1 + r_f)^t} = 1\,022.06. \tag{3.8}$$

Tatsächlich hängen die Steuervorteile in Periode t jedoch ausschließlich von der Höhe des in der GuV ausgewiesenen Finanzergebnisses ab; der korrekte Marktwert beträgt also

$$V_0^{ts} = \sum_{t=1}^{3} \frac{\tau \cdot FE_t}{(1 + r_f)^t} = 1\,019.49.$$

Vom praktischen Standpunkt aus betrachtet, mag der Fehler vernachlässigbar »klein« ausfallen, wenn fälschlicherweise Gleichung (3.8) angewendet wird. Aus theoretischer Sicht ist es jedoch wünschenswert zu fragen, welche Abbildungs- und Bewertungskonventionen dabei helfen, auch diesen »kleinen« Fehler zu vermeiden.

3.2.2 Begriffsabgrenzung und Notation

Genau wie im Unterabschnitt 3.1.2 konzentriert sich die Darstellung im folgenden auf einen einzigen Finanzierungsvorgang. Der Gläubiger stellt dem Schuldner im Zeitpunkt $t = 0$ einen Kredit zur Verfügung. Vor der Darlehensvergabe einigen sich Schuldner und Gläubiger über die Rückzahlungsmodalitäten sowie über die Verzinsung

Als *Nominalwert* (face value) wird der vom Schuldner insgesamt zurückzuzahlende Geldbetrag bezeichnet. Er wird mit dem Symbol FV_0 belegt und entspricht genau der Summe der *Tilgungsleistungen*:

$$FV_0 = \sum_{t=1}^{T} R_t.$$

Für zukünftige Zeitpunkte $t = 1, \ldots, T$ gilt entsprechend:

$$FV_t = FV_{t-1} - R_t.$$

Die *Zinszahlung* einer Periode ergibt sich aus dem Nominalwert zu Beginn der Periode, multipliziert mit der *Nominalverzinsung* i:

$$I_t = i \cdot FV_{t-1}.$$

Der in einer Periode $t \in \{1, \ldots, T\}$ insgesamt an den Gläubiger zu leistende Geldbetrag beläuft sich auf die Summe aus Zinszahlung und Tilgungsleistung:

$$FtD_t = i \cdot FV_{t-1} - \Delta FV_t$$
$$= (1 + i) \cdot FV_{t-1} - FV_t. \tag{3.9}$$

Der *Marktwert des Fremdkapitals* im Zeitpunkt t beträgt

$$D_t = \sum_{j=t+1}^{T} \frac{FtD_j}{(1 + r_f)^{j-t}}. \tag{3.10}$$

Der *Verfügungsbetrag* bezeichnet die im Zeitpunkt der Kreditvergabe dem Schuldner zufließenden Zahlungsmittel in Höhe des Marktwerts:

$$-FtD_0 = D_0.$$

Beispiel: Mit Hilfe dieser Notation lassen sich beliebige Rückzahlungsmodalitäten abbilden.[19] Beispielsweise wird bei einem sogenannten *Annuitätendarlehen* vereinbart, daß der in einer Periode an den Gläubiger zu leistende Geldbetrag über die Darlehenslaufzeit konstant bleibt. Die jährliche Annuität ergibt sich dabei gemäß folgender Gleichung:

$$FtD_1 = \cdots = FtD_T \equiv FtD = \frac{(1 + i)^T \cdot i}{(1 + i)^T - 1} \cdot FV_0.$$

Die jährliche Tilgungsleistung beläuft sich auf

$$R_t = \frac{i \cdot (1 + i)^{t-1}}{(1 + i)^T - 1} \cdot FV_0.$$

Damit ist sichergestellt, daß $\sum_{t=1}^{T} R_t = FV_0$ gilt. ♠

---

19 Siehe hierzu beispielsweise *Kruschwitz* (2006).

Für die folgenden Ausführungen ist insbesondere das Verhältnis von Nominalzins zu Kapitalmarktzins interessant. Stimmen beide überein, so entspricht der Marktwert des Fremdkapitals stets seinem Nominalwert. Gilt also $r_f = i$, dann liefert Umstellen von Gleichung (3.10)

$$D_{t-1} = \frac{F t D_t + D_t}{1 + i}$$

bzw.

$$F t D_t = (1 + i) \cdot D_{t-1} - D_t.$$

Ein Vergleich mit (3.9) ergibt unmittelbar $F V_t = D_t$.

Ist der Nominalzins hingegen kleiner als der Kapitalmarktzins, so ist der vom Schuldner insgesamt zurückzuzahlende Geldbetrag größer als der Verfügungsbetrag, d.h. es gilt

$$i < r_f \quad \Longleftrightarrow \quad F V_0 > D_0.$$

Der Unterschiedsbetrag $F V_0 - D_0 > 0$ wird im folgenden als *Disagio* bezeichnet.

Beispiel: Ein Extrembeispiel für das Auseinanderfallen von Nominal- und Kapitalmarktzins bildet die sogenannte *Nullkupon – Anleihe* (Zerobond), bei der überhaupt keine Nominalzinsen und auch keine Tilgungsleistungen vereinbart werden. Aus $i = 0$ sowie $R_t = 0$ für $t = 1, \ldots, T - 1$ ergibt sich damit

$$F t D_T = F V_0.$$

Einsetzen in (3.10) liefert mit

$$D_t = \frac{F V_0}{(1 + r_f)^{T-t}}$$

den Marktwert des Fremdkapitals in den Zeitpunkten $t \in \{0, \ldots, T - 1\}$. ♠

Der folgende Unterabschnitt konzentriert sich auf die Frage der bilanziellen Behandlung von Disagiovereinbarungen.

3.2.3 Zur bilanziellen Behandlung eines Disagios

Nach herrschender Auffassung stellt ein Disagio im wirtschaftlichen Sinne neben der Nominalverzinsung »eine zusätzliche Vergütung für die Kapitalüber-
lassung und damit ein[en] Teil des Effektivzinses« dar.[20] Für den Schuldner ist
es insofern irrelevant, ob etwa bei gegebenem Kapitalmarktzins eine hohe Nominalverzinsung oder eine niedrige Nominalverzinsung und ein entsprechendes
Disagio vereinbart wird.

Die bilanzielle Behandlung eines Disagios hängt wesentlich davon ab, zu
welchem Betrag die beschafften Zahlungsmittel in der Bilanz des Schuldners
passiviert werden. Gemäß § 253 (1) HGB sind Verbindlichkeiten zu ihrem *Rückzahlungsbetrag* anzusetzen. Hierfür kommen grundsätzlich zwei Kandidaten in
Frage: der Nominalwert als rechtlich geschuldeter Geldbetrag oder der Verfügungsbetrag als tatsächlich empfangener Geldbetrag.

3.2.3.1 Das Disagio als Zinsvorauszahlung auf den Nominalwert

Rein rechtlich bezeichnet der Nominalwert den zur Rückzahlung geschuldeten
Geldbetrag auf den sich die Nominalverzinsung bezieht. Dieser Auffassung folgend, kann das Disagio als *Zinsvorauszahlung auf den Nominalwert* interpretiert
werden, die im Zeitpunkt der Auszahlung des Darlehensbetrages durch Verrechnung mit dem Auszahlungsbetrag bewirkt wird.[21] Dabei wird also fiktiv unterstellt, daß zunächst der Nominalwert ausgezahlt wird und gleichzeitig eine
Einzahlung seitens des Schuldners in Höhe des Disagios erfolgt.[22] Konsequenterweise wird in der Bilanz des Schuldners eine Verbindlichkeit in Höhe des
Nominalwerts passiviert:

$$FL_0 = FV_0.$$

Da es im Zeitpunkt der Kreditaufnahme noch an der Kreditleistung fehlt, ist das
Disagio dem Realisationsprinzip folgend als Rechnungsabgrenzungsposten zu

---

20 BFH vom 12.07.1984 IV R 76/82. Ebenso *Windmöller* (1992), S. 692; *Adler, Düring und
    Schmaltz* (1995), § 250, Tz. 86; *Ellrot und Krämer* (2006), Anm. 60.
21 Vgl. *Windmöller* (1992), S. 692.
22 Vgl. *Böcking* (1988), S. 175.

aktivieren, um auf diese Weise den Finanzierungsvorgang zu neutralisieren:[23]

$$FA_0 = FV_0 - D_0.$$

Nach Reformulierung ergibt sich der Buchwert des Fremdkapitals durch Verrechnung des Nominalwerts mit dem Disagio, so daß

$$BD_0 = D_0$$

gilt. Die Höhe zukünftiger Buchwerte hängt von der Methode ab, mit der der aktive Rechnungsabgrenzungsposten (Disagio) abgeschrieben wird.

3.2.3.2 Das Disagio als künftige Zinszahlung auf den Verfügungswert

Die Auslegung des Disagios als Zinsvorauszahlung auf den Nominalwert ist jedoch keineswegs zwingend. Im wirtschaftlichen Sinne fließen dem Schuldner Zahlungsmittel in Höhe des Verfügungsbetrags zu. Interpretiert man also diese Summe als eigentlichen Darlehensbetrag, so enthält das Disagio *künftig noch zu verdienende Zinsen auf den Verfügungsbetrag*.[24]

In diesem Fall bestünde der Rückzahlungsbetrag aus dem Verfügungsbetrag zuzüglich anteiliger Disagien. Im Zeitpunkt der Kreditaufnahme ist also zunächst nur der Verfügungsbetrag beim Schuldner zu passivieren:

$$FL_0 = D_0$$
$$= BD_0.$$

Aufgrund des Realisationsprinzips ist das Disagio bei dieser Bilanzierungsvariante zeitanteilig dem Verfügungsbetrag zuzuschreiben. Die Höhe zukünftiger Buchwerte hängt von der Methode ab, mit der die Zuschreibung des Disagios erfolgt.

3.2.3.3 Verteilung des Disagios nach der Effektivzinsmethode

Egal ob das Disagio als Zinsvorauszahlung auf den Nominalwert (Bruttobilanzierung) oder als noch zu vergütende Zinsen auf den Verfügungsbetrag (Netto-

---

23 Gemäß § 250 (3) HGB kann der Bilanzierende jedoch auf eine Aktivierung des Disagios verzichten und dieses sofort aufwandswirksam verrechnen.

24 Vgl. *Windmöller* (1992), S. 695.

bilanzierung) interpretiert wird: die Frage der Übereinstimmung des Fremdkapitalbuchwerts mit seinem Marktwert hängt davon ab, auf welche Weise das Disagio über die Kreditlaufzeit verteilt wird. § 250 (3) Satz 2 HGB schreibt lediglich vor, daß das Disagio »durch planmäßige jährliche Abschreibungen zu tilgen [ist], die auf die gesamte Laufzeit der Verbindlichkeit verteilt werden können.« Hinsichtlich der Abschreibungsart gibt es keinerlei Einschränkungen, sofern sich die Verrechnung an der wirtschaftlichen Entstehung des Aufwands orientiert.[25]

Wie bereits im eingangs diskutierten Beispiel demonstriert, ist eine lineare Verteilung des Disagios untauglich, um einen Fair Value – Ausweis zu erreichen. Da im Beispiel ein Kapitalmarktzins von $r_f = 10\%$ herrscht, kostet also die Inanspruchnahme von 1 € Fremdkapital auf dem Kapitalmarkt effektiv 10 Cent Zinsen – unabhängig davon, welche Nominalverzinsung vertraglich zwischen Gläubiger und Schuldner vereinbart wurde.

Eine Berücksichtigung der effektiven Verzinsung im Zeitpunkt der Kreditaufnahme kann durch die folgende Methode bilanziell berücksichtigt werden:[26]

Definition 3.1 (Effektivzinsmethode) *Die Amortisation eines Disagios erfolgt so, daß das Finanzergebnis einer Periode stets einer konstanten Verzinsung des Fremdkapitals zu Beginn der Periode entspricht:*

$$FE_t = \zeta \cdot BD_{t-1}. \tag{3.11}$$

Der Effektivzins ζ entspricht hierbei dem internen Zinssatz im Zeitpunkt der Kreditaufnahme.

Offenbar entspricht der Effektivzins ζ gerade dem Kapitalmarktzins, sofern dieser auch zukünftig konstant bleibt, denn der Effektivzins löst definitionsgemäß die folgende Gleichung:

$$\sum_{t=0}^{T} \frac{FtD_t}{(1+\zeta)^t} = 0.$$

---

25 Vgl. *Coenenberg* (2005), S. 384; *Adler, Düring und Schmaltz* (1995), § 250, Tz. 49; a.A. *Baetge, Kirsch und Thiele* (2007), S. 543, die aufgrund von Objektivierungserfordernissen ausschließlich eine lineare Verteilung – bzw. bei Ratentilgung eine digitale Abschreibung – für angemessen halten.

26 Vgl. *Pellens, Fülbier, Gassen und Sellhorn* (2008), S. 553 ff. oder *Kieso, Weygandt und Warfield* (2007), S. 278 f.

Wegen $FtD_0 = -D_0$ ergibt sich als Lösung: $\zeta = r_f$. Sowohl Brutto- als auch Nettobilanzierung bilden den Finanzierungsvorgang im Zeitpunkt der Kreditaufnahme erfolgsneutral ab: $BD_0 = D_0$. Beide Eigenschaften eingesetzt in Beziehung (3.11) liefert

$$FE_1 = r_f \cdot D_0.$$

Mit Hilfe einer Argumentation wie sie in Unterabschnitt 3.1.2 geführt wurde, kann verallgemeinernd folgende Beobachtung notiert werden:

Beobachtung 3.2 *Wird die Verteilung des Disagios mit Hilfe der Effektivzins-methode vorgenommen, so kann*

$$\widetilde{FE}_t = r_f \cdot \widetilde{D}_{t-1} \quad \Longleftrightarrow \quad \widetilde{BD}_t = \widetilde{D}_t$$

erreicht werden.

Für das eingangs diskutierte Beispiel resultieren für beide Bilanzierungsmethoden Daten wie in Tabelle 3.4 angegeben. (Vgl. Tabelle 3.3.)

t	0	1	2	3
Bruttobilanzierung:				
FA_t	422.24	264.46	90.91	0.00
FL_t	10 000.00	10 000.00	5 000.00	0.00
BD_t	9 577.76	9 735.54	4 909.09	0.00
FE_t	0.00	957.78	973.55	490.91
Nettobilanzierung:				
FA_t	0.00	0.00	0.00	0.00
FL_t	9 577.76	9 735.54	4 909.09	0.00
BD_t	9 577.76	9 735.54	4 909.09	0.00
FE_t	0.00	957.78	973.55	490.91

Tabelle 3.4: Verteilung des Disagios nach der Effektivzinsmethode

3.2.3.4 Diskussion

Es wurde gezeigt, daß sowohl mit einer Bruttobilanzierung als auch mit einer Nettobilanzierung die aus Bewertungssicht gewünschten Resultate erreicht werden können, wenn die Verteilung des Disagios mit Hilfe der Effektivzinsmethode vorgenommen wird. Zwar wird üblicherweise eine lineare Verteilung empfohlen, da der zukünftige Zinsaufwand bei Anwendung der Effektivzinsmethode gleichfalls ex ante feststeht, ist diese Methode ebenfalls mit den Grundsätzen ordnungsmäßiger Buchführung vereinbar.

Bei Anwendung der Bruttobilanzierung muß jedoch zusätzlich vorausgesetzt werden, daß der Bilanzierende nicht von seinem Wahlrecht Gebrauch macht, das Disagio sofort in voller Höhe aufwandswirksam zu verrechnen. Wirft man einen Blick in die Literatur, so stellt man fest, daß die Wahl zwischen Brutto- und Nettobilanzierung von der Kreditvereinbarung abhängt. Handelt es sich um ein Darlehen mit niedriger Nominalverzinsung ($i < r_f$), so ist nach herrschender Auffassung die Bruttobilanzierung anzuwenden. Handelt es sich jedoch um einen Zerobond, wird also überhaupt keine Nominalverzinsung vereinbart ($i = 0$), so wird ausnahmslos für die Nettobilanzierung plädiert.[27] Als Begründung wird angeführt, daß der Nominalwert eines Zerobonds Zinsbestandteile enthält, die bei vorzeitiger Rückzahlung nicht fällig würden.[28] Demgegenüber seien minderverzinsliche Darlehen zum Nominalwert zu passivieren, weil bei vorzeitiger Tilgung stets der Nominalwert (abzüglich bereits geleisteter Tilgungen) zu begleichen wäre.[29] Diese Begründung kann jedoch nicht überzeugen. Wie oben ausgeführt wurde, entspricht in der Tat der Nominalwert dem rechtlich geschuldeten Geldbetrag. Allerdings muß berücksichtigt werden, daß der Schuldner bei vorzeitiger Rückzahlung des Darlehens gleichzeitig auch einen Anspruch auf Vergütung der noch nicht realisierten Zinsen hat. Wirtschaftlich betrachtet, besteht also während der Laufzeit des Darlehens keine Verbindlichkeit in Höhe des Nominalwerts, sondern dieser Verpflichtung muß der Anspruch aus dem anteilig rückzuvergütenden Disagio gegenübergestellt werden.[30] Diese Betrachtungsweise ist durch jüngste Entscheidungen des BGH wiederholt bestätigt worden.[31]

---

27 Vgl. *Ellrott und Brendt* (2006), Anm. 176 und 311 und *Adler, Düring und Schmaltz* (1995), § 275, Tz. 155 und 157.
28 Vgl. *Baetge, Kirsch und Thiele* (2007), S. 398.
29 Vgl. *Baetge, Kirsch und Thiele* (2007), S.397.
30 Vgl. *Windmöller* (1992), S. 693.
31 Siehe etwa BGH vom 29.05.1990 XI ZR 231/89; BGH vom 08.10.1996 XI ZR 283/95 und

Sowohl aus Sicht der Schuldner als auch aus Sicht der Gläubiger beträgt die Effektivverzinsung stets r_f – unabhängig von der Höhe der ex ante vereinbarten Nominalverzinsung $i \in [0, r_f]$. Für einen Wechsel der Bilanzierungsweise zwischen $i = 0$ und $i \in (0, r_f]$ besteht bei wirtschaftlicher Betrachtungsweise also überhaupt kein Anlaß, und es sollte deshalb stets die Nettobilanzierung angewendet werden.

3.3 Zusammenfassung

1. Um die Steuervorteile eines fremdfinanzierten Unternehmens mit Hilfe eines der herkömmlichen DCF–Bewertungsverfahren bewerten zu können, muß sichergestellt sein, daß sich das in der Gewinn- und Verlustrechnung ausgewiesene Finanzergebnis am Konzept des ökonomischen Gewinns orientiert. Das Ziel dieses Kapitels bestand darin, auf theoretische und praktische Konsequenzen dieser Eigenschaft aufmerksam zu machen.

2. Zunächst konnte im Rahmen eines einfachen Modells gezeigt werden, daß sich ein kapitalmarktorientierter Ausweis des Finanzergebnisses in der Gewinn- und Verlustrechnung nur dann erreichen läßt, wenn gleichzeitig der Buchwert des Fremdkapitals in der Bilanz zum Marktwert ausgewiesen wird. Beide Eigenschaften sind entweder gemeinsam erfüllt, oder sie sind beide nicht erfüllt. Bewertungsansätze, die eine ökonomische Verzinsung des Fremdkapitals zwingend voraussetzen, setzen demzufolge ebenfalls zwingend voraus, daß der in der Bilanz ausgewiesene Buchwert des Fremdkapitals identisch mit seinem Marktwert ist. In theoretischer Hinsicht ist es also völlig belanglos, ob Finanzierungspolitiken auf der Basis von Fremdkapitalmarktwerten formuliert werden oder auf der Basis von -buchwerten.

3. Da die Höhe des Finanzergebnisses von den Abbildungs- und Bewertungskonventionen eines Rechnungslegungssystems abhängt – die ökonomische Verzinsung jedoch aus der Marktbewertung erwächst –, ist keineswegs davon auszugehen, daß beide Konzepte selbstverständlich identisch sind. Vor diesem Hintergrund wurde daher auch diskutiert, wie Rechnungslegungsregeln gestaltet sein müssen, damit diese Eigenschaft im

---

BGH vom 04.04.2000 XI ZR 200/99.

Rahmen der DCF – Theorie vorausgesetzt werden kann. Stimmen Nominalverzinsung und Kapitalmarktverzinsung überein, dann stimmt der Fremdkapitalbuchwert offensichtlich mit seinem Marktwert überein. Faktisch fallen Nominal- und Kapitalmarktverzinsung jedoch häufig auseinander. In diesen Fällen kann die von der Bewertungstheorie gewünschte Eigenschaft nur dann erreicht werden, wenn die Verteilung des Disagios nach der sogenannten Effektivzinsmethode vorgenommen wird.

4 Unternehmensbewertung bei bilanziellen Zielkapitalstrukturen

Aufbauend auf dem Modellrahmen von *Kruschwitz und Löffler* (2006) werden in diesem Kapitel drei Modellvarianten vorgestellt, die die Bewertung eines Unternehmens erlauben, das seine Zielverschuldungsquoten nicht in Marktwerten sondern in Buchwerten mißt.

Das Kapitel ist wie folgt gegliedert: In Abschnitt 4.1 wird erläutert, was im hier verwendeten Modellkontext unter einem buchwertorientiert finanzierten Unternehmen verstanden wird. Eine Verallgemeinerung der beiden ersten Investitionsstrategien aus dem Ausgangsmodell von *Kruschwitz und Löffler* (2006) findet sich in Abschnitt 4.2. Es werden entsprechende Bewertungsgleichungen hergeleitet, Modellerweiterungen betrachtet sowie Ergebnisse ausführlich diskutiert. Dem gleichen Aufbau folgt Abschnitt 4.3, der eine Erweiterung der cashfloworientierten Investitionspolitik zum Gegenstand hat. Schließlich findet sich in Abschnitt 4.4 eine kurze Diskussion über Bewertungsmöglichkeiten, die sich auf der Basis des Residualgewinnkonzepts ergeben. Dabei kann gezeigt werden, daß sich mit Hilfe einer zusätzlichen Annahme die Bewertungsgleichung gravierend vereinfachen läßt. Das Kapitel schließt in Abschnitt 4.5 mit einer Zusammenfassung der Ergebnisse.

4.1 Buchwertorientierte Finanzierungspolitik

4.1.1 Darstellung und alternative Definitionsvarianten

In den weiteren Ausführungen dieses Kapitels wird das Verhältnis aus Buchwert des Fremdkapitals und Buchwert des fremdfinanzierten Unternehmens als »bilanzielle Verschuldungsquote« bezeichnet:[1]

$$\widetilde{\lambda}_t := \frac{\widetilde{BD}_t}{\widetilde{BV}_t}. \qquad (4.1)$$

---

[1] Hinsichtlich der Definitionen von $\widetilde{BD}_t$ und $\widetilde{BV}_t$ siehe die Ausführungen in Kapitel 2.

Die Höhe beider Buchwerte ist zukünftig unsicher, so daß es sich bei der in Gleichung (4.1) formulierten Größe aus Sicht des Bewertungszeitpunkts grundsätzlich ebenfalls um eine Zufallsvariable handelt.

Das Management eines fremdfinanzierten Unternehmens verfolgt nun eine sogenannte »buchwertorientierte Finanzierungspolitik«, wenn es seine zukünftige Fremdfinanzierung an der Vorgabe bilanzieller Verschuldungsquoten orientiert:

Definition 4.1 (Buchwertorientierte Finanzierungspolitik) *Ein Unternehmen ist buchwertorientiert finanziert, wenn seine bilanziellen Verschuldungsquoten bereits im Bewertungszeitpunkt deterministisch geplant werden.*

Im folgenden wird unterstellt, daß die Finanzierungspolitik exogen vorgegeben ist. Bevor auf Basis dieser Definition nach Lösungsansätzen für eine Bewertung gesucht werden kann, ist noch einmal auf den Hintergrund dieser Finanzierungspolitik zurückzukommen: Gläubiger schließen mit ihren Kreditnehmern Verträge ab, in denen sie auf die Einhaltung bestimmter Verschuldungsquoten drängen, die mit Hilfe von Bilanzen gemessen werden. Dabei werden jedoch Größen zueinander in Beziehung gesetzt, die sich begrifflich von den hier verwendeten Variablen unterscheiden. Um diesen Aspekt zu diskutieren, erweist es sich als zweckmäßig, Verschuldungsgrade (und nicht Verschuldungsquoten) zu betrachten.[2] Setzt man der Übersichtlichkeit halber $\widetilde{FA}_t \equiv 0$, dann versteht man typischerweise unter einem Verschuldungsgrad das Verhältnis der bilanziellen Schulden zum bilanziellen Eigenkapital:[3]

$$\widetilde{\eta}_t := \frac{\widetilde{L}_t}{\widetilde{BE}_t} = \frac{\widetilde{FL}_t + \widetilde{OL}_t}{\widetilde{BE}_t} \tag{4.2}$$

Bei einer buchwertorientierten Finanzierungspolitik wird jedoch vorausgesetzt, daß das Verhältnis von Fremdkapital zu Eigenkapital bereits am Bewertungsstichtag festgelegt wurde:

$$\kappa_t := \frac{\widetilde{FL}_t}{\widetilde{BE}_t}. \tag{4.3}$$

---

2 Offenbar läßt sich ein Verschuldungsgrad jederzeit in eine Verschuldungsquote überführen, denn $\widetilde{\lambda}_t = \widetilde{\kappa}_t/(1 + \widetilde{\kappa}_t)$.

3 Vgl. *Smith und Warner* (1979) oder *Drukarczyk* (2003).

Können also Unternehmen, die eine buchwertorientierte Finanzierungspolitik auf der Grundlage von Verschuldungsgraden betreiben, die durch Gleichung (4.3) definiert sind, auch die Einhaltung von Zielverschuldungsgraden auf der Basis von Gleichung (4.2) gewährleisten? Um diese Frage zu beantworten, beziehungsweise um zu klären, unter welchen Voraussetzungen das der Fall ist, liefert Umstellen von Gleichung (4.2) und Einsetzen in Gleichung (4.3) folgenden Zusammenhang:

$$\kappa_t = \widetilde{\eta}_t \cdot \frac{\widetilde{FL}_t}{\widetilde{FL}_t + \widetilde{OL}_t}. \tag{4.4}$$

Zunächst einmal kann festgestellt werden: Bei einer buchwertorientierten Finanzierungspolitik bleibt der durch Gleichung (4.2) definierte Verschuldungsgrad nur dann deterministisch, wenn der Faktor $\widetilde{FL}_t/(\widetilde{FL}_t + \widetilde{OL}_t)$ ebenfalls seine Zufälligkeit verliert. Dies ist genau dann der Fall, wenn $\widetilde{OL}_t = \phi_t \cdot \widetilde{FL}_t$ gilt. Zu- und Abnahme von Rückstellungen müßten sich etwa an der Emission und Tilgung von Anleihen des Unternehmens orientieren. Hiervon wird unter realistischen Bedingungen nicht einmal ansatzweise die Rede sein können. Die Bildung und Auflösung von Rückstellungen für Pauschalwertberichtigungen beispielsweise gehorcht vollkommen anderen Gesetzmäßigkeiten.

Allerdings wäre es ökonomisch unsinnig, als Kreditgeber auf der exakten Einhaltung von ex ante vereinbarten Zielverschuldungsgraden zu bestehen; vielmehr dienen diese als Obergrenze, die nicht überschritten werden darf. Wird ein solcher Zielverschuldungsgrad mit η_t^{cov} bezeichnet, so muß das Unternehmen keine Sanktionen vom Gläubiger befürchten, solange

$$\widetilde{\eta}_t \leq \eta^{\mathrm{cov}} \tag{4.5}$$

sichergestellt ist.

Aus Gleichung (4.4) ist ersichtlich, daß der durch Gleichung (4.3) definierte Verschuldungsgrad maximal genauso groß ist wie der Verschuldungsgrad gemäß Gleichung (4.2). Zusammen mit (4.4) läßt sich aus dieser Beobachtung folgende Bedingung ableiten:

$$\kappa_t \leq \widetilde{\eta}_t \leq \eta^{\mathrm{cov}}.$$

Solange die im Rahmen einer buchwertorientierten Finanzierungspolitik geplanten Verschuldungsgrade den im Kreditvertrag vereinbarten Zielverschuldungsgrad nicht überschreiten, kann zukünftig die Einhaltung von Beziehung (4.5) sichergestellt werden.[4]

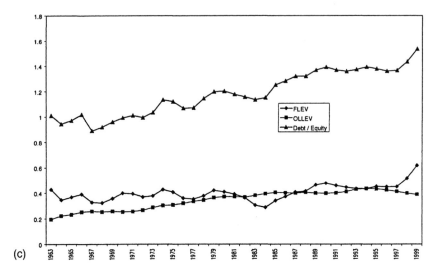

(c)

Abbildung 4.1: Durchschnittliche Entwicklung von η_t (»Debt / Equity«) und κ_t (»FLEV«) über einen Zeitraum von 1963 bis 1999 [Quelle: *Nissim und Penman* (2001), Figure 1c (S. 134).]

Nissim und Penman (2001) haben über einen langen Zeitraum die Entwicklung verschiedener Bilanzkennzahlen dokumentiert.[5] Abbildung 4.1 ist diesem Beitrag entnommen und veranschaulicht den Verlauf des bilanziellen Verschuldungsgrades bei herkömmlicher Definition (η_t) sowie der in diesem Modell-

---

4 Dabei gilt: Je größer die Differenz zwischen κ_t und η^{cov} ausfällt, desto mehr Spielraum besteht hinsichtlich der Höhe nicht handelbarer Schulden, die nun keineswegs mehr streng an das Fremdkapital gekoppelt sein müssen. Vielmehr muß lediglich die Bedingung

$$\widetilde{OL}_t \leq \frac{\eta^{cov} - \kappa_t}{\kappa_t} \cdot \widetilde{BD}_t$$

eingehalten werden, die sich durch Einsetzen von (4.4) in (4.5) und unter Berücksichtigung von Definition (2.3) ergibt, siehe hierzu auch das Zahlenbeispiel in *Kruschwitz, Löffler und Scholze* (2006).

5 Für Einzelheiten siehe insbesondere *Nissim und Penman* (2001), S. 127 ff.

kontext verwendeten Modifikation (κ_t) über einen langen Zeitraum für US – amerikanische Unternehmensdaten.[6] Zunächst ist anzumerken, daß η_t stets deutlich größer ausfällt als κ_t, was natürlich auf die unterschiedlichen Definitionen zurückzuführen ist. Interessant ist jedoch, daß sich dabei κ_t, im Gegensatz zu η_t, offenbar im Zeitablauf als etwas stabiler erweist. Insofern sollte auch im Hinblick auf die Planung langfristiger Zielverschuldungsgrade eher auf die modifizierte Definition und nicht auf die herkömmliche Variante zurückgegriffen werden.

4.1.2 Herleitung der Grundgleichung

Für weitere Überlegungen kann auf einige Ergebnisse der vorangegangenen Kapitel zurückgegriffen werden. Annahmegemäß entspricht das in der GuV ausgewiesene Finanzergebnis genau der ökonomischen Verzinsung des Fremdkapitals[7]

$$\widetilde{FE}_t = r_f \cdot \widetilde{D}_{t-1}. \tag{4.6}$$

Da unter dieser Voraussetzung Buchwert und Marktwert des Fremdkapitals identisch sind, kann $\widetilde{D}_{t-1}$ in Gleichung (4.6) auch durch $\widetilde{BD}_{t-1}$ ersetzt werden.[8] Im Rahmen einer buchwertorientierten Finanzierungspolitik gemäß Definition 4.1 orientiert sich das künftige Fremdkapital am Buchwert des Unternehmens, so daß Gleichung (4.6) wie folgt notiert werden kann:

$$\widetilde{FE}_t = r_f \cdot \lambda_{t-1} \cdot \widetilde{BV}_{t-1}.$$

---

6 Der Verlauf der unteren Linie spielt im hier betrachteten Kontext keine Rolle.
7 Vgl. Annahme 1.3 auf Seite 63.
8 Vgl. Beobachtung 3.1 auf Seite 117. Insofern geht doch eine Marktwertkomponente in die Definition der bilanziellen Verschuldungsquote ein. Dennoch ist es gerechtfertigt, von einer (rein) buchwertorientierten Finanzierungspolitik zu sprechen. Ansonsten dürfte man aufgrund der Äquivalenz des Fremdkapitalmarktwerts mit seinem Buchwert auch nicht von einer (rein) marktwertorientierten Finanzierungspolitik sprechen, da in die Definition der marktwertbasierten Verschuldungsquote spiegelbildlich eine Buchwertkomponente eingeht.

Wird diese Beziehung in die allgemeine Bewertungsgleichung (1.19) eingesetzt, so resultiert schließlich

$$V_0^l = V_0^u + \sum_{t=1}^{T} \frac{\tau \cdot r_f \cdot \lambda_{t-1} \cdot \mathrm{E_Q}\left[\widetilde{BV}_{t-1}\right]}{(1+r_f)^t}.$$

$\qquad$ (4.7)

Bei einer buchwertorientierten Finanzierungspolitik hängen die künftigen Steuervorteile demnach von der Entwicklung der künftigen Buchwerte $\{\widetilde{BV}_t\}_{t=1}^{\infty}$ ab.

4.2 Ein einfaches Bewertungsmodell

4.2.1 Vorüberlegungen

In der praktischen Umsetzung einer Bewertung erweist sich insbesondere die Prognose der künftigen finanziellen Überschüsse als schwierig. Eine gute Prognose erfordert die Verarbeitung und Analyse einer umfangreichen Informationsmenge und ist daher sehr zeit- und kostenintensiv. Beispielsweise müssen unter anderem die strategische Planung, die Marktforschung, die Analyse der Produktionskosten oder die Forschungs- und Entwicklungsaktivitäten in die Prognose einbezogen werden, um nur einige Bereiche zu nennen.

Typischerweise lassen sich die leistungs- und finanzwirtschaftlichen Entwicklungen des Unternehmens nur für einen gewissen Zeitraum plausibel beurteilen. »Zwangsläufig ergibt sich damit ein Horizont für die Zukunftsbetrachtung, jenseits dessen die Quantifizierung der finanziellen Überschüsse nur noch auf globale Annahmen zu stützen ist.«[9] In der Praxis behilft man sich, indem die Zukunft in zwei »Phasen« unterteilt wird:[10]

1. In der *Detailplanungsphase* stehen dem Bewerter zumeist detaillierte Planungsrechnungen zur Verfügung, um die finanziellen Überschüsse hinreichend verläßlich zu schätzen. Häufig umfaßt diese Phase einen Zeitraum von drei bis fünf Jahren.[11] Je nach Größe, Struktur und Branche des zu bewertenden Unternehmens, und insbesondere aufgrund längerfristiger

---

9 *IDW S 1 n.F.*, Tz. 84.
10 Vgl. *Institut der Wirtschaftsprüfer in Deutschland* (2002), Tz. 180 ff. Manchmal wird auch eine Unterteilung in drei Phasen empfohlen, siehe etwa *Damodaran* (2002), S. 340.
11 Vgl. *IDW S 1 n.F.*, Tz. 85.

Investitions- oder Produktlebenszyklen, kann sich die Detailplanungsphase auch über einen längeren Zeitraum erstrecken.[12]

2. In der *Fortführungsphase* nimmt die Unsicherheit jedoch so stark zu, daß drastisch vereinfacht werden muß. Dabei ist zu untersuchen, ob sich das zu bewertende Unternehmen entweder im Gleichgewichtszustand befindet, und damit die erwarteten Überschüsse als konstant unterstellt werden können, oder ob sich das Unternehmen in einem stationären Zustand befindet, der durch konstant wachsende Überschüsse angemessen repräsentiert wird.[13]

Die folgende Darstellung konzentriert sich ausschließlich auf die Bewertung der Steuervorteile. Ausgehend von Gleichung (4.7) läßt sich der Marktwert der Steuervorteile $V_0^{ts} \equiv V_0^l - V_0^u$ wie folgt notieren:

$$V_0^{ts} = \underbrace{\sum_{t=1}^{T} \frac{\tau \cdot r_f \cdot \lambda_{t-1} \cdot E_Q\left[\widetilde{BV}_{t-1}\right]}{(1+r_f)^t}}_{=V_{0,T}^{ts}} + \frac{E_Q\left[\widetilde{V}_T^{ts}\right]}{(1+r_f)^T}. \tag{4.8}$$

Hierbei gilt

$$\widetilde{V}_T^{ts} = \sum_{j=T+1}^{\infty} \frac{\tau \cdot r_f \cdot \lambda_{j-1} \cdot E_Q\left[\widetilde{BV}_{j-1}\right]}{(1+r_f)^{j-T}}. \tag{4.9}$$

Die erste Teilsumme entspricht dem Marktwert der Steuervorteile bis zum Planungshorizont T; die zweite Teilsumme hingegen dem Marktwert der Fortführungsphase.

4.2.2 Detailplanungsphase: Parametrisiertes Buchwertwachstum

Ausgangspunkt der folgenden Überlegungen ist die Bilanzgleichung (2.5). Betrachtet man die Veränderungen der Buchwerte zwischen zwei Zeitpunkten,

---

12 Beispielsweise kann unter Umständen ein Pharma-Unternehmen die zukünftig zu erwartenden Gewinne aus dem Verkauf eines neuen Medikaments mit Patentschutz auch über einen längeren Zeitraum zuverlässig abschätzen.

13 Eine ausführliche Darstellung alternativer Bewertungsansätze für die Fortführungsphase findet sich in *Lobe* (2006).

so erhält man die Bewegungsbilanz als Maß für das Wachstum des Buchwerts in einer Periode:[14]

$$\Delta \widetilde{BV}_t = \Delta \widetilde{BD}_t + \Delta \widetilde{BE}_t. \tag{4.10}$$

Division durch $\Delta \widetilde{BV}_t$ liefert:

$$100\% = \frac{\Delta \widetilde{BD}_t}{\Delta \widetilde{BV}_t} + \frac{\Delta \widetilde{BE}_t}{\Delta \widetilde{BV}_t} \qquad \text{bzw.}$$

$$1 = \widetilde{\alpha}_t + \widetilde{\beta}_t. \tag{4.11}$$

Gleichung (4.11) beschreibt, zu welchem Anteil das unternehmerische Wachstum durch Eigen- bzw. Fremdkapital finanziert wird. Wächst der Buchwert des fremdfinanzierten Unternehmens um einen Euro, so gibt beispielsweise der erste Summand auf der rechten Seite an, wieviel Cent dieses Wachstums durchschnittlich fremdfinanziert wird; $\widetilde{\alpha}_t := \frac{\Delta \widetilde{BD}_t}{\Delta \widetilde{BV}_t}$ kann man somit als »durchschnittliche Fremdfinanzierungsrate« bezeichnen.[15]

Exkurs: Um auf dieser Basis eine einfache Wachstumsannahme für den Buchwert zu formulieren, ist es hilfreich, einen kurzen Blick auf empirische Daten zu werfen. So veröffentlicht die Deutsche Bundesbank in regelmäßigen Abschnitten Studien über wichtige, auf Bilanzen und Erfolgsrechnungen basierende, Verhältniszahlen.[16] Ziel dieser Publikationen ist es, »dem Nutzer Einblicke in die Finanzierungs- und Ertragsverhältnisse deutscher Firmen für eine Vielzahl unterschiedlicher Unternehmensgruppen zu verschaffen.«[17] Unter Verwendung von Jahresabschlußdaten aus diesem Datenpool läßt sich die durchschnittliche Fremdfinanzierungsrate für vergangene Jahre entsprechend der folgenden Definition bestimmen:[18]

---

14 Strengenommen bezeichnet nicht die auf reformulierten Bilanzdaten basierende Gleichung (4.10) eine Bewegungsbilanz, sondern $\Delta \widetilde{A}_t = \Delta \widetilde{L}_t + \Delta \widetilde{BE}_t$.

15 Entsprechend bezeichnet $\widetilde{\beta}_t := \frac{\Delta \widetilde{BE}_t}{\Delta \widetilde{BV}_t}$ die »durchschnittliche Eigenfinanzierungsrate«.

16 Vgl. *Deutsche Bundesbank* (2003); *Deutsche Bundesbank* (2004) und *Deutsche Bundesbank* (2005b).

17 *Deutsche Bundesbank* (2005b), S. 5

18 Da außer den Bilanzdaten keine weiteren Informationen zur Verfügung standen, wurden im Rahmen der Reformulierung die Positionen »Finanzanlagen« und »Wertpapiere« den Liquiditätsreserven zugerechnet. Auf der Passivseite wurden die Positionen »Verbindlichkeiten gegenüber Kreditinstituten«, »Verbindlichkeiten gegenüber verbundenen Unternehmen«,

$$\widehat{\alpha}_t := \frac{\Delta\,BD_t}{\Delta\,BV_t}.$$

Abbildung 4.2 veranschaulicht den zeitlichen Verlauf beispielhaft über einen Zeithorizont von vier Jahren – einmal für das produzierende Gewerbe sowie für den Maschinenbau.[19]

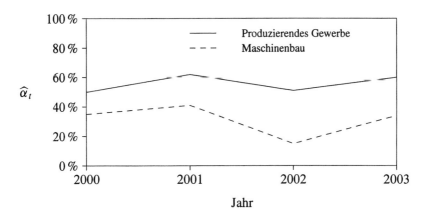

Abbildung 4.2: Zeitlicher Verlauf der durchschnittlichen Fremdfinanzierungsrate für den Zeitraum von 2000 bis 2003.

Offenbar unterscheidet sich $\widehat{\alpha}_t$ für beide Branchen, verharrt allerdings jeweils im Zeitablauf auf ungefähr gleichem Niveau.[20]

Analog zu *Nissim und Penman* (2001) läßt sich feststellen, daß die durchschnittliche Fremdfinanzierungsrate im Zeitablauf weniger stabil ist, wenn statt

---

»Anleihen« sowie »sonstige Verbindlichkeiten« als Fremdfinanzierung aufgefaßt. Die verbliebenen Bilanzposten wurden damit dem Buchwert bei vorläufiger Eigenfinanzierung zugeordnet.

19 Berücksichtigt werden dabei ausschließlich Jahresabschlüsse von Kapitalgesellschaften mit Umsätzen von mindestens 50 Mio. €. Zum produzierenden Gewerbe zählt die Bundesbank den Bergbau und die Gewinnung von Steinen und Erden, das verarbeitende Gewerbe, die Energie- und Wasserversorgung, das Baugewerbe sowie Handel und Verkehr, vgl. *Deutsche Bundesbank* (2005b), S. 7.

20 Für das produzierende Gewerbe weist die Kennzahl einen Mittelwert von 0.56 bei einer Standardabweichung von knapp 6 % auf; für den Maschinenbau beläuft sich $\widehat{\alpha}_t$ im Schnitt auf 0.31 bei einer Standardabweichung von ca. 11 %.

reformulierter Bilanzdaten ganz einfach in herkömmlicher Weise die bilanziellen Schulden ins Verhältnis zur Bilanzsumme gesetzt werden. Betrachtet man also bei gleicher Datengrundlage die folgende Kennzahl:

$$\widehat{\alpha}_t^* := \frac{\Delta L_t}{\Delta A_t},$$

so resultieren Verläufe wie in Abbildung 4.3 angegeben. Auch hier können Un-

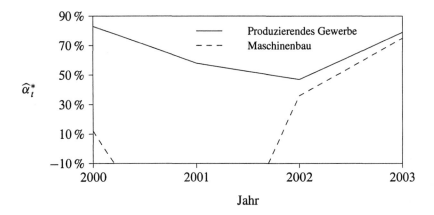

Abbildung 4.3: Zeitlicher Verlauf der durchschnittlichen Fremdfinanzierungsrate bei herkömmlicher Definition über einen Zeitraum von 2000 bis 2003. (Der Wert für das Jahr 2001 ist negativ und beträgt -128 %.)

terschiede zwischen den Branchen beobachtet werden. Jedoch fällt auf, daß $\widehat{\alpha}_t^*$ im Gegensatz zu $\widehat{\alpha}_t$ deutlich stärkeren Schwankungen unterliegt. (Selbst wenn man von dem Ausreißer im Jahre 2001 absieht.)[21] ♠

Vor diesem Hintergrund wird nun angenommen, daß die Fremdfinanzierungsrate künftig konstant ist:

---

21 So weist $\widehat{\alpha}_t^*$ für das produzierende Gewerbe im Mittel einen Wert von 0.67 bei einer Standardabweichung von 17 % und für den Maschinenbau einen Wert von −0.01 bei einer Standardabweichung von 88 % auf.

Annahme 4.1 (Konstante Fremdfinanzierungsrate) *In der Detailplanungsphase* $t = 1, \ldots, T$ *ist die durchschnittliche Fremdfinanzierungsrate konstant:*

$$\frac{\Delta \widetilde{BD}_t}{\Delta \widetilde{BV}_t} = \alpha \qquad \alpha \neq \lambda_t. \tag{4.12}$$

Zum besseren Verständnis bietet es sich an, verschiedene Spezialfälle zu betrachten:

– Wird $\alpha = 0$ gewählt, so folgt $\beta = 1$, d.h. bilanzielles Wachstum wird komplett eigenfinanziert. Damit bleibt das Fremdkapital im Zeitablauf konstant wie im Modell von *Modigliani und Miller* (1963):

$$BD_t = BD_0 \qquad t = 1, 2, \ldots T.$$

Diese Situation entspricht insofern einem Spezialfall der autonomen Finanzierungspolitik.

– Gilt $\alpha = 1$, so werden Neuinvestitionen ausschließlich fremdfinanziert. Wegen $\beta = 0$ bleibt das Eigenkapital im Zeitablauf konstant wie in der von *Kruschwitz und Löffler* (2006) betrachteten Vollausschüttungspolitik:[22]

$$BE_t = BE_0 \qquad t = 1, 2, \ldots T.$$

Dieses Resultat folgt direkt aus der Bewegungsgleichung für das Eigenkapital. Einsetzen von $\Delta BE_t = 0$ in Gleichung (2.18) liefert unmittelbar

$$\widetilde{FtE}_t = \widetilde{NI}_t.$$

– Für $\alpha \in (0, 1)$ wird das Wachstum des Buchwerts anteilig durch Eigen- und Fremdkapital finanziert.

---

22 Bisher gingen Wirtschaftsprüfer in Deutschland bei der Ermittlung des sog. objektivierten Unternehmenswerts von der Vollausschüttungsannahme aus, *IDW S 1* (2000), S. 44. Bei den aktuellen steuerlichen Rahmenbedingungen wirkt sich die bisherige Vollausschüttungsannahme nunmehr wertmindernd aus, so daß mit der Verabschiedung der Neufassung des IDW S 1 bei der Bestimmung des objektivierten Unternehmenswerts nun ein realitätsnäheres Ausschüttungsverhalten zu unterstellen ist, vgl. *IDW S 1 n.F.*, Tz. 45.

– Denkbar ist auch $\alpha \notin [0, 1]$. Beispielsweise implizierte die Wahl von $\alpha = 120\,\%$, daß mehr Zahlungsmittel über Fremdfinanzierung beschafft werden als zur Finanzierung des bilanziellen Wachstums benötigt wird. Die überschüssigen Gelder werden wegen $\beta = -20\,\%$ zur Rückzahlung von Eigenkapital verwendet.

Im Ergebnis handelt es sich bei der hier getroffenen Annahme durch die Einführung des Parameters α um eine Verallgemeinerung der von *Kruschwitz und Löffler* (2006) formulierten »full distribution policy«, die sich als Spezialfall für $\alpha = 1$ ergibt.[23]

Mit Hilfe von Annahme 4.1 läßt sich problemlos eine Bewertungsgleichung für die Steuervorteile in der Detailplanungsphase herleiten. Zu diesem Zweck setzt man Gleichung (4.12) in Gleichung (4.10) ein und erhält

$$\Delta \widetilde{BE}_t = (1 - \alpha) \cdot \Delta \widetilde{BV}_t.$$

Dieser Ausdruck läßt sich unter Berücksichtigung von (4.1) umformen zu:

$$\widetilde{BV}_t = \frac{\widetilde{\lambda}_{t-1} - \alpha}{\widetilde{\lambda}_t - \alpha} \cdot \widetilde{BV}_{t-1}. \tag{4.13}$$

Lösen dieser Rekursionsgleichung liefert schließlich:

$$\widetilde{BV}_t = \frac{\lambda_0 - \alpha}{\widetilde{\lambda}_t - \alpha} \cdot BV_0. \tag{4.14}$$

Den aktuellen Buchwert kann man direkt in der reformulierten Bilanz ablesen. Der Buchwert im Zeitpunkt t ist grundsätzlich unsicher, weil die Verschuldungsquote zu diesem Zeitpunkt unsicher ist. Bei einem buchwertorientiert finanzierten Unternehmen sind die künftigen Verschuldungsquoten jedoch bekannt. Gleichungen (4.13) und (4.14) sind für $\alpha = \lambda_t$ allerdings nicht definiert, jedoch ist eine solche Situation annahmegemäß ausgeschlossen.

Wird Gleichung (4.14) in Bewertungsgleichung (4.8) eingesetzt, so kann folgende Behauptung notiert werden:

---

23 Vgl. *Kruschwitz und Löffler* (2006), S. 82.

Satz 4.1 (Detailplanungsphase) *Der Marktwert der Steuervorteile in der Detailplanungsphase beläuft sich auf*

$$V_{0,T}^{ts} = \sum_{t=1}^{T} \frac{\tau \cdot r_f \cdot BV_0 \cdot \lambda_{t-1}}{(1 + r_f)^t} \cdot \frac{\lambda_0 - \alpha}{\lambda_{t-1} - \alpha}. \tag{4.15}$$

4.2.3 Fortführungsphase: Konvergierende Verschuldungsquoten

Für die Fortführungsphase wird angenommen, daß der Buchwert des fremdfinanzierten Unternehmens nicht mehr wächst. Für die Zeitpunkte $j > T$ gilt also $\Delta \widetilde{BV}_j = 0$. Da aber der Buchwert zum Ende der Detailplanungsphase in Höhe von BV_T bekannt ist, folgt unmittelbar $\widetilde{BV}_j = BV_j$.

Analog könnten ebenfalls konstante Verschuldungsquoten $\Delta \lambda_j = 0$ für $j > T$ unterstellt werden. Jedoch ist es durchaus vorstellbar, daß die Verschuldungsquote langfristig an einen bestimmten Zielwert λ^* (beispielsweise ein Branchendurchschnitt) angepaßt werden soll.[24] Zu diesem Zweck kann die Entwicklung der Verschuldungsquoten durch folgenden Prozeß abgebildet werden:

Annahme 4.2 (Konvergenzprozeß der Verschuldungsquoten) *In der Fortführungsphase beschreibt der folgende Prozeß*

$$\lambda_j = \omega \cdot \lambda_{j-1} + (1 - \omega) \cdot \lambda^*. \qquad \omega \in [0, 1]$$

den Verlauf der bilanziellen Verschuldungsquoten $\{\lambda_j\}_{j=T+1}^{\infty}$.

Die Verschuldungsquote zu einem bestimmten Zeitpunkt ergibt sich demnach als gewichtetes Mittel aus Quote der Vorperiode und Zielquote. Für $\omega = 1$ gilt $\lambda_j = \lambda_T$ für $j > T$. Für $\omega < 1$ ist unabhängig vom Vorzeichen der Differenz $\lambda_T - \lambda^*$ hingegen sichergestellt, daß zukünftige Verschuldungsquoten gegen den Wert λ^* konvergieren:

$$\lim_{j \to \infty} \lambda_{T+j} = \lambda^* + \omega^j \cdot (\lambda_T - \lambda^*) = \lambda^*. \tag{4.16}$$

Die Geschwindigkeit dieses Anpassungsprozesses wird dabei durch den Parameter ω beeinflußt. Je kleiner ω gewählt wird, desto schneller wird der Zielwert

---

24 Vgl. die auf Seite 28 erwähnten Beispiele.

λ^* erreicht. Angenommen, die Verschuldungsquote zu Beginn der Fortführungsphase beläuft sich auf $\lambda_T = 80\%$ und soll langfristig gegen den Wert $\lambda^* = 40\%$ konvergieren, so veranschaulicht Abbildung 4.4 die Anpassungsgeschwindigkeit für verschiedene Werte ω.

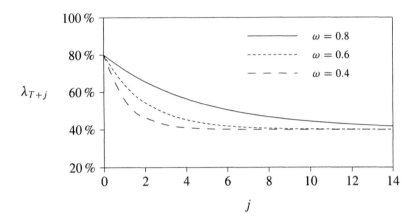

Abbildung 4.4: Anpassungsgeschwindigkeit des Konvergenzprozesses in Abhängigkeit von ω

Da der Buchwert in der Fortführungsphase konstant ist, haben die Verschuldungsquoten zur Folge, daß Fremdkapital Euro für Euro durch Eigenkapital substituiert wird, denn Einsetzen von $\Delta BV_j = 0$ in Gleichung (4.10) liefert für $j > T$ unmittelbar:

$$\Delta BD_j = -\Delta BE_j.$$

Unter Zuhilfenahme von Annahme 4.2 läßt sich folgende Bewertungsgleichung für die Steuervorteile in der Fortführungsphase notieren:

Satz 4.2 *Der Marktwert der Steuervorteile in der Fortführungsphase beläuft sich auf*

$$V_T^{ts} = \frac{\tau \cdot r_f \cdot BV_T}{r_f - (\omega - 1)} \cdot \left(\lambda_T + \frac{1 - \omega}{r_f} \cdot \lambda^* \right). \qquad (4.17)$$

Beweis: Siehe Anhang   **Q.E.D.**

144

Für den Spezialfall $\omega = 1$ gilt $\lambda_j = \lambda_T$ für Perioden $j > T$, d.h. der Zielwert λ^* wird niemals erreicht. Das Fremdkapital beläuft sich auf konstant $BD_j = \lambda_T \cdot BV_T$ ab Periode $j \geq T$. Damit werden in jeder Periode Steuervorteile in Höhe von $\tau \cdot r_f \cdot D_T$ generiert, deren Rentenbarwert $\tau \cdot BD_T$ beträgt.[25] Entsprechend reduziert sich Gleichung (4.17) zu

$$V_T^{ts} = \tau \cdot \lambda_T \cdot BV_T.$$

Wird hingegen $\omega = 0$ gewählt, so beträgt das Fremdkapital konstant $BD_j = \lambda^* \cdot BV_T$ ab Periode $j > T$. In Periode T beträgt es hingegen $BD_T = \lambda_T \cdot BV_T$. Insofern resultiert folgende Bewertungsgleichung:

$$V_T^{ts} = \frac{\tau \cdot r_f \cdot \lambda_T \cdot BV_T}{1 + r_f} + \frac{\tau \cdot \lambda^* \cdot BV_T}{1 + r_f}. \tag{4.18}$$

Der erste Summand auf der rechten Seite von Gleichung (4.18) repräsentiert den Wert des in Periode $T + 1$ generierten Steuervorteils, und der zweite Summand entspricht dem Rentenbarwert der ab Periode $T + 2$ konstanten Steuervorteile.

Beispiel: Der Einfluß des Parameters ω auf den Barwert der Steuervorteile sei durch folgendes Beispiel veranschaulicht: Es gelten $\tau = 50\,\%$ sowie $r_f = 10\,\%$. Der Buchwert des fremdfinanzierten Unternehmens zum Ende der Detailplanungsphase beträgt $BV_T = 3\,000\,€$ und die bilanzielle Verschuldungsquote $\lambda_T = 60\,\%$. In der Fortführungsphase soll langfristig der Wert $\lambda^* = 50\,\%$ erreicht werden. Wegen $\lambda_T > \lambda^*$ hängt $V_T^{ts}(\omega)$ offenbar positiv von ω ab.

Der Marktwert ist am größten, wenn $\omega = 1$ gewählt wird, weil so der (niedrigere) Zielwert λ^* niemals erreicht wird. Einsetzen der Daten in Gleichung (4.17) liefert

$$V_T^{ts}(\omega = 1) = 0.5 \cdot 0.6 \cdot 3\,000 = 900\,€.$$

Umgekehrt führt die Wahl von $\omega = 0$ dazu, daß der Zielwert λ^* bereits im Zeitpunkt $T + 1$ erreicht wird. Der resultierende Marktwert beläuft sich auf

$$V_T^{ts}(\omega = 0) = \frac{0.5 \cdot 0.1 \cdot 0.6 \cdot 3\,000}{1.10} + \frac{0.5 \cdot 0.5 \cdot 3\,000}{1.10} = 763.64\,€.$$

---

25 Vgl. *Modigliani und Miller* (1963).

Wird beispielsweise $\omega = 0.4$ gewählt, so benötigt der Anpassungsprozeß ungefähr einen Zeitraum von vier Jahren, um das steady state zu erreichen.[26] Der entsprechende Marktwert beträgt:

$$V_T^{ts}(\omega = 0.4) = \frac{0.5 \cdot 0.1 \cdot 3\,000}{0.1 + 0.6} \cdot \left(0.6 + \frac{0.6}{0.1} \cdot 0.5\right) = 771.43 \, \text{€}.$$

Abbildung 4.5 veranschaulicht die Abhängigkeit des Marktwerts von ω grafisch.
♠

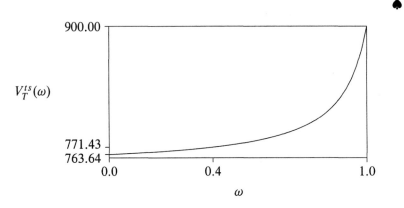

Abbildung 4.5: Marktwert der Steuervorteile in Abhängigkeit des Parameters ω

4.2.4 Modellinterpretation

Gleichung (4.13) läßt sich nach einigen Umformungen wie folgt darstellen:

$$\frac{\Delta BV_t}{BV_{t-1}} = -\frac{\Delta \lambda_t}{\lambda_t - \alpha}. \tag{4.19}$$

Auf der linken Seite von Gleichung (4.19) findet sich die Definition einer Wachstumsrate. Auf der rechten Seite der Gleichung kann abgelesen werden, wie dieses Wachstum zustandekommt. Da die Finanzierungspolitik $\lambda \equiv \{\lambda_t\}_{t=1}^{T}$ modellexogen ist, kann

$$g_t(\alpha|\lambda) := \frac{\Delta BV_t}{BV_{t-1}}$$

26 Einsetzen von $j = 4$ in Beziehung (4.16) liefert $\lambda_{T+4} = 0.5 + 0.4^4 \cdot (0.6 - 0.5) \approx 0.5$.

definiert werden. Mit Hilfe des Parameters α wird also aus einer Folge exogen vorgegebener Verschuldungsquoten $\{\lambda_t\}_{t=0}^{T}$ eine Folge von Wachstumsraten $\{g_t\}_{t=1}^{T}$ generiert.

Man kann den Buchwert im Zeitpunkt t also auch auf folgende Weise bestimmen:[27]

$$BV_t = (1 + g_t) \cdot (1 + g_{t-1}) \cdot \ldots \cdot (1 + g_1) \cdot BV_0. \tag{4.20}$$

Beispiel: Zum besseren Verständnis sei ein Beispiel betrachtet. Angenommen, in der aktuellen Bilanz läßt sich eine Verschuldungsquote von $\lambda_0 = 85\%$ ablesen. Für die kommenden sechs Perioden ist geplant, die Verschuldungsquoten um jeweils 5 Prozentpunkte bis auf einen Wert von $\lambda_6 = 55\%$ abzusenken wie in Tabelle 4.1 angegeben.

t	1	2	3	4	5	6
λ_t	80%	75%	70%	65%	60%	55%

Tabelle 4.1: Buchwertorientierte Finanzierungspolitik mit monoton sinkenden Verschuldungsquoten

Werden die Daten aus Tabelle 4.1 in Gleichung (4.19) eingesetzt, so erhält man

$$g_t(\alpha|\lambda) = \frac{0.05}{\lambda_t - \alpha}. \tag{4.21}$$

Gemäß Gleichung (4.21) hängen die Wachstumsraten bei monoton fallenden Verschuldungsquoten positiv von der Wahl des Parameters α ab.[28] Je mehr also Neuinvestitionen mit Fremdkapital finanziert werden, desto höhere Wachstumsraten werden also erzielt? Diese Schlußfolgerung widerspricht der ökonomischen Intuition, denn schließlich sind die für das Wachstum des Buchwerts

---

27 Vergleicht man Beziehung (4.20) mit Gleichung (4.14), so müßte daraus

$$\prod_{j=1}^{t} (1 + g_j) = \frac{\lambda_0 - \alpha}{\lambda_t - \alpha}$$

folgen, was in der Tat der Fall ist.

28 Damit in der Tat $BV_t > 0$ für alle Perioden sichergestellt ist, muß $\alpha < \min\{\lambda_t\}_{t=0}^{T}$ bzw. $\alpha > \max\{\lambda_t\}_{t=0}^{T}$ eingehalten werden.

verantwortlichen leistungswirtschaftlichen Aktivitäten (Investitionspolitik) annahmegemäß unabhängig von der Kapitalstruktur.[29]

Tatsächlich muß die Frage anders gestellt werden: Welche Wachstumsraten sind erforderlich, damit bei einer modellexogen vorgegebenen Finanzierungspolitik künftige Investitionen zu α % fremdfinanziert werden können?[30]

In bezug auf diese Frage können verschiedene Szenarien recht schnell miteinander verglichen werden. Für die hier betrachtete Finanzierungspolitik gibt Tabelle 4.2 drei beispielhafte Wachstumsverläufe für verschiedene Werte von α an.

t	1	2	3	4	5	6
$g_t(0.5\|\lambda)$	17 %	20 %	25 %	33 %	50 %	100 %
$g_t(0.4\|\lambda)$	13 %	14 %	17 %	20 %	25 %	33 %
$g_t(0.3\|\lambda)$	10 %	11 %	13 %	14 %	17 %	20 %

Tabelle 4.2: Bilanzielle Wachstumsraten in Abhängigkeit von α

Gemäß Tabelle 4.1 ist geplant, die Verschuldungsquote in den kommmenden sechs Perioden um dreißig Prozentpunkte zu senken. Das bedeutet nichts anderes, als daß Fremdkapital relativ zu Eigenkapital abgebaut wird. Soll jedoch gleichzeitig die Unternehmung wachsen und dabei jeder Euro an Neuinvestition mit 50 Cent fremdfinanziert werden, dann muß offenbar sehr viel Wachstumspotential vorhanden sein. Erscheinen die in der ersten Zeile von Tabelle 4.2 angegebenen Wachstumsraten unrealistisch, dann muß – bei gegebener Finanzierungspolitik – mehr Eigenkapital eingesetzt werden, z.B. 60 Cent pro Euro an Investition oder sogar 70 Cent. Abbildung 4.6 veranschaulicht die Verläufe grafisch. ♠

---

29 Vgl. die Ausführungen in Unterabschnitt 1.1.3. Nur, weil beispielsweise eine Maschine mit Fremdkapital bezahlt wird, lassen sich mit dem damit hergestellten Produkten keine höheren Umsatzerlöse erzielen, die sich etwa in höheren Kundenforderungen, und damit einem höheren Buchwert, niederschlagen.

30 Eine solche Vorgehensweise nennt man auch »reverse engineering«. Analysten gehen häufig ähnlich vor, wenn sie fragen, welches Wachstum eine Unternehmung künftig aufweisen muß, damit der aktuell beobachtete Marktpreis gerechtfertigt erscheint (implied growth rate). Analog wird in der Optionspreisbewertung vom aktuellen Aktienkurs auf die zugrundeliegende Volatilität einer Aktie geschlossen (implied volatility).

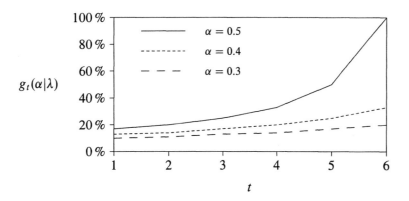

Abbildung 4.6: Durch die in Tabelle 4.1 angegebene Finanzierungspolitik geforderte Wachstumsraten $g_t(\alpha)$ für verschiedene Werte α

4.2.5 Modellerweiterung

Es stellt sich die Frage, ob die Annahme einer im Zeitablauf konstanten Fremdfinanzierungsrate möglicherweise gelockert werden kann. In der Tat kann dem Modell ohne weiteres eine zeitabhängige, aber deterministische, Fremdfinanzierungsrate zugrundegelegt werden. Nimmt man also an, daß die folgende Bedingung

$$\frac{\Delta \widetilde{BD}_t}{\Delta \widetilde{BV}_t} = \alpha_t$$

für jede Periode $t = 1, \ldots, T$ erfüllt ist, so resultieren wiederum sichere Steuervorteile, die mit Hilfe folgender Gleichung bewertet werden können:[31]

$$V_{0,T}^{ts} = \sum_{t=1}^{T} \prod_{i=1}^{t-1} \frac{\tau \cdot r_f \cdot BV_0 \cdot \lambda_{t-1}}{(1 + r_f)^t} \cdot \frac{(\lambda_{i-1} - \alpha_i)}{(\lambda_i - \alpha_i)}. \qquad (4.22)$$

---

31 Auf die Herleitung von Gleichung (4.22) wird verzichtet. Die Vorgehensweise ist identisch zur Herleitung von Gleichung (4.15).

Der Buchwert des fremdfinanzierten Unternehmens wächst nun in Periode t mit einer Rate, die durch die folgende Gleichung beschrieben ist:[32]

$$g_t(\alpha_t|\lambda) = -\frac{\Delta\lambda_t}{\lambda_t - \alpha_t}.$$

Um eine Folge von Wachstumsraten $\{g_t\}_{t=1}^T$ zu generieren, muß nun – abgesehen von den exogen vorgegebenen Verschuldungsquoten – zusätzlich über die Höhe von $\{\alpha_t\}_{t=1}^T$ entschieden werden. Es ist fraglich, ob sich in der praktischen Umsetzung dieses »Mehr« an Flexibilität auch tatsächlich auszahlt. Zwar eröffnen $T-1$ mehr Freiheitsgrade als im Ausgangsmodell zweifellos einen nahezu unbegrenzten Spielraum – sinnvolle Szenariovergleiche sind aufgrund der gestiegenen Komplexität jedoch kaum mehr möglich.

Überschaubare Ergebnisse lassen sich allenfalls dann erreichen, wenn die Folge $\{\alpha_t\}_{t=1}^T$ selbst wieder parametrisiert wird. So könnte etwa angenommen werden, daß die folgende Beziehung

$$\alpha_t = \alpha_{t-1} + (\lambda_t - \lambda_{t-1}) \cdot \gamma^t \tag{4.23}$$

für $t = 1,\dots,T$ erfüllt ist. Formal hängt α_t nun von α_0 sowie von γ ab: $\alpha_t = \alpha_t(\alpha_0, \gamma|\lambda)$.[33] Dahinter steckt folgende Überlegung: Wenn etwa $\gamma > 1$ gewählt wird, so resultiert $\Delta\alpha_t > \Delta\lambda_t$, und diese Differenz wird im Zeitablauf immer größer. Für die in Tabelle 4.1 angegebene Finanzierungspolitik resultieren dann Wachstumsraten, die anfangs stark und später weniger stark fallen. Abbildung 4.7 veranschaulicht den Zusammenhang für verschiedene Werte von α_0 und γ. Die hier modellhaft abgebildeten Wachstumsverläufe finden sich auch in der Realität wieder. Wiederum lohnt es sich, einen Blick in die Arbeit von *Nissim und Penman* (2001) zu werfen.

Die beiden Autoren haben unter anderem untersucht, wie sich Bilanzkennzahlen im Zeitablauf entwickeln. Mit Blick auf die Prognose künftiger Einzahlungsüberschüsse interessierten sie sich insbesondere für die Frage, ob diese

---

32 Zur Erinnerung: Es gilt $\lambda \equiv \{\lambda_t\}_{t=1}^T$.

33 Gleichung (4.23) impliziert offenbar:

$$\alpha_t(\alpha_0, \gamma|\lambda) = \alpha_0 + \sum_{j=1}^t \Delta\lambda_j \cdot \gamma^j.$$

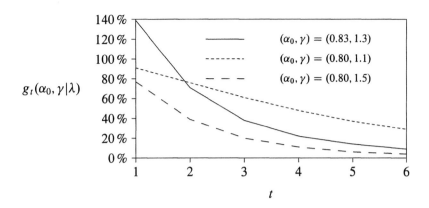

$g_t(\alpha_0, \gamma | \lambda)$

Abbildung 4.7: Fallende Wachstumsraten $g_t(\alpha_0, \gamma)$ für verschiedene Werte (α_0, γ)

Kennzahlen gegen typische Durchschnittswerte konvergieren. Zu diesem Zweck untersuchten sie die Verläufe verschiedener Kennzahlen über Abschnitte von jeweils fünf Jahren zwischen 1964 und 1999 für alle an der NYSE und AMEX gelisteten Unternehmen.[34] Abbildung 4.8 verfolgt die Wachstumsraten des hier mit BV_t bezeichneten Buchwerts für jeweils fünf Jahre – ausgehend von einem Basisjahr – für 10 Unternehmensgruppen, die sich in der Höhe der Wachstumsrate im Basisjahr unterscheiden. Angefangen von den 10 % der Unternehmen mit den höchsten Wachstumsraten bis hinunter zu den 10 % der Unternehmen mit den niedrigsten Wachstumsraten.[35] Es ist deutlich erkennbar, das die Wachstumsraten gegen einen gemeinsamen Wert konvergieren.

Liegt eine solche Situation vor, können mit Hilfe der hier vorgestellten Modellerweiterung diese Wachstumsverläufe abgebildet werden, wie ein Vergleich mit Abbildung 4.7 zeigt. Dabei muß allerdings mit Nachdruck betont werden, daß diese Konvergenzeigenschaften nur dann nachgewiesen werden können, wenn die Bilanz so reformuliert wird wie in Unterabschnitt 2.2.2 demonstriert.

---

34 Für weitere methodische Einzelheiten siehe *Nissim und Penman* (2001), S. 139 ff.

35 Insbesondere nach Aquisitionen weisen Unternehmen typischerweise überdurchschnittlich hohe Wachstumsraten des Buchwerts auf. Entsprechen finden sich negative Wachstumsraten bei Unternehmungen die selbst aquiriert worden sind.

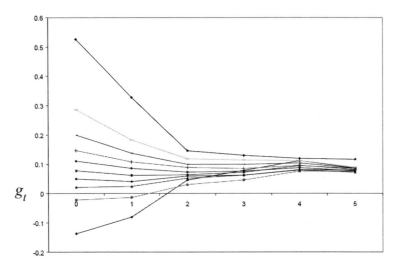

Abbildung 4.8: Beispielhafte Wachstumsraten g_t im Zeitablauf [Quelle: *Nissim und Penman* (2001), Figure 4d (S. 142).]

4.2.6 Unsichere freie Cashflows, aber sichere Buchwerte?

Kernresultat dieses Bewertungsmodells bilden Buchwerte, die zukünftig deterministisch sind. Die künftigen freien Cashflows sowie die künftigen Marktwerte sind jedoch naturgemäß stochastisch. Insofern stellt sich die Frage, ob ein realistisches Miteinander beider Eigenschaften vorstellbar ist. Zunächst ist unbestritten: Werden zukünftig sichere Einzahlungsüberschüsse erzielt, dann resultieren ebenfalls sichere Buchwerte.[36] Daraus kann nicht unmittelbar gefolgert werden, daß sichere Buchwerte wiederum sichere Cashflows implizieren. Hierfür können zwei Gründe angeführt werden:

(1) Eine Folge von Zahlungen wird in eine Folge von Buchgewinnen abgebildet, indem die Zahlungen intertemporal periodisiert werden. Die dabei entstehenden Differenzen werden als Veränderungen der Buchwerte erfaßt (Prinzip der doppelten Buchführung).[37] Entsprechend läßt sich der freie Cashflow gemäß Satz 2.1 wie folgt bestimmen:

$$\widetilde{CF}_t = \widetilde{OI}_t - \Delta \widetilde{BV}_t.$$

---

36 Dabei wird freilich vorausgesetzt, daß die Ansatz- und Bewertungsvorschriften des Rechnungslegungssystems zukünftig unverändert bleiben.

37 Vgl. *Baetge, Kirsch und Thiele* (2007), S. 612.

Insofern implizieren sichere Buchwerte also erst dann sichere Cashflows, wenn gleichzeitig auch die Buchgewinne deterministisch sind. Anders ausgedrückt: Solange eine Zahlung unmittelbare Erfolgswirksamkeit entfaltet, spielt der Grad an Unsicherheit in bezug auf den Buchwert überhaupt keine Rolle.

Um diesen Aspekt zu illustrieren, sei noch einmal auf das zu Anfang des vorletzten Kapitels dargestellte Beispiel zurückgegriffen:[38] Es wird ein zweiperiodiges Modell betrachtet, wobei Steuern der Einfachheit halber aus der Betrachtung ausgeblendet werden. Eine Unternehmung wird zum Ende der Periode $t = 0$ gegründet, indem eine Maschine zum Preis von 1 000 € erworben wird. Diese Maschine wird über zwei Perioden genutzt. Dabei werden Umsatzeinzahlungen in Höhe von 800 € in Periode $t = 1$ und 700 € in Periode $t = 2$ erwartet. Zum Ende von Periode $t = 2$ wird die Unternehmung liquidiert; die erwarteten Abbruchkosten betragen 200 €. Tabelle 4.3 enthält die verschiedenen Ein- und Auszahlungen sowie den erwarteten freien Cashflow $E\left[\widetilde{CF}_t\right]$.

t	0	1	2
Kauf Maschine	$-1\,000$		
Umsatzeinzahlungen		800	700
Abbruchkosten			-200
Freier Cashflow $\left[\widetilde{CF}_t\right]$	$-1\,000$	800	500

Tabelle 4.3: Ausgangsbeispiel: Unsichere freie Cashflows

Die Maschine wird als Vermögensgegenstand aktiviert und in den beiden Folgeperioden jeweils zur Hälfte abgeschrieben. Die zum Ende von Periode $t = 2$ anfallenden Abbruchkosten werden erst einmal nicht durch eine Rückstellung in Periode $t = 1$ berücksichtigt. Die Umsatzerlöse entsprechen genau den Umsatzeinzahlungen. Als Konsequenz ist die Veränderung des Buchwerts in den Perioden $t = 1, 2$ ausschließlich auf die Abschreibungen zurückzuführen. Da diese aber bereits im Bewertungszeitpunkt bekannt sind, ist die künftige Entwicklung des Buchwerts aus Sicht von $t = 0$ nicht mehr stochastisch! Die Unsicherheit der freien Cashflows wird allein durch die Buchgewinne abgebildet, wie in Tabelle 4.4 angegeben.

---

38 Vgl. Abschnitt 2.1.

t	0	1	2
Umsatzerlöse	0	800	700
Abschreibungen	0	−500	−500
Abbruchkosten	0	0	−200
Buchgewinn $\mathrm{E}\left[\widetilde{OI}_t\right]$	0	300	0
Buchwert BV_t	1 000	500	0

Tabelle 4.4: Fortführung des Beispiels: Sichere Buchwerte und unsichere Buchgewinne

Für dieses Beispiel führt das Erfordernis deterministischer Buchwerte also zu überhaupt keinen Einschränkungen für die leistungswirtschaftlichen Aktivitäten.[39] Beispielsweise läßt sich der erwartete Cashflow für Periode $t = 1$ wie folgt aus den Planbuchwerten und Plangewinnen bestimmen:

$$\mathrm{E}\left[\widetilde{CF}_1\right] = \mathrm{E}\left[\widetilde{OI}_1\right] - \Delta\, BV_1.$$
$$= 300 - (500 - 1\,000) = 800.$$

(2) Es läßt sich ein zweites Argument anführen, um die Existenz deterministischer Buchwerte zu rechtfertigen. Besteht der Buchwert zu einem beliebigen Zeitpunkt $t > 0$ beispielsweise aus n verschiedenen Vermögensgegenständen und m verschiedenen Schulden, so beschreibt Gleichung (4.24) die für diesen Zeitpunkt einzuhaltende Restriktion:[40]

$$BV_t = \widetilde{A}_{1t} + \widetilde{A}_{2t} + \cdots + \widetilde{A}_{nt} - \widetilde{OL}_{1t} - \widetilde{OL}_{2t} - \cdots - \widetilde{OL}_{mt}. \qquad (4.24)$$

Wenn also im Bewertungszeitpunkt mit BV_t die Summe der Vermögensgegenstände und Schulden für den Zeitpunkt t als sicher unterstellt wird, so gilt dies natürlich nicht zwangsläufig für jeden einzelnen Summanden! Bei den in Gleichung (4.24) angegebenen Vermögensgegenständen und Schulden kann es sich insofern nach wie vor um Zufallsvariablen handeln. Allerdings wird die Stochastik dieser Größen nicht nur durch exogene Einflüsse hervorgerufen, die

---

39 In der Literatur finden sich häufig Modelle, bei denen der Buchgewinn bis auf die Abschreibungen aus zahlungswirksamen Bestandteilen besteht, siehe beispielsweise *Casey* (2004); *Essler, Kruschwitz und Löffler* (2004).

40 Vgl. Definitionsgleichung (2.4) auf Seite 75.

vom Unternehmen nicht beeinflußt werden können, sondern auch durch Gestaltungsspielräume, die sich durch Ansatz- und Bewertungsvorschriften eines Rechnungslegungssystems möglicherweise ergeben. So belegt eine Vielzahl empirischer Studien, daß bilanzpolitische Maßnahmen zu verschiedenen Zwecken eingesetzt werden: zur Gewinnglättung, zur Gewinnminimierung – aber auch, um bestimmte Zielgrößen zu erreichen.[41] Es braucht an dieser Stelle gar nicht begründet werden, welche Anreize für Bilanzpolitik im einzelnen bestehen; vielmehr reicht es, schlicht und einfach darauf zu verweisen, daß bilanzpolitische Instrumente offenbar erfolgreich eingesetzt werden.[42] Solange also Geschäftsvorfälle existieren, für die Abbildungsspielräume im Jahresabschluß bestehen, ist die Einhaltung der durch Gleichung (4.24) beschriebenen Restriktion in gewissem Rahmen sichergestellt.[43] Dabei gilt: Je mehr Wahlrechte und Ermessensspielräume das Rechnungslegungssystem zuläßt, desto breiter wird der Rahmen.[44]

Um die Grundidee zu veranschaulichen, wird das soeben diskutierte Beispiel fortgeführt. Für Periode $t = 1$ sei ein zusätzliches Investitionsprojekt mit einer erwarteten Auszahlung von $\bar{I} = 100$ € geplant. Gleichzeitig soll in Periode $t = 1$ eine Rückstellung für die erwarteten Abbruchkosten in Höhe von $\bar{\gamma} = 100$ € gebildet werden. Gegenüber dem Ausgangsbeispiel ergibt sich aus Sicht des Bewertungszeitpunkts ein erwarteter Buchwert von

$$\mathrm{E}\left[\widetilde{BV}_1\right] = 500 + \bar{I} - \bar{\gamma} = 500.$$

Zum Ende von Periode $t = 1$ wird die tatsächliche Investitionsauszahlung $\widetilde{I}$ typischerweise vom Erwartungswert $\bar{I}$ abweichen. Hat das Management Ermessensspielräume in bezug auf die Höhe der zu bildenden Rückstellung, so

---

41 Ein umfassender Überblick findet sich beispielsweise in *Fields, Lys und Vincent* (2001).

42 Zur theoretischen Begründung von Bilanzpolitik siehe *Wagenhofer und Ewert* (2007), S. 237 ff.

43 Auch wenn die in Gleichung (4.24) angegebenen Zufallsvariablen durch das Management gestaltbar sind, verlieren sie im Bewertungszeitpunkt nicht ihren stochastischen Charakter, da über eine konkrete bilanzpolitische Maßnahme erst zukünftig entschieden werden muß.

44 Einen Überblick über handels- und steuerrechtliche Ansatz- und Bewertungsspielräume geben *Bitz, Schneeloch und Wittstock* (2003), S. 673 ff.

ergibt sich der Buchwert im Zeitpunkt $t = 1$ wie folgt:

$$\widetilde{BV}_1 = 500 + \widetilde{I} - \widetilde{\gamma}$$
$$= \mathrm{E}\left[\widetilde{BV}_1\right] + (\widetilde{I} - \bar{I}) - (\widetilde{\gamma} - \bar{\gamma}).$$

Offenbar kann eine Abweichung des realisierten Buchwerts von seinem Erwartungswert vermieden werden, wenn der Investitionsschock $\widetilde{I} - \bar{I}$ durch eine Anpassung der Rückstellung aufgefangen wird:

$$\widetilde{\gamma}(\widetilde{I}) = \bar{\gamma} + (\widetilde{I} - \bar{I}).$$

In diesem Zusammenhang ist es wichtig zu betonen, daß zur Einhaltung der Restriktionen auch Rückstellungen herangezogen werden können, die steuerlich nicht anerkannt sind, wie beispielsweise Aufwandsrückstellungen, die gemäß § 249 (2) Satz 2 HGB gebildet werden dürfen.

4.3 Cashfloworientierte Investitionspolitik

4.3.1 Vorüberlegungen

Ein Grundprinzip der Bewertung einer Unternehmung besteht darin, deren zukünftige (erwartete) Zahlungsüberschüsse mit Hilfe von Kapitalkosten auf den Bewertungszeitpunkt abzuzinsen und dann aufzuaddieren. Hinter dem geläufigen Begriff der »Kapitalkosten« können sich jedoch verschiedene theoretische Konzepte verbergen.[45] So können Kapitalkosten z.B. als »bedingte erwartete Rendite« oder als »Diskontierungszinssatz« aufgefaßt werden.[46] *Laitenberger und Löffler* (2006) haben gezeigt, daß beide Konzepte unter bestimmten Bedingungen äquivalent sind. Zunächst ist folgende Annahme zu treffen:[47]

Annahme 4.3 (Schwach autoregressive Cashflows) *Es existieren reelle Zahlen ξ_t, so daß für alle Perioden t gilt:*

$$\mathrm{E}\left[\widetilde{CF}_{t+1}|\mathcal{F}_t\right] = \xi_t \cdot \widetilde{CF}_t. \tag{4.25}$$

---

45 Siehe die Diskussion in *Kruschwitz und Löffler* (2006), S. 4 ff.

46 Vgl. die Ausführungen in Unterabschnitt 1.1.4.

47 Vgl. *Laitenberger und Löffler* (2006), S. 296.

Augenfällig ist die Ähnlichkeit zwischen Annahme 4.3 und einem autoregessiven Prozeß erster Ordnung, der in der statistischen Zeitreihenanalyse eine wichtige Rolle spielt.[48] Und in der Tat weisen beide Prozesse eine Reihe von Gemeinsamkeiten auf. So impliziert Gleichung (4.25) autokorrelierte Cashflows, deren Störgrößen

$$\widetilde{\epsilon}_{t+1} := \widetilde{CF}_{t+1} - \xi_t \cdot \widetilde{CF}_t$$

unkorreliert sind.[49]

Es gibt jedoch auch Unterschiede: So setzt ein AR(1) – Prozeß Stationärität voraus: $\xi_t \in (-1, 1)$. Ferner werden normalverteilte Störgrößen mit homoskedastischer Varianz $E\left[\widetilde{\epsilon}_t^2\right] = \sigma^2$ unterstellt. Demgegenüber sind die Anforderungen von Annahme 4.3 deutlich schwächer. Sie erfordert lediglich $\xi_t \in \mathcal{R}$, keine konkrete Verteilungsannahme und erlaubt heteroskedastische Varianzen der Störgrößen, d.h. $E\left[\widetilde{\epsilon}_t^2\right] = \sigma_t^2$ ist mit Gleichung (4.25) vereinbar.

Der wesentliche Unterschied besteht jedoch darin, daß der erwartete Wachstumsfaktor ξ_t im Gegensatz zu einem AR(1) – Prozeß als zeitlich veränderlich modelliert ist. Diese Tatsache erweitert den Anwendungsbereich des Prozesses erheblich. Man erkennt das, wenn der unbedingte Erwartungswert von Beziehung (4.25) gebildet wird:

$$E\left[E\left[\widetilde{CF}_{t+1}|\mathcal{F}_t\right]|\mathcal{F}_0\right] = \xi_t \cdot E\left[\widetilde{CF}_t|\mathcal{F}_0\right] \tag{4.26}$$

$$\implies \frac{E\left[\widetilde{CF}_{t+1}\right]}{E\left[\widetilde{CF}_t\right]} = \xi_t. \tag{4.27}$$

Kennt der Bewerter also die zukünftigen Erwartungswerte der freien Cashflows, so kann er sicher sein, daß auch die jeweiligen ξ_t existieren – vorausgesetzt, die zugrundeliegenden Erwartungswerte sind ungleich Null.

Weisen die freien Cashflows eines eigenfinanzierten Unternehmens die in Annahme 4.3 formulierte Eigenschaft auf, so kann folgende Aussage getroffen werden:[50]

---

48 Siehe beispielsweise *Greene* (2008) für eine ausführliche Darstellung.
49 Man kann leicht zeigen, daß Beziehung (4.25) Cov $\left[\widetilde{\epsilon}_i, \widetilde{\epsilon}_j\right] = 0$ für $i \neq j$ impliziert, siehe etwa *Kruschwitz und Löffler* (2006), S. 34.
50 Für einen Beweis siehe *Laitenberger und Löffler* (2006).

Satz 4.3 *Sind die freien Cashflows schwach autoregressiv, so beschreibt*

$$\frac{\mathrm{E}\left[\widetilde{CF}_j|\mathcal{F}_t\right]}{(1+k^u)^{j-t}} = \frac{\mathrm{E}_\mathrm{Q}\left[\widetilde{CF}_j|\mathcal{F}_t\right]}{(1+r_f)^{j-t}} \tag{4.28}$$

den Marktwert eines einzelnen Cashflows $\widetilde{CF}_j$ *im Zeitpunkt* $t < j$.

Bevor näher auf praktische Anwendungsmöglichkeiten von Satz 4.3 eingegangen wird, ist zunächst die Frage zu beantworten, ob von der Gültigkeit dieses Resultats in der Realität ausgegangen werden kann. Offenbar ist Annahme 4.3 unabhängig von einer konkreten Wahrscheinlichkeitsverteilung formuliert und stellt eine hinreichende, jedoch keine notwendige, Bedingung für Satz 4.3 dar. Erfüllt also irgendeine Verteilung Beziehung (4.25), so gilt Gleichung (4.28). Umgekehrt sind Situationen denkbar, die das gewünschte Resultat ohne Annahme 4.3 erreichen. Es wurde bereits eingangs erwähnt, daß in der praktischen Unternehmensbewertung typischerweise Erwartungswerte geschätzt und Annahmen über konkrete Wahrscheinlichkeitsverteilungen aus der Betrachtung ausblendet werden. Vor diesem Hintergrund kann auf den in Satz 4.3 formulierten Zusammenhang immer dann zurückgegriffen werden, wenn sich bei gegebenen, und von Null verschiedenen, Erwartungen zumindest *eine* Wahrscheinlichkeitsverteilung finden läßt, die Annahme 4.3 erfüllt. Nun läßt sich aber zeigen, daß immer ein Binomialmodell konstruiert werden kann, das Gleichung (4.25) genügt.[51] Die Nützlichkeit des in Satz 4.3 formulierten Resultats wird deutlich, wenn man sich noch einmal den Marktwert der Steuervorteile gemäß Gleichung (1.21) in Erinnerung ruft:

$$V_0^l = V_0^u + \sum_{t=1}^{T} \frac{\tau \cdot r_f \cdot \mathrm{E}_\mathrm{Q}\left[\widetilde{D}_{t-1}\right]}{(1+r_f)^t}. \tag{4.29}$$

Der praktische Nutzen dieser Gleichung ist begrenzt, weil der Bewerter typischerweise keine Informationen über das risikoneutrale Wahrscheinlichkeitsmaß Q besitzt. *Kruschwitz und Löffler* (2005a) weisen jedoch darauf hin, daß dieses Problem möglicherweise gelöst werden kann, wenn es gelingt, zwischen der künftigen Fremdfinanzierung und den freien Cashflows einen linearen Zusammenhang, etwa in der Form

---

51 Vgl. *Kruschwitz und Löffler* (2005a), S. 31.

$$\widetilde{D}_t = \alpha_t \cdot \widetilde{CF}_t, \qquad (4.30)$$

herzustellen. Wird diese Beziehung in Gleichung (4.29) eingesetzt, so resultiert:

$$V_0^{ts} = \tau \, r_f \left(\frac{\alpha_0 \cdot CF_0}{1 + r_f} + \frac{\alpha_1 \cdot \mathrm{E}_Q\left[\widetilde{CF}_1\right]}{(1 + r_f)^2} + \cdots + \frac{\alpha_{T-1} \cdot \mathrm{E}_Q\left[\widetilde{CF}_{T-1}\right]}{(1 + r_f)^T} \right).$$

$$(4.31)$$

Gleichung (4.31) führt die Bewertung der Steuervorteile auf eine Bestimmung von Erwartungswerten zukünftiger freier Cashflows unter Q zurück.[52] Ohne das Resultat in Satz 4.3 käme man mit dieser Substitution jedoch keinen Schritt weiter. Schließlich beschreibt der Barwert in den runden Klammern von Gleichung (4.31) keineswegs den Marktwert eines eigenfinanzierten Unternehmens. Ist jedoch Annahme 4.3 erfüllt, so besitzen die Kapitalkosten des eigenfinanzierten Unternehmens auch die Eigenschaft von Diskontierungszinssätzen, so daß jeweils $\mathrm{E}_Q\,[\,\cdot\,]$ durch $\mathrm{E}\,[\,\cdot\,]$ und r_f durch k^u ersetzt werden kann:

$$V_0^{ts} = \tau \, r_f \left(\frac{\alpha_0 \cdot CF_0}{1 + r_f} + \frac{\alpha_1 \cdot \mathrm{E}\left[\widetilde{CF}_1\right]}{(1 + k^u)^2} + \cdots + \frac{\alpha_{T-1} \cdot \mathrm{E}\left[\widetilde{CF}_{T-1}\right]}{(1 + k^u)^T} \right). \quad (4.32)$$

Unter Bewertungsgesichtspunkten bereitet Gleichung (4.32) nun keine Probleme mehr.[53]

4.3.2 Die Abhängigkeit der Investitionen vom betrieblichen Cashflow: Theoretische Begründung und empirische Evidenz

In einer Welt mit vollkommenen Kapitalmärkten gäbe es keinen Grund für die Annahme, einen Zusammenhang zwischen den Investitionsaktivitäten eines Un-

---

52 Vgl. *Kruschwitz und Löffler* (2005a), S. 33.

53 Ein klassisches Anwendungsbeispiel stellt der bekannte WACC – Ansatz dar. Hier wird die marktwertorientierte Verschuldungsquote $\widetilde{l}_t$, also das Verhältnis von Marktwert des Fremdkapitals zu Marktwert des fremdfinanzierten Unternehmens, für die Zukunft als deterministisch unterstellt. Setzt man die Beziehung $\widetilde{D}_t = l \cdot \widetilde{V}_t^l$ in Gleichung (4.31) ein, so kann im Ergebnis die WACC – Bewertungsgleichung hergeleitet werden, siehe *Löffler* (2004).

ternehmens und der Höhe seines intern generierten Cashflows zu vermuten. Die benötigten Finanzmittel zur Durchführung eines profitablen (d.h. marktwertsteigernden) Investitionsprojekts könnte das Management problemlos bei externen Kapitalgebern einwerben. Umgekehrt würde ein erwirtschafteter Zahlungsüberschuß stets den externen Financiers in vollem Umfang zur Verfügung gestellt.

Bereits in einer frühen empirischen Studie verweisen *Meyer und Kuh* (1957) auf die große Bedeutung des betrieblichen Cashflows für Investitionsentscheidungen. Aus theoretischer Sicht existieren zwei Erklärungen für einen positiven Zusammenhang zwischen intern erwirtschaftetem Cashflow sowie der Höhe der Investitionsauszahlungen in einer Periode:

1. Die Vertreter der ersten Hypothese vermuten *Marktunvollkommenheiten* als Grund für einen positiven Zusammenhang. Unvollkommene Märkte erschweren die Bereitschaft externer Kapitalgeber, dem Management die notwendigen Finanzmittel zur Durchführung von Investitionsprojekten zur Verfügung zu stellen; u.U. verhindern sie diese ganz. In einer Arbeit von *Myers und Majluf* (1984) führen Informationsasymmetrien dazu, daß Außenfinanzierung kostspieliger als Innenfinanzierung wird, was in der Folge zu einer Beschränkung der Menge der Investitionsmöglichkeiten führt. Verfügen Unternehmen jedoch über einen hinreichend hohen betrieblichen Cashflow, so werden sie aufgrund der niedrigen Kapitalkosten entsprechend mehr investieren. Ferner können Informationsasymmetrien zu Kreditrationierung, also zur Übernachfrage nach Kapital im Gleichgewicht, führen, wie das klassische Resultat von *Stiglitz und Weiss* (1981) zeigt.[54]

2. Die Vertreter der anderen Gruppe verweisen auf *Agency–Konflikte*. So fallen im allgemeinen bei großen Publikumsgesellschaften die Zielvorstellungen des Managements sowie die der Eigentümer auseinander. Die Tätigkeit des Managements ist aber naturgemäß schwer zu überwachen, bzw. ist die Überwachung mit hohen Kosten verbunden. In solchen Situationen ergeben sich für die Geschäftsleitung Anreize zu Überinvestitionen, d.h. sie gibt Geld für Investitionsprojekte aus, die aus ihrer Sicht zwar Nutzen stiften, sich jedoch aus Sicht der Eigentümer als zu kostspielig herausstellen.[55] Mit *Jensen und Meckling* (1976) wären hier etwa überflüssige Investitionen zum persönlichen Wohl oder die Subventionierung schwacher

---

54 Hinsichtlich eines ähnlichen Arguments siehe *Greenwald, Stiglitz und Weiss* (1984).
55 Vgl. *Jensen* (1986) und *Stulz* (1990).

Unternehmensbereiche zu nennen. *Shleifer und Vishny* (1997) verweisen auf wertvernichtende Wachstumsstrategien (»empire building«), und *Morck, Schleifer und Vishny* (1990) untersuchen die These, daß Manager bestimmte Akquisitionen nur deshalb tätigen, um damit das eigene Risiko eines Arbeitsplatzverlusts zu mindern.

Es existiert eine ganze Reihe von Arbeiten, die den Einfluß von Marktbeschränkungen auf die Höhe der Investitionen empirisch bestätigen.[56] Im Kern gehen die Untersuchungen von der These aus, daß Investitionsauszahlungen von Unternehmen, die sich Marktbeschränkungen ausgesetzt sehen, sensibler auf die Verfügbarkeit intern generierter Ressourcen reagieren als Unternehmen ohne Marktbeschränkungen.

Beispielsweise vergleichen *Fazzari, Hubbard und Petersen* (1988) Unternehmen mit hohen und niedrigen Dividendenzahlungen. Die Höhe der Dividendenzahlung wird hierbei als Proxyvariable für das Ausmaß der Marktbeschränkung verwendet. Demnach sollten die Investititionen von Unternehmen mit niedrigen Dividendenzahlungen eine hohe Sensibilität aufweisen, was durch die empirischen Daten bestätigt wird. *Whited* (1992) verwendet die Höhe der Verschuldungsquote als Maß für den Umfang der Marktbeschränkung. Seine Ergebnisse zeigen, daß die Investitionen hoch verschuldeter Unternehmen tendenziell sensibler auf den Umfang des betrieblichen Cashflows reagieren als niedrig verschuldete.

Ein Schwachpunkt dieser Studien ist jedoch, daß die zugrundeliegende Prämisse einer monoton steigenden Sensibilität von Investitionszahlungen auf die Verfügbarkeit intern erwirtschafteter Ressourcen nicht hinreichend theoretisch fundiert ist. Folgerichtig können *Kaplan und Zingales* (1997) diesen Zusammenhang auch für Unternehmen herstellen, die keinerlei Marktbeschränkungen ausgesetzt sind.

Jüngst veröffentlichte Arbeiten scheinen ebenfalls eher die Überinvestitionsthese zu stützen. Beispielsweise zeigen *Fairfield, Whisenant und Yohn* (2003) sowie *Titman, Wei und Xie* (2004), daß Unternehmen mit umfangreichen Investitionsaktivitäten, verbunden mit entsprechendem Wachstum des Buchwerts, unterdurchschnittliche Aktienrenditen erzielen. Zum gleichen Ergebnis kommen *Dechow, Richardson und Sloan* (2004) für Unternehmen, die generell einen ho-

---

56 Siehe etwa *Fazzari, Hubbard und Petersen* (1988) als klassische Referenz; ferner auch *Whited* (1992), *Hsiao und Tahmiscioglu* (1997) oder *Hubbard* (1998).

hen Anteil des betrieblichen Cashflows einbehalten – unabhängig davon, ob damit Liquiditätsreserven aufgebaut werden oder Fremdkapital abgebaut wird. *Richardson* (2006) dokumentiert erstmals für eine große Stichprobe, daß Unternehmen mit hohen freien Cashflows signifikant zu Überinvestitionen neigen.

Im Ergebnis kann festgehalten werden, daß es theoretische Gründe und auch empirische Bestätigung für einen funktionalen Zusammenhang zwischen Investitionsauszahlungen und betrieblichem Cashflow gibt. Da sowohl Informationsasymmetrien als auch Marktunvollkommenheiten außerhalb des hier unterstellten Modellrahmens stehen, spielt es für den weiteren Verlauf keine Rolle, welcher der beiden Erklärungsansätze die Realität besser beschreibt.

4.3.3 Beschränkung auf einen linearen Zusammenhang

Aufgrund seiner Nichtlinearität eignet sich der eingangs erwähnte Zusammenhang nicht für die praktische Umsetzung in der Unternehmensbewertung. Es bietet sich der Einfachheit halber an, von einem linearen Zusammenhang zwischen Investitionsauszahlungen $\widetilde{Inv}_t$ und betrieblichem Cashflow nach Steuern auszugehen:

$$\widetilde{Inv}_t = \alpha_t \cdot \underbrace{\left(\widetilde{C}_t - \widetilde{Tax}_t^u \right)}_{=: \widetilde{C}_t^{\text{tax}}}. \tag{4.33}$$

Gleichung (4.33) unterstellt einen deterministischen, nicht jedoch einen konstanten Zusammenhang zwischen den beiden Zufallsvariablen $\widetilde{Inv}_t$ und $\widetilde{C}_t^{\text{tax}}$; im Bedarfsfalle kann somit für jede Periode t ein anderes α_t gewählt werden. Erwartet man beispielsweise für eine beliebige Periode t einen negativen betrieblichen Cashflow, so können dennnoch Investitionsprojekte in Angriff genommen werden, wenn ein $\alpha_t < 0$ gewählt wird. Umgekehrt sind Desinvestitionen ebenso mit einem positiven Cashflow vereinbar.

Im Zeitpunkt $t = 0$ entfaltet Beziehung (4.33) für den Bewerter keinerlei Einschränkungen. Bildet man für einen beliebigen Zeitpunkt $t > 0$ den klassischen Erwartungswert, so wird dies offensichtlich:

$$\mathrm{E}\left[\widetilde{Inv}_t \right] = \alpha_t \cdot \mathrm{E}\left[\widetilde{C}_t^{\text{tax}} \right]. \tag{4.34}$$

Augenscheinlich läßt sich stets eine reelle Zahl α_t finden, die bei gegebenen Erwartungen (ungleich Null) Beziehung (4.34) erfüllt. Einschränkungen ergeben sich, wenn die Planungen in der Zukunft umgesetzt werden sollen, da α_t zwar zeit-, nicht jedoch zustandsabhängig ist. Angenommen, im Zeitpunkt $t = 0$ erwartet der Bewerter für die Periode $t = 3$ einen betrieblichen Cashflow von $E[\widetilde{C}_3^{\text{tax}}] = 120$ € und plant Investitionen in Höhe von $E[\widetilde{Inv}_3] = 60$ €, muß er insofern $\alpha_3 = 50\%$ voraussetzen. Wird nun in Periode $t = 3$ festgestellt, daß entgegen den ursprünglichen Erwartungen operativ »viel« Geld erwirtschaftet wird, so muß konsequenterweise auch »viel« investiert werden; bzw. fallen die Investitionen entsprechend dürftig aus, wenn der betriebliche Cashflow niedriger ist als ursprünglich erwartet. Noch deutlicher zeigt sich die Einschränkung, wenn sich herausstellt, daß operativ beispielsweise ein Verlust in Höhe von $C_3^{tax} = -20$ € erzielt wird. In dieser Situation ist das Management gezwungen, Desinvestitionen in Höhe von $Inv_3 = -10$ € vorzunehmen.

Um Bewertungsgleichung (4.32) anwenden zu können, muß ein linearer Zusammenhang mit den freien Cashflows hergestellt werden. Das läßt sich jedoch wegen $\widetilde{CF}_t = \widetilde{C}_t^{\text{tax}} - \widetilde{Inv}_t$ einfach durch Umstellen von Beziehung (4.33) erledigen:[57]

$$\widetilde{Inv}_t = \frac{\alpha_t}{1 - \alpha_t} \cdot \widetilde{CF}_t. \qquad (4.35)$$

Die Bedingung $\alpha_t \neq 1$ entfaltet im Bewertungszeitpunkt keine Einschränkung, da die Annahme schwach autoregressiver Cashflows notwendigerweise erwartete freie Cashflows ungleich Null voraussetzt.[58]

4.3.4 Der Ansatz von Kruschwitz und Löffler

Angesichts der in Unterabschnitt 4.3.1 diskutierten Grundgleichung (4.32) erscheint die Formulierung von Gleichung (4.35) auf den ersten Blick wenig hilfreich, da sie lediglich ein Zusammenhang zwischen zwei Zahlungsgrößen herstellt.

---

57 Sinngemäß entspricht Gleichung (4.35) der zweiten Gleichung auf Seite 86 in *Kruschwitz und Löffler* (2006), die jedoch einen Druckfehler enthält. Richtig lautet sie: $\widetilde{Inv}_t = \frac{\beta_t}{1-\beta_t}\widetilde{FCF}_t^u$.

58 Vgl. die Ausführungen auf Seite 157.

Um eine Beziehung zwischen Zahlungs- und Erfolgsebene zu erhalten, treffen *Kruschwitz und Löffler* (2006) folgende Annahme:[59]

$$-\widetilde{oac}_t = \frac{1}{n}\left(\widetilde{Inv}_{t-1} + \cdots + \widetilde{Inv}_{t-n}\right). \qquad (4.36)$$

Erfüllt das Rechnungslegungssystem die Clean – Surplus – Eigenschaft, so gilt Beziehung (2.12):[60]

$$\Delta \widetilde{BV}_t = \widetilde{oac}_t + \widetilde{Inv}_t.$$

Einsetzen von (4.36) liefert

$$\Delta \widetilde{BV}_t = \widetilde{Inv}_t - \frac{1}{n}\left(\widetilde{Inv}_{t-1} + \cdots + \widetilde{Inv}_{t-n}\right). \qquad (4.37)$$

Im Rahmen einer buchwertorientierten Finanzierungspolitik (vgl. Definition 4.1) ist wegen $\widetilde{BD}_t = \lambda_t \cdot \widetilde{BV}_t$ die Planung der künftigen Buchwerte zentral für die Bestimmung zukünftiger Steuervorteile. Gemäß Gleichung (4.37) hängt $\{\widetilde{BV}_t\}_{t=1}^T$ nun ausschließlich von den budgetierten Investitionszahlungen ab – von Größen also, die für die Bewertung des eigenfinanzierten Unternehmens ohnehin benötigt werden.

Wird zusätzlich Gleichung (4.35) in Gleichung (4.37) eingesetzt, so resultiert in der Tat der gemäß Gleichung (4.30) erforderliche, lineare Zusammenhang zwischen Fremdkapital und den freien Cashflows der Unternehmung. Unter diesen Voraussetzungen gelingt es den beiden Autoren, eine Bewertungsgleichung für das fremdfinanzierte Unternehmen herzuleiten.[61] Diese läßt sich problemlos in ein Tabellenkalkulationsprogramm implementieren.[62]

Allerdings stellt die in (4.37) formulierte Annahme einige Bedingungen an die dem Management zur Verfügung stehende Menge an Investitionsprojekten:

1. Alle Projekte müssen eine identische Lebensdauer von n Perioden aufweisen.

---

59 Siehe Annahme 2.9 in *Kruschwitz und Löffler* (2006). Der Unterschied im Vorzeichen beruht lediglich auf einer anderen Definition der Periodenabgrenzungen.

60 Vgl. Annahme 2.1 auf Seite 87. Siehe auch die erste Gleichung auf Seite 83 in *Kruschwitz und Löffler* (2006).

61 Vgl. Theorem 2.17 in *Kruschwitz und Löffler* (2006).

62 Vgl. *Essler, Kruschwitz und Löffler* (2005).

2. Die zu Beginn eines jeden Projekts anfallende Investitionsauszahlung wird stets zu ihren Anschaffungs- oder Herstellungskosten aktiviert sowie

3. in den Folgeperioden linear abgeschrieben.

Das Rechnungslegungssystem ist also denkbar einfach modelliert: Mit der Laufzeit n für die zukünftig durchzuführenden Investitionsprojekte steht ein einziger Parameter zur Verfügung, der – im Zusammenspiel mit den erwarteten freien Cashflows – die Bestimmung der Plan – Bilanzen sowie der Plan – GuV erlaubt.

Für diese Einfachheit wird jedoch ein hoher Preis bezahlt, denn es können nur jene Unternehmen bewertet werden, deren Investitionsprogramm sowohl die eingangs erwähnten Voraussetzungen von Annahme (4.36) als auch die Ansatz- und Bewertungsvorschriften des jeweils verwendeten Rechnungslegungssystems erfüllt. Bilanziert das betreffende Unternehmen beispielsweise nach den Grundsätzen ordnungsmäßiger Buchführung, die über § 5 (1) Satz 1 EStG maßgeblich für die steuerliche Gewinnermittlung sind, so ergeben sich folgende Schwierigkeiten:

– Abweichungen von der vorgegebenen Nutzungsdauer von n Perioden sind nicht möglich.

– Infrage kommen ferner nur Investitionsprojekte, deren Anfangsauszahlungen die Vermögensgegenstandskriterien erfüllen, und denen kein konkretes Aktivierungsverbot entgegensteht.[63] Beispielsweise dürften selbsterstellte Projekte, die zu immateriellen Vermögensgegenständen des Anlagevermögens führen, nicht in Angriff genommen werden, da § 248 (2) HGB explizit eine Aktivierung solcher Vermögensgegenstände verbietet, so daß Beziehung (4.36) verletzt wäre.

– Einzig zulässige Abschreibungsmethode ist die lineare Verteilung der Investitionsauszahlung. So ist eine Anwendung der, häufig aus steuerlichen Gründen gewählten, degressiven Abschreibung ausgeschlossen.

– Ausschließlich planmäßige Abschreibungen sind als Periodenabgrenzungen zugelassen. Damit wird unterstellt, daß alle anderen Bestandteile des betrieblichen Cashflows unmittelbar erfolgswirksam erfaßt werden – mit

---

63 Vgl. ausführlich *Moxter* (2007), S. 6 ff.

weitreichenden Konsequenzen: Unternehmen hätten keine Möglichkeit, Absatz- und Beschaffungsschwankungen durch ein Umlaufvermögen auszugleichen. Ein Handelsunternehmen müßte seine Warenbeschaffung in jeder Periode exakt an den Absatz der laufenden Periode anpassen. Industrieunternehmen stünden vor der Herausforderung, die Beschaffung von Rohstoffen und Vorprodukten, ihre Produktion sowie den Absatz der Endprodukte in jeder Periode mengenmäßig auszugleichen. Mehrperiodige Fertigungsaufträge, wie im Baugewerbe oder beim Flugzeugbau üblich, könnten nicht realisiert werden. Weder hätten Unternehmen die Möglichkeit, ihren Kunden Zahlungsziele einzuräumen, noch könnten sie für etwaige Forderungsausfälle Sorge tragen.

Im folgenden wird diskutiert, wie man Gleichung (4.36) so verallgemeinern kann, daß die soeben aufgeführten Einschränkungen vermieden werden.

4.3.4.1 Eine modifizierte Annahme

Beliebige Projektlaufzeiten, bei gleichzeitig variablen Abschreibungsmethoden, lassen sich durch die Einführung einer reicheren Notation leicht implementieren.

Es wird unterstellt, daß die Investitionsauszahlung $\widetilde{Inv}_t$ in der Bilanz aktiviert und über die Nutzungsdauer mit Hilfe des Vektors

$$\phi_t = (\phi_{t,1}, \phi_{t,2}, \ldots, \phi_{t,n^*}) \tag{4.38}$$

auf zukünftige Perioden verteilt wird. Der Abschreibungskoeffizient $\phi_{t,i}$ entspricht dabei dem Anteil des in Periode t aktivierten Investitionsprojekts, der Periode i als Aufwand zugewiesen wird. Dabei orientiert sich der Parameter n^* an dem Projekt mit der längsten Laufzeit. Für Projekte mit kürzerer Laufzeit gilt dann entsprechend:

$$\widehat{n} < n^* \implies \phi_{t,i} = 0 \quad \text{für} \quad i = \widehat{n} + 1, \ldots, n^*.$$

Damit exakt die Investitionsauszahlung über die Zeit verteilt wird (und nicht mehr oder weniger) müssen die Abschreibungskoeffizienten folgende Restriktion einhalten:

$$\sum_{i=1}^{n} \phi_{t,i} = 1 \qquad \forall t.$$

Die eingangs erwähnte, lineare Abschreibung erhält man, indem $\phi_{t,i} = \frac{1}{n}$ für $i = 1, \ldots, n$ für ein beliebiges Projekt gewählt wird. Tabelle 4.5 gibt einen beispielhaften Überblick über weitere Abschreibungskoeffizienten.

t	1	2	3	4	5
Arithmetisch – Degressiv (AD)	0.40	0.30	0.20	0.10	0.00
Degressiv/Linear (AL)	0.30	0.21	0.14	0.07	0.07
Linear (L)	0.20	0.20	0.20	0.20	0.20
Linear mit Restwert (LR)	0.10	0.10	0.10	0.10	0.60

Tabelle 4.5: Beispiele für mögliche Abschreibungskoeffizienten

Neben der arithmetisch – degressiven oder der linearen Abschreibung ist auch die häufig zu findende Kombination aus degressiver Abschreibung (bei einem Abschreibungssatz von 30 %) mit anschließendem Wechsel in die lineare Abschreibung (ab der 4. Periode) oder die Berücksichtigung eines zukünftigen Restwerterlöses denkbar.

Auch unterschiedliche Projektlaufzeiten sind miteinander vereinbar. So wird bei der arithmetisch – degressiven Abschreibung z.B. eine Projektdauer von nur vier Jahren unterstellt; der entsprechende Abschreibungskoeffizient für das fünfte Jahr wird dann auf Null gesetzt. Abbildung 4.9 veranschaulicht den entsprechenden Verlauf des Restbuchwerts bei einer beispielhaften Aktivierung von einem Euro.

Wird die rechte Seite von Gleichung (4.36) durch Beziehung (4.38) ersetzt, so liefert Einsetzen in Gleichung (4.37):

$$\Delta \widetilde{BV}_t = \widetilde{Inv}_t - \sum_{i=1}^{n} \phi_{t-i,i} \cdot \widetilde{Inv}_{t-i}. \qquad (4.39)$$

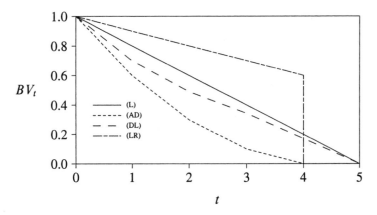

Abbildung 4.9: Entwicklung des Buchwerts einer Investitionsauszahlung von 1 € bei verschiedenen Abschreibungsmethoden

Gemäß Gleichung (4.39) erhöht sich der Buchwert in Periode t um die aktuelle Investitionsauszahlung und vermindert sich um die Abschreibungen der bereits bestehenden Projekte. Bezogen auf ein einzelnes Investitionsprojekt weist der Buchwert jedoch stets einen monoton fallenden Verlauf auf.

Häufig kann das Anschaffungskostenprinzip jedoch nicht eingehalten werden. So dürfen nach deutschem Handelsrecht immmaterielle Vermögenswerte des Anlagevermögens überhaupt nicht aktiviert werden, sondern werden durch das Rechnungslegungssystem sofort aufwandswirksam erfaßt, obwohl beispielsweise Auszahlungen, die ein Pharmaunternehmen für die Entwicklung eines neuen Wirkstoffes tätigt, vom ökonomischen Standpunkt aus gesehen Investitionen sind.

Ferner kann nicht immer vorausgesetzt werden, daß die bilanzielle Abbildung von Investitionsprojekten stets die erforderliche Monotonieeigenschaft aufweist. Der typische Verlauf eines Produktlebenszyklus bildet hierfür ein gutes Beispiel.[64] So kann es vorkommen, daß der Buchwert anfangs sogar wächst und damit künftige Einzahlungen vorwegnimmt. Diese Situation tritt typischerweise bei langfristigen Fertigungsprojekten auf, wie das folgende Beispiel zeigt:

---

64 Zur Zurechnung der einem Produkt während seines gesamten Lebenszyklus zuzurechnenden Kosten im Rahmen der Lebenszykluskostenrechnung siehe ausführlich *Ewert und Wagenhofer* (2008), S. 291 ff.

Beispiel: Eine Unternehmung plant einen langfristigen Fertigungsauftrag. Start des Projekts ist der Beginn von Periode $t = 0$; die geplante Laufzeit beträgt 5 Perioden. Mit dem Käufer ist ein Kaufpreis von 1 300 € vereinbart, der zum Ende von Periode $t = 5$ gezahlt wird. Das Management veranschlagt Materialkosten von insgesamt 600 €, die bei annahmegemäß gleichmäßigem Baufortschritt zu betrieblichen Auszahlungen von 120 € je Periode führen. Zusätzlich wird zum Ende der Periode $t = 0$ eine Maschine zum Preis von 100 € erworben, die eine Nutzungsdauer von vier Perioden aufweist. Eine Besteuerung wird der Einfachheit halber ausgeklammert. Tabelle 4.6 faßt die Plandaten entsprechend zusammen. Die Unternehmung rechnet insofern mit

t	0	1	2	3	4	5
Inv_t	100	0	0	0	0	0
$E\left[\widetilde{C}_t\right]$	−120	−120	−120	−120	−120	1 300
$E\left[\widetilde{CF}_t\right]$	−220	−120	−120	−120	−120	1 300

Tabelle 4.6: Geplante Cashflows bei langfristiger Auftragsfertigung

einem Reinerlös aus diesem Fertigungsauftrag in Höhe von

$$\sum_{t=0}^{5} E\left[\widetilde{CF}_t\right] = 1\,300 - 600 - 100 = 600\ \text{€}.$$

Im Jahresabschluß ist nach deutschem Handelsrecht die sogenannte »Completed Contract – Methode« vorgeschrieben, d.h. die Gewinnrealisierung tritt erst mit Fertigstellung des Projekts und Rechnungstellung ein. Das Fertigungsprojekt wird bis dahin als »Unfertiges Erzeugnis« bilanziert und erhöht sich erfolgsneutral um die angefallenen Materialkosten. Zum Ende der vierten Periode wird die Rechnung ausgestellt und eine Forderung erfolgswirksam gegenüber dem Käufer ausgewiesen. Bei annahmegemäß linearer Abschreibung der Maschine resultieren die in Tabelle 4.7 angegebenen, geplanten Jahresabschlußdaten.

Das erwartete Betriebsergebnis ergibt sich unmittelbar durch Anwendung von Satz 2.1.[65] Abbildung 4.10 veranschaulicht die Entwicklung des Buchwerts sowie des Einzahlungsüberschusses. Dabei fällt auf, daß sich der Buchwert im

---

65 Vgl. die Ausführungen auf Seite 88.

t	0	1	2	3	4	5
Maschine	100	75	50	25	0	0
Unfertiges Erzeugnis	120	240	360	480	0	0
Forderung	0	0	0	0	1 300	0
$E\left[\widetilde{BV}_t\right]$	220	315	410	505	1 300	0
$E\left[\widetilde{OI}_t\right]$	0	−25	−25	−25	675	0

Tabelle 4.7: Geplante Jahresabschlußdaten bei Anwendung der »Completed Contract« – Methode

Zeitablauf nicht monoton entwickelt. Trotz Abnutzung der Maschine steigt er zuerst an, um bei Zahlungseingang am Ende von Periode $t = 5$ wieder auf Null zu sinken. Man kann sich leicht einen Auftrag vorstellen, der eine so hohe Kapitalintensität erfordert, daß der Umfang der Materialkosten vom Umfang der Abschreibungen dominiert wird. In dieser Situation fiele der Buchwert anfangs, um dann durch die Aktivierung einer Forderung anzusteigen sowie bei Zahlungseingang wieder auf Null zurückzufallen.

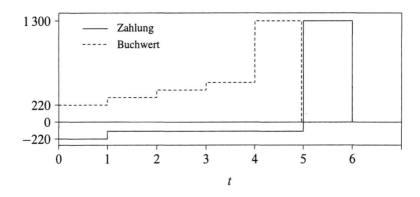

Abbildung 4.10: Buchwertverlauf bei Anwendung der »Completed Contract« – Methode

Eine erfolgswirksame Aktivierung ist im Zeitpunkt $t = 0$ ebenfalls denkbar, wenn das Unternehmen beispielsweise sofort Forderungen ausweisen kann, wie bei Anwendung der »Percentage of Completion – Methode«. Hier würde der

Verkaufserlös in Höhe von 1 300 € gemäß Baufortschritt auf die entsprechenden Perioden verteilt, d.h. 260 € pro Periode. Wird von der handels- und steuerrechtlichen Nichtzulässigkeit dieser Methode abstrahiert, so resultieren geplante Jahresabschlußdaten wie in Tabelle 4.8 dargestellt. Abbildung 4.11 veranschaulicht den zeitlichen Verlauf des Buchwerts bzw. des Einzahlungsüberschusses grafisch.

t	0	1	2	3	4	5
Maschine	100	75	50	25	0	0
Forderung	260	520	780	1 040	1 300	0
$E\left[\widetilde{BV}_t\right]$	360	595	830	1 065	1 300	0
$E\left[\widetilde{OI}_t\right]$	140	115	115	115	115	0

Tabelle 4.8: Geplante Jahresabschlußdaten bei Anwendung der »Percentage of Completion« – Methode

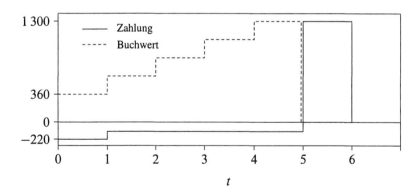

Abbildung 4.11: Buchwertverlauf bei Anwendung der »Percentage of Completion« – Methode

Entsprechend gilt:

$$BV_0 = 360 > 220 = -CF_0.$$

Durch die Teilgewinnrealisierung übersteigt der Buchwert des Projekts zu Beginn den Umfang der angefallenen Zahlungen. ♠

Um den soeben illustrierten Sachverhalt bilanziell abbilden zu können, wird Beziehung (4.39) leicht modifiziert und durch Gleichung

$$\Delta \widetilde{BV}_t = \sum_{i=0}^{n} \phi_{t-i,i} \cdot \widetilde{Inv}_{t-i} \qquad (4.40)$$

ersetzt, d.h. die Investitionsauszahlung zu Beginn des Projekts bekommt einen eigenen »Abschreibungskoeffizienten«, und es muß nun für alle t die Bedingung $\sum_{i=0}^{n} \phi_{t-i,i} = 0$ eingehalten werden. Für $\phi_{t,0} = 1$ resultiert wieder Beziehung (4.39). Beläuft sich die Investitionsauszahlung, wie im soeben geschilderten Beispiel, auf 100 €, aktiviert werden aber 220 €, so wird entsprechend $\phi_{0,0} = 2.2$ gewählt.

Wird Beziehung (4.35) in Gleichung (4.40) eingesetzt, so erhält man schließlich:

$$\Delta \widetilde{BV}_t = \sum_{i=0}^{n} \phi_{t-i,i} \cdot \frac{\alpha_{t-i}}{1 - \alpha_{t-i}} \cdot \widetilde{CF}_{t-i}. \qquad (4.41)$$

Damit ist die gewünschte Beziehung zwischen Wachstum des Buchwerts und freiem Cashflow hergestellt.

Offenbar läßt sich Gleichung (4.41) vereinfachen. Zu diesem Zweck definiert man einen *Abgrenzungskoeffizienten* $\theta_{t,i}$ gemäß folgender Gleichung

$$\theta_{t,i} := \phi_{t,i} \cdot \frac{\alpha_t}{1 - \alpha_t}.$$

Damit beschreibt der Vektor

$$\theta_t = (\theta_{t,0}, \theta_{t,1}, \ldots, \theta_{t,n^*})$$

die Abbildung eines im Zeitpunkt t durchgeführten Investitionsprojekts durch den Buchwert. Schlußendlich ist das Ziel erreicht, und es läßt sich die folgende Annahme formulieren:

Annahme 4.4 (**Cashfloworientierte Investitionspolitik**) *Das Management eines fremdfinanzierten Unternehmens verfolgt eine cashfloworientierte Investitionspolitik, wenn die Beziehung*

$$\Delta \widetilde{BV}_t = \sum_{i=0}^{n} \theta_{t-i,i} \cdot \widetilde{CF}_{t-i} \qquad (4.42)$$

für die Zeitpunkte $t = 1, \ldots, T$ gilt, und zusätzlich die Restriktion

$$\sum_{i=0}^{n} \theta_{t,i} = 0$$

erfüllt ist.

Sind die Cashflows des eigenfinanzierten Unternehmens schwach autoregressiv, kann folgende Behauptung notiert werden:

Satz 4.4 (**Cashfloworientierte Investitionspolitik**) *Verfolgt die Unternehmung eine cashfloworientierte Investitionspolitik, und sind die freien Cashflows schwach autoregressiv, so beschreibt die folgende Gleichung*

$$V_0^l = V_0^u + \sum_{t=1}^{T} \frac{\tau \, r_f \, \lambda_{t-1} \, BV_0}{(1 + r_f)^t} + \cdots$$

$$\cdots + \sum_{t=1}^{T-1} \sum_{j=1}^{t} \sum_{i=0}^{n} \frac{\tau \, r_f \, \lambda_t \, \theta_{j-i,i} \, \mathrm{E}\left[\widetilde{CF}_{j-i} \right]}{(1 + r_f)^{t+1} \, (1 + r_f)^{i-j} \, (1 + x)^{j-i}} \qquad (4.43)$$

den Unternehmenswert im Bewertungszeitpunkt. Dabei gilt:

$$x = \begin{cases} k^u, & j > i; \\ r_f, & j \le i. \end{cases}$$

Beweis: Siehe Anhang.   **Q.E.D.**

Bewertungsgleichung (4.43) wurde mit Hilfe von Satz 4.3 hergeleitet, d.h. es wurde die Tatsache genutzt, daß die Kapitalkosten eines eigenfinanzierten Unternehmens auch als Diskontierungszinssatz verwendet werden können. Dabei mußte jedoch eine Fallunterscheidung getroffen werden: Satz 4.3 ist nur für zukünftige Cashflows anwendbar. Je nach Laufzeit der bereits im Zeitpunkt $t = 0$ bestehenden Investitionsprojekte werden jedoch auch Cashflows bewertet, die bereits in der Vergangenheit angefallen sind. Diese werden entsprechend risikolos aufgezinst.

Gleichung (4.43) wirkt deshalb recht sperrig, weil die isolierte Bewertung eines im Zeitpunkt t anfallenden Cashflows die Zerlegung des gesamten Abgrenzungsprozesses eines Rechnungslegungssystems erforderlich macht. Schließlich setzt sich der Buchwert zu einem beliebigen Zeitpunkt aus Cashflows zusammen, die zu verschiedenen früheren Zeiten angefallen sind; umgekehrt findet ein einzelner Cashflow Eingang in Buchwerte, die wiederum zu verschiedenen späteren Zeitpunkten resultieren.

Ein intuitives Verständnis – insbesondere im Hinblick auf die Frage, wie die Unsicherheit in das Modell einfließt – erhält man, wenn ein einzelnes Investitionsprojekt isoliert bewertet wird.

Im folgenden wird anfangs unterstellt, daß das Projekt genau im Bewertungszeitpunkt durchgeführt wird; danach wird die Durchführung zu einem späteren Zeitpunkt veranschaulicht.

4.3.4.2 Investition im Bewertungszeitpunkt: Sichere Steuervorteile

Angenommen, im Zeitpunkt $t = 0$ wird ein Investitionsprojekt mit einer Laufzeit von $n = 3$ Perioden durchgeführt. Weitere Projekte exisitieren weder vorher noch nachher. Die relative Entwicklung des Buchwerts wird durch den Vektor $\theta_0 = (\theta_{0,0}, \theta_{0,1}, \theta_{0,2}, \theta_{0,3})$ beschrieben. Bewertungsgleichung (4.43) vereinfacht sich nun deutlich, da offenkundig $\theta_{j-i,i} = 0$ für $j - i \neq 0$ gilt. Interessiert man sich ausschließlich für den Barwert der zukünftigen Steuervorteile, so ergibt sich:

$$V_0^{ts} = \tau \, r_f \, BV_0 \left(\frac{\lambda_0}{1 + r_f} + \frac{\lambda_1}{(1 + r_f)^2} + \frac{\lambda_2}{(1 + r_f)^3} \right) + \cdots$$
$$\cdots + \frac{\tau \, r_f \, \lambda_1}{(1 + r_f)^2} \cdot \theta_{0,1} \cdot CF_0 + \frac{\tau \, r_f \, \lambda_2}{(1 + r_f)^3} \cdot (\theta_{0,1} + \theta_{0,2}) \cdot CF_0.$$

Umstellen liefert:

$$V_0^{ts} = \frac{\tau \, r_f \, \lambda_0 \cdot \overbrace{\theta_{0,0} \cdot CF_0}^{=BV_0}}{1 + r_f} + \frac{\tau \, r_f \, \lambda_1 \cdot \overbrace{(\theta_{0,0} + \theta_{0,1}) \cdot CF_0}^{=BV_1}}{(1 + r_f)^2} + \cdots$$

$$\cdots + \frac{\tau \, r_f \, \lambda_2 \cdot \overbrace{(\theta_{0,0} + \theta_{0,1} + \theta_{0,2}) \cdot CF_0}^{=BV_2}}{(1 + r_f)^3},$$

was zu

$$V_0^{ts} = \sum_{t=1}^{3} \frac{\tau \, r_f \, \lambda_{t-1} \cdot BV_{t-1}}{(1 + r_f)^t} \qquad (4.44)$$

vereinfacht werden kann. Gleichung (4.44) ist nun leicht zu interpretieren: Offenbar sind die Steuervorteile bereits im Bewertungszeitpunkt sicher, weil die Höhe der zukünftigen Buchwerte von den Abgrenzungskoeffizienten abhängt, die aber annahmegemäß deterministisch sind. Einzige Quelle an Unsicherheit ist somit der freie Cashflow im Zeitpunkt der Durchführung des Projekts. Da dieser Zeitpunkt mit dem Bewertungszeitpunkt zusammenfällt, ist auch die Realisierung des freien Cashflows bereits bekannt, so daß keinerlei Unsicherheit im Modell mehr enthalten ist.

Analog kann natürlich erst recht für Projekte argumentiert werden, deren Realisationszeitpunkt vor dem Bewertungszeitpunkt lag:

Beobachtung 4.1 *Für Investitionsprojekte, die im Bewertungszeitpunkt* $t = 0$ *oder früher durchgeführt werden, resultieren aufgrund von Annahme 4.4 künftige Buchwerte, die bereits im Bewertungszeitpunkt bekannt sind. Sind die Investitionsprojekte buchwertorientiert finanziert, so sind die Steuervorteile risikolos.*

Beispiel: Angenommen, die konkreten Daten des dreiperiodigen Investitionsprojekte sind wie in Tabelle 4.9 angegeben. Die Investitionsauszahlung von 3 000 € wird aktiviert und arithmetisch – degressiv abgeschrieben; dabei ist $\sum_{t=0}^{3} \theta_{0,t} = 0$ erfüllt, denn $-1 + \frac{1}{2} + \frac{1}{3} + \frac{1}{6} = 0$. Da es in diesem Zusammenhang nur auf die Bewertung der künftigen Steuervorteile ankommt, sind die freien Cashflows nicht angegeben.

t	0	1	2	3
CF_t	$-3\,000$	$-$	$-$	$-$
$\theta_{0,t}$	-1	$\frac{1}{2}$	$\frac{1}{3}$	$\frac{1}{6}$
λ_t	80 %	70 %	50 %	0

Tabelle 4.9: Durchführung des Investitionsprojekts im Zeitpunkt $t = 0$

Einsetzen in Bewertungsgleichung (4.15) liefert:

$$V_0^{ts} = 0.5 \cdot 0.1 \left(\frac{0.8 \cdot 3\,000}{1.1} + \frac{0.7 \cdot 1\,500}{1.1^2} + \frac{0.5 \cdot 500}{1.1^3} \right) \tag{4.45}$$
$$= 161.87.$$

Dabei wurde ein Steuersatz von $\tau = 50\%$ sowie ein risikoloser Zins von $r_f = 10\%$ unterstellt. ♠

4.3.4.3 Zukünftige Investitionen: Unsichere Steuervorteile

Annahmegemäß wird das Investitionsprojekt nun erst im Zeitpunkt $t = 1$ durchgeführt. Damit gilt $\theta_{j-i,i} = 0$ für $j - i \neq 1$. Als Barwert der Steuervorteile ergibt sich nach Umstellen:

$$V_0^{ts} = \frac{\tau\, r_f\, \lambda_1 \cdot \theta_{1,0} \cdot \overbrace{\mathrm{E}\left[\widetilde{CF}_1\right]}^{=\mathrm{E}\left[\widetilde{BV}_1\right]}}{(1+k^u)(1+r_f)} + \frac{\tau\, r_f\, \lambda_2 \cdot \overbrace{(\theta_{1,0} + \theta_{1,1}) \cdot \mathrm{E}\left[\widetilde{CF}_1\right]}^{=\mathrm{E}\left[\widetilde{BV}_2\right]}}{(1+k^u)(1+r_f)^2} + \cdots$$

$$\cdots + \frac{\tau\, r_f\, \lambda_3 \cdot \overbrace{(\theta_{1,0} + \theta_{1,1} + \theta_{1,2}) \cdot \mathrm{E}\left[\widetilde{CF}_1\right]}^{=\mathrm{E}\left[\widetilde{BV}_3\right]}}{(1+k^u)(1+r_f)^3}.$$

$$\tag{4.46}$$

Gleichung (4.46) verdeutlicht, daß zukünftig durchzuführende Investitionsprojekte zu stochastischen Buchwerten und damit aus Sicht des Bewertungszeitpunkts $t = 0$ auch zu unsicheren Steuervorteilen führen. Allerdings besteht die einzige Quelle an Unsicherheit im freien Cashflow der Periode $t = 1$. Die relative Verteilung des Investitionsprojekts in den Folgeperioden wird hingegen durch den Vektor θ_1 bestimmt – und der ist bereits im Zeitpunkt $t = 0$ bekannt. Insofern ist die Unsicherheit der Steuervorteile bereits im Zeitpunkt $t = 1$ aufgelöst. Beispielsweise beschreibt der zweite Summand auf der rechten Seite von Gleichung (4.46) den im Zeitpunkt $t = 3$ fälligen Steuervorteil. Aus Sicht von $t = 1$ ist er bereits sicher und wird deshalb zweimal risikolos diskontiert. Zwischen $t = 1$ und $t = 0$ besteht jedoch Unsicherheit, so daß einmal risikoadjustiert abgezinst werden muß.

Beobachtung 4.2 verallgemeinert die Gleichung zur Bewertung einzelner Investitionsprojekte, die zu einem beliebigen zukünftigen Zeitpunkt $t > 0$ durchgeführt werden:[66]

Beobachtung 4.2 *Wird ein einzelnes Investitionsprojekt mit einer Laufzeit von n Perioden im Zeitpunkt t begonnen und buchwertorientiert finanziert, so beläuft sich dessen Marktwert P_0 auf*

$$P_0 = \sum_{j=t+1}^{n} \frac{\mathrm{E}\left[\widetilde{CF}_j\right]}{(1+k^u)^t\,(1+k^u)^{j-t}} + \sum_{j=t+1}^{n+t-1} \frac{\tau\,r_f\cdot\lambda_{j-1}\cdot\mathrm{E}\left[\widetilde{CF}_t\right]\cdot\sum_{i=1}^{j-t}\theta_{t,i-1}}{(1+k^u)^t\,(1+r_f)^{j-t}}$$

(4.47)

Es kann mithin festgestellt werden, daß die künftigen Steuervorteile zwar unsicher sind, wenn auch auf eine spezielle Art und Weise. So besteht Unsicherheit hinsichtlich der Höhe des im Zeitpunkt $t > 0$ anfallenden, freien Cashflows und damit auch über die Höhe des Fremdkapitalbedarfs zur Finanzierung der Investitionen dieser Periode. Über den weiteren Projektverlauf – gewissermaßen den »Lebenszyklus« – besteht indes keinerlei weitere Unsicherheit mehr.

Hinsichtlich der Modellstruktur zeigen sich Parallelen zu Modellen im Stile von *Rogerson* (1997) oder *Dutta und Reichelstein* (2005). Hier wird angenommen, daß die im Bewertungszeitpunkt verfügbaren Informationen asymmetrisch zwischen Unternehmenseigner (Prinzipal) und Manager (Agent) verteilt sind. So

---

66 Wechselt man die Perspektive vom gesamten Unternehmen zu einzelnen Investitionsprojekten, so muß sichergestellt sein, daß das Projektrisiko nicht vom operativen Risiko der Unternehmung abweicht, damit weiterhin mit k^u bewertet werden kann. Typischerweise wird das nicht der Fall sein. Jedoch zeigen empirische Studien deutlich, daß Unternehmen in der Praxis diese Unterscheidung nicht treffen, siehe etwa *Bierman* (1993) oder *Graham und Harvey* (2001).

kann es aus Sicht der Eigner zu ineffizienten Investitionsentscheidungen kommen, wenn der Manager abweichende Zeitpräferenzen hat.[67] Vor diesem Hintergrund wird diskutiert, wie Rechnungslegungssysteme als Entlohnungsgrundlage gestaltet werden müssen, damit dennoch effiziente Investitionsentscheidungen getroffen werden.

Dabei wird grundsätzlich folgendes Zahlungsstromprofil angenommen: Der Manager investiert im Zeitpunkt $t = 0$ den Betrag I in ein Projekt mit einer Laufzeit von T Perioden. Die künftigen Einzahlungsüberschüsse $\widetilde{X}_t(I)$ sind aus Sicht der Unternehmenseigner unsicher, wobei die Unsicherheit wie folgt modelliert wird:

$$\widetilde{X}_t(I) = \theta_t \cdot \widetilde{X}(I) \qquad t = 1, \ldots, T.$$

Die Parameter $\{\theta_t\}_{t=1}^{T}$ sind allgemein bekannt. Die Funktion $\widetilde{X}'(\cdot) > 0$ kennt hingegen nicht der Eigentümer, sondern nur der Manager. Sie übernimmt damit die Aufgabe, künftige Zahlungen einfach zu skalieren.

Vergleicht man diese Modellierung mit dem hier gewählten Modellrahmen, so wird die Rolle von $\widetilde{X}$ durch $\widetilde{CF}_t$ für $t > 0$ übernommen, d.h. Unsicherheit resultiert nicht aufgrund asymmetrisch verteilter Informationen zwischen zwei Parteien, sondern ausschließlich weil die künftige Realisation des Cashflows bei Durchführung der Investition heute noch nicht bekannt ist.

Beispiel: Um die Anwendungsweise von Bewertungsgleichung (4.47) zu illustrieren, wird unterstellt, das Investitionsprojekt aus dem vorangegangenen Beispiel wird im Zeitpunkt $t = 2$ durchgeführt. Tabelle 4.10 enthält weitere Informationen. Wiederum gilt $\tau = 50\,\%$, $r_f = 10\,\%$ und zusätzlich $k^u = 15\,\%$. Wird das Projekt komplett eigenfinanziert, so resultiert der folgende Kapitalwert KW_0^u:

$$KW_0^u = \frac{1}{1.15^2} \left(\frac{500}{1.15} + \frac{3\,500}{1.15^2} + \frac{1\,000}{1.15^3} - 3\,000 \right)$$
$$= 558.64.$$

---

67 Das ist beispielsweise dann der Fall, wenn der Manager vor dem Auslaufen sämtlicher von ihm entschiedener Investitionsprojekte aus dem Unternehmen ausscheidet.

t	2	3	4	5
$\mathrm{E}\left[\widetilde{CF}_t\right]$	$-3\,000$	500	$3\,500$	$1\,000$
$\theta_{2,t}$	-1	$\frac{1}{2}$	$\frac{1}{3}$	$\frac{1}{6}$
λ_t	$80\,\%$	$70\,\%$	$50\,\%$	0

Tabelle 4.10: Durchführung des Investitionsprojekts im Zeitpunkt $t = 2$

Bei buchwertorientierter Fremdfinanzierung ergibt sich zusätzlich als steuerlich bedingter Wert der Fremdfinanzierung:

$$V_0^{ts} = \frac{0.5 \cdot 0.1}{1.15^2} \left(\frac{0.8 \cdot 3\,000}{1.1} + \frac{0.7 \cdot 1\,500}{1.1^2} + \frac{0.5 \cdot 500}{1.1^3} \right)$$
$$= \frac{161.87}{1.15^2} = 122.40.$$

Bezogen auf den Zeitpunkt $t = 2$ beläuft sich der Barwert der Steuervorteile auf 161.87 und ist damit identisch zum Barwert im verhergehenden Beispiel.[68] Hier muß der Barwert jedoch noch zusätzlich zwei Perioden risikoadjustiert auf den Zeitpunkt $t = 0$ abgezinst werden. ♠

4.4 Bewertung mit Hilfe des Residualgewinnmodells

4.4.1 Vorüberlegungen

In den Abschnitten 4.2 und 4.3 wurden zwei Lösungsansätze vorgestellt und eingehend diskutiert, die die Bewertung eines buchwertorientiert finanzierten Unternehmens erlauben. Es stellte sich heraus, daß Bewertungsgleichungen jeweils nur mit Hilfe weiterer Annahmen hergeleitet werden konnten. Dabei offenbarte die Diskussion deutlich, daß die Voraussetzungen des ersten Modellansatzes unbestreitbar strenger sind als die des zweiten. Interessiert man sich hingegen für das subjektive Kriterium der »intuitiven Nachvollziehbarkeit«, so erscheint die Bewertungsformel des zweiten Modellansatzes »schwerer verdaulich« als die des ersten.

---

68 Vgl. Gleichung (4.45) auf Seite 176.

Aus theoretischer Sicht sind »komplizierte« Formeln kein Grund für die Ablehnung eines bestimmten Bewertungsverfahrens. Jedoch legen Praktiker offenbar großen Wert darauf, die von ihnen in Auftrag gegebenen Bewertungsgutachten auch zu einem gewissen Grad nachvollziehen zu können.[69]

In diesem Abschnitt finden sich einige Gedanken zum Residualgewinnmodell. Damit wird bewußt die Theorie des Discounted Cashflow – zumindest im strengen Sinne – verlassen. Jedoch deuten die folgenden (knapp skizzierten) Ausführungen darauf hin, daß mit Hilfe des Residualgewinnmodells eine Bewertungsgleichung für ein buchwertorientiert finanziertes Unternehmen hergeleitet werden kann, die sowohl mit wenigen Voraussetzungen auskommt als auch leicht nachvollziehbar ist.

4.4.2 Der Marktwert des eigenfinanzierten Unternehmens auf der Basis künftiger Residualgewinne

Ausgangspunkt der Überlegungen ist das in Satz 2.1 formulierte Resultat. Demnach kann $\widetilde{CF}_t$ auch kompakt durch Jahresabschlußdaten $\widetilde{OI}_t - \Delta \widetilde{BV}_t$ ersetzt werden. Somit läßt sich der Marktwert eines eigenfinanzierten Unternehmens wie folgt darstellen:

$$V_0^u = \sum_{t=1}^{T} \frac{\mathrm{E}\left[\widetilde{CF}_t\right]}{(1+k^u)^t} = \sum_{t=1}^{T} \frac{\mathrm{E}\left[\widetilde{OI}_t\right]}{(1+k^u)^t} - \sum_{t=1}^{T} \frac{\mathrm{E}\left[\Delta \widetilde{BV}_t\right]}{(1+k^u)^t}. \tag{4.48}$$

Wegen $BV_T = 0$ kann der zweite Summand in Gleichung (4.48) folgendermaßen umgeformt werden:

$$\sum_{t=1}^{T} \frac{\mathrm{E}\left[\Delta \widetilde{BV}_t\right]}{(1+k^u)^t} = -\frac{BV_0}{1+k^u} + \frac{k^u \cdot \mathrm{E}\left[\widetilde{BV}_1\right]}{(1+k^u)^2} + \cdots + \frac{k^u \cdot \mathrm{E}\left[\widetilde{BV}_{T-1}\right]}{(1+k^u)^T}.$$

---

69 Warum das so ist, scheint mir eine interessante Frage zu sein. Wenn es um ökonomische Fragestellungen geht, gibt es eine Tendenz, daß Nichtökonomen dazu neigen, Resultate immer dann in Frage zu stellen, wenn sie sie nicht hinreichend nachvollziehen können – selbst wenn diese Resultate unter Ökonomen unstrittig sind. Bei Ergebnissen aus anderen wissenschaftlichen Teilbereichen, wie etwa der Medizin oder den Naturwissenschaften, kann man dieses Verhalten hingegen nicht beobachten. Schließlich läßt sich niemand von einem Ingenieur die Funktionsweise eines Speicherchips erklären, bevor er einen Rechner anschaltet.

Addition von $0 = BV_0 - BV_0$ liefert:

$$\sum_{t=1}^{T} \frac{E\left[\Delta \widetilde{BV}_t\right]}{(1+k^u)^t} = -BV_0 + \sum_{t=1}^{T} \frac{k^u \cdot E\left[\widetilde{BV}_{t-1}\right]}{(1+k^u)^t}. \tag{4.49}$$

Würde man Gleichung (4.49) in Gleichung (4.48) einsetzen, so erhielte man den Marktwert des eigenfinanzierten Unternehmens in der Darstellung des Residualgewinnmodells.[70]

4.4.3 Die Annahme

Ein buchwertorientiert finanziertes Unternehmen verfügt gegenüber einem eigenfinanzierten über einen Marktwertvorsprung in Höhe von[71]

$$V_0^{ts} = \frac{\tau \cdot r_f \cdot \lambda_0 \cdot BV_0}{1+r_f} + \frac{\tau \cdot r_f \cdot \lambda_1 \cdot E_Q\left[\widetilde{BV}_1\right]}{(1+r_f)^2} + \cdots$$

$$\cdots + \frac{\tau \cdot r_f \cdot \lambda_{T-1} \cdot E_Q\left[\widetilde{BV}_{T-1}\right]}{(1+r_f)^T}. \tag{4.50}$$

Geht man davon aus, daß die freien Cashflows schwach autoregressiv sind, dann gilt offenbar folgende Äquivalenz

$$\frac{E_Q\left[\widetilde{BV}_{t-1}\right]}{(1+r_f)^{t-1}} = \frac{E\left[\widetilde{BV}_{t-1}\right]}{(1+k^u)^{t-1}}, \tag{4.51}$$

wenn folgende Eigenschaft vorausgesetzt wird:[72]

$$\widetilde{BV}_t = \alpha_t \cdot \widetilde{CF}_t. \tag{4.52}$$

---

70 In jüngster Zeit finden sich vermehrt Stimmen, die sich für eine Bevorzugung des Residualgewinnmodells gegenüber den herkömmlichen DCF – Verfahren einsetzen. Hier ist insbesondere *Penman* (1992) zu nennen. Siehe auch *Penman und Sougiannis* (1998) sowie die interessante Diskussion zwischen *Lundholm und O'Keefe* (2001a) bzw. *Lundholm und O'Keefe* (2001b) und *Penman* (2001).

71 Vgl. Bewertungsgleichung (4.7).

72 Siehe die Ausführungen in Unterabschnitt 4.3.1.

Auf eine ausführliche Diskussion dieser Bedingung wird verzichtet. Nur so viel: Ruft man sich die Ausführungen in Unterabschnitt 4.2.6 in Erinnerung, so wird unmittelbar klar, daß Beziehung (4.52) künftig eingehalten werden kann, wenn Abbildungsspielräume in bezug auf zustandsabhängige Periodenabgrenzungen, wie z.b. Rückstellungen oder außerplanmäßige Abschreibungen, bestehen. Im Anhang wird die Vorgehensweise anhand eines Beispiels demonstriert.

4.4.4 Bilanzielle Miles – Ezzell – Anpassung

Akzeptiert man Bedingung (4.52), so liefert Einsetzen von (4.51) in Gleichung (4.50):

$$V_0^{ts} = \frac{\tau \cdot r_f \cdot \lambda_0 \cdot BV_0}{1 + r_f} + \frac{\tau \cdot r_f \cdot \lambda_1 \cdot \mathrm{E}\left[\widetilde{BV}_1\right]}{(1 + r_f) \cdot (1 + k^u)} + \cdots$$

$$\cdots + \frac{\tau \cdot r_f \cdot \lambda_{T-1} \cdot \mathrm{E}\left[\widetilde{BV}_{T-1}\right]}{(1 + r_f) \cdot (1 + k^u)^{T-1}}.$$

Wird mit dem Faktor $\frac{1+k^u}{1+k^u}$ erweitert und zusammengefaßt, so erhält man

$$V_0^{ts} = \sum_{t=1}^{T} \frac{\tau \cdot r_f \cdot \frac{1+k^u}{1+r_f} \cdot \lambda_{t-1} \cdot \mathrm{E}\left[\widetilde{BV}_{t-1}\right]}{(1 + k^u)^t}. \tag{4.53}$$

Die Differenz der Gleichungen (4.49) und (4.53) liefert

$$\sum_{t=1}^{T} \frac{\mathrm{E}\left[\Delta \widetilde{BV}_t\right]}{(1 + k^u)^t} - V_0^{ts} = -BV_0 + \sum_{t=1}^{T} \frac{\left(k^u - \tau \cdot r_f \cdot \frac{1+k^u}{1+r_f} \cdot \lambda_{t-1}\right) \cdot \mathrm{E}\left[\widetilde{BV}_{t-1}\right]}{(1 + k^u)^t}.$$

Definiert man schließlich folgenden Kapitalkostensatz

$$\rho_t := k^u - \tau \cdot r_f \cdot \frac{1 + k^u}{1 + r_f} \cdot \lambda_{t-1}, \tag{4.54}$$

so erhält man den *Marktwert eines buchwertorientiert finanzierten Unternehmens* in kompakter Darstellung:

$$V_0^l = BV_0 + \sum_{t=1}^{T} \frac{E\left[\widetilde{RI}_t\right]}{(1+k^u)^t}. \tag{4.55}$$

Hier bei entspricht

$$\widetilde{RI}_t := \widetilde{OI}_t - \rho_t \cdot \widetilde{BV}_{t-1}$$

dem *Residualgewinn*.

Gemäß Gleichung (4.55) werden die künftigen Residualgewinne mit dem Kapitalkostensatz des eigenfinanzierten Unternehmens abgezinst. Die Berücksichtigung der Steuervorteile erfolgt im Zähler beim »Opportunitätskostenabschlag«.

Interessant ist folgende Beobachtung: Ersetzt man λ_{t-1} in Gleichung (4.54) durch eine Quote, die auf der Basis von Marktwerten gemessen wird, so erhält man unmittelbar die bekannte Miles – Ezzell – Anpassung aus dem WACC – Ansatz.[73]

4.5 Zusammenfassung

1. Werden Zielverschuldungsquoten auf der Basis von Rechnungslegungsdaten formuliert, so spricht man von einer buchwertorientierten Finanzierungspolitik. Die Ausführungen dieses Kapitels setzten sich mit der Frage auseinander, wie man die Steuervorteile eines buchwertorientiert finanzierten Unternehmens bewerten kann. Eine Anwendung des typischerweise herangezogenen WACC – Verfahrens kommt deshalb nicht in Frage, weil es die Vorgabe von Verschuldungsquoten voraussetzt, die in Marktwerten gemessen werden.

2. Als Kernresultat liefert der erste Lösungsansatz künftige Buchwerte, die bereits im Bewertungszeitpunkt bekannt sind. Als unmittelbare Folge sind die zukünftig zu erzielenden Steuervorteile damit ebenfalls risikolos, da

---

73 Vgl. *Miles und Ezzell* (1980) für eine im Zeitablauf konstante Verschuldungsquote bzw. *Löffler* (2004) für zeitabhängige Quoten.

sie über die bilanziellen Verschuldungsquoten von der Entwicklung der Buchwerte abhängen. Die Bewertung sicherer Steuervorteile bereitet aus theoretischer Sicht keine Schwierigkeiten.

Da ein Phasenmodell als Modellrahmen gewählt wurde, ist die Bewertungsgleichung auch in der praktischen Umsetzung leicht zu handhaben. Neben den exogen vorgegebenen Verschuldungsquoten $\{\lambda_t\}_{t=1}^{T}$ muß der Bewerter über die Höhe dreier zusätzlicher Parameter entscheiden:

- Mit der Wahl von α wird bestimmt, zu welchem Anteil Neuinvestitionen in der Detailplanungsphase fremdfinanziert werden.

- Mit Hilfe des Paramters λ^* kann die Höhe der langfristig zu erreichenden Verschuldungsquote festgelegt werden, und mit Hilfe von ω wird über die Anpassungsgeschwindigkeit entschieden. Damit gilt also:

$$V_0^{ts} = V_0^{ts}\left(\alpha, \lambda^*, \omega | \lambda\right).$$

Praktisch anwendbar ist dieses Bewertungsmodell insbesondere für kurze Detailplanungsphasen – also immer dann, wenn differenzierte Prognosen nur für einen begrenzten Zeitraum von 3 bis 5 Jahren realistisch erscheinen. Das kann der Fall sein, wenn dem Bewerter nur wenige Informationen zur Verfügung stehen, oder wenn die für eine komplexe Prognose erforderliche Verarbeitung und Analyse einer umfangreichen Informationsmenge zu zeit- und kostenintensiv ist. Denkbar ist auch der Einsatz im Rahmen eines Drei – Phasen – Modells: In diesem Fall würde der hier betrachteten Detailplanungsphase noch eine explizite Prognosephase vorgeschaltet werden.

3. Bei der zweiten Modellvariante wird die bilanzielle Abbildung zukünftiger Investitionsprojekte durch eine Folge von Parametern $\{\theta_t\}_{t=1}^{T}$ vorgenommen, die bereits im Bewertungszeitpunkt festgelegt werden. Dabei können Projekte mit unterschiedlichen Laufzeiten genauso berücksichtigt werden wie verschiedene Abschreibungsvarianten. Da die Höhe der künftigen Auszahlung für ein Investitionsprojekt aus Sicht des Bewertungszeitpunkts stochastisch ist, resultieren in der Folge auch unsichere Buchwerte – und damit unsichere Steuervorteile.

Praktisch anwendbar ist das Modell sowohl für die Bewertung ganzer Unternehmen als auch für die isolierte Bewertung von Investitionsprojekten, die etwa in der Zukunft durchgeführt – und buchwertorientiert finanziert – werden sollen.

4. Der letzte der drei Lösungsansätze basiert auf dem Residualgewinnkonzept und verläßt damit die Theorie des Discounted Cashflow im strengen Sinne. Es wird eine Annahme präsentiert, mit deren Hilfe eine sehr kompakte Bewertungsgleichung für ein buchwertorientiert finanziertes Unternehmen hergeleitet werden kann. Zukünftige Residualgewinne werden mit dem Kapitalkostensatz eines eigenfinanzierten Unternehmens k^u diskontiert. Künftige Buchwerte – und entsprechend künftige Steuervorteile – sind unsicher. Der Steuervorteil einer Periode wird erfaßt, indem beim Residualgewinn der Opportunitätskostenabschlag auf den Buchwert mit einem Kapitalkostensatz ρ_t vorgenommen wird, der kleiner als k^u ist. Dabei kann festgestellt werden, daß ρ_t formal mit der Miles – Ezzell – Anpassung aus dem bekannten WACC – Ansatz übereinstimmt.

Schlußbemerkungen

Sich bei der Bewertung eines Unternehmens auf das Theoriegerüst des Discounted Cashflow zu stützen, bedeutet nichts anderes als die Abhängigkeit des Unternehmenswerts von künftigen Einzahlungsüberschüssen anzuerkennen. Marktbewertung in diesem Sinne bedeutet im wesentlichen, eine Folge von Zahlungen durch Abzinsung und anschließende Addition zu aggregieren. Diese simple These ist mit einer Vielzahl theoretischer und praktischer Probleme verbunden, für die Lösungen gefunden werden müssen.

Auch ein Rechnungslegungssystem stützt sich auf Zahlungen, die eine Unternehmung im Zeitablauf erzielt. Jedoch wird hier auf der Grundlage des Prinzips der doppelten Buchführung sowie unter Verwendung bestimmter Ansatz- und Bewertungskonventionen aggregiert, so daß eine Folge von periodischen Einzahlungsüberschüssen in eine Folge von Buchwerten und Buchgewinnen abgebildet wird. Beide Bewertungssysteme sind nicht unabhängig voneinander, weil grundsätzlich die jeweils gleichen Einzahlungen und Auszahlungen aggregiert werden – freilich mit voneinander abweichenden Bewertungsprinzipien. Besonders deutlich offenbart sich diese Abhängigkeit, wenn zusätzlich die Besteuerungspflicht ins Blickfeld der Betrachtung rückt. Schließlich bildet das durch die externe Rechnungslegung festgestellte, und in der Gewinn- und Verlustrechnung ausgewiesene, Jahresergebnis die Bemessungsgrundlage für die zu zahlenden Steuern.

Vor diesem Hintergrund diskutierte die vorliegende Arbeit, welche Konsequenzen sich aus den soeben geschilderten Abhängigkeiten für die Theorie des Discounted Cashflow ergeben, und welche konkreten Einsatzmöglichkeiten sich für Informationen bieten, die das externe Rechnungswesen (nahezu ohne zusätzliche Kosten) bereitstellt. Im Ergebnis konnte gezeigt werden, daß die Jahresabschlußanalyse nicht nur aus praktischen, sondern auch aus theoretischen Erwägungen einen wichtigen Bestandteil der Unternehmensbewertung im Sinne der DCF – Theorie bildet.

Jede wissenschaftliche Untersuchung beleuchtet ein Problem von einem ganz speziellen Blickwinkel – so werden bestimmte Teilaspekte betont, andere eher vernachlässigt. Die vorliegende Arbeit bildet hier keine Ausnahme. In diesem Zusammenhang sind zwei Aspekte zu erwähnen: Erstens wurde auf die Einbeziehung der Einkommensteuer verzichtet, obgleich deren Einfluß auf den Unternehmenswert völlig unbestritten ist. Schließlich stehen privaten Anteilseignern lediglich die künftigen Ausschüttungen nach Berücksichtigung ihrer persönlichen Ertragsteuerbelastung zu. Beim derzeit in Deutschland herrschenden Halbeinkünfteverfahren unterliegen ausgeschüttete und thesaurierte Zahlungsströme unterschiedlichen Besteuerungsfolgen. So werden Gewinne auf Unternehmensebene mit Körperschaftsteuer belastet und unterliegen anschließend einer hälftigen Belastung mit Einkommensteuer auf Ebene der Anteilseigner. Damit kommt es zu einer steuerlichen Benachteiligung von Ausschüttungen gegenüber Thesaurierungen und im Ergebnis zu einem Einfluß der Ausschüttungspolitik auf den Unternehmenswert. Wie dieser Einfluß konkret bewertet werden kann, darüber wird in der Literatur ausgiebig diskutiert. Das hängt nicht zuletzt damit zusammen, daß Wirtschaftsprüfer seit einiger Zeit dazu verpflichtet sind, den Einfluß der Einkommensteuer zumindest bei der Bestimmung »objektivierter« Unternehmenswerte explizit zu berücksichtigen. Vergegenwärtigt man sich ferner die Pläne der Bundesregierung, ab dem Jahresbeginn 2009 Zinsen, Dividenden sowie Kursgewinne über eine definitive Abgeltungssteuer grundsätzlich gleich zu belasten, so eröffnen sich im Zusammenhang mit der Ausschüttungspolitik auch künftig interessante Problemfelder, die es entsprechend zu bewältigen gilt. Unternehmen stützen sich in zunehmendem Maße auf Daten des externen Rechnungswesens für ihre Konzernsteuerung. Darüber hinaus müssen sich insbesondere international aufgestellte Unternehmen im Rahmen ihrer Bilanzierungspraxis häufig mit der Bewertung von Teilgesellschaften oder Betriebsstätten auseinandersetzen. Dramatisch zugenommen hat die Bedeutung der Unternehmensbewertung für den Konzernabschluß, da mit der Einführung von IFRS 3 sowohl bei der Erstkonsolidierung als auch bei späteren Werthaltigkeitstests komplexe Bewertungsverfahren zum Einsatz kommen. In diesem Zusammenhang stellt sich beispielsweise die Frage nach der korrekten Herleitung der innerhalb des Konvernverbunds angefallenen Einzahlungsüberschüsse. Die in der vorliegenden Arbeit vorgestellte Methodik ist hier nur bedingt einsetzbar, da das Clean – Surplus – Prinzip im Konzernabschluß häufig verletzt ist (etwa aufgrund von Effekten aus der Währungsumrechnung). Insofern ergeben sich für die Unternehmensbewertung im Rahmen des Konzernverbunds vielfältige Fragestellungen, für die Antworten gefunden werden müssen.

A Herleitungen und Beweise

Beweis von Satz 4.2

Der Marktwert der Steuervorteile in der Fortführungsphase wird durch Gleichung (4.9) beschrieben. Wegen $\widetilde{BV}_j = BV_T$ für $j > T$ kann diese wie folgt notiert werden

$$V_T^{ts} = \tau \, r_f \, BV_T \underbrace{\sum_{j=T+1}^{\infty} \frac{\lambda_{j-1}}{(1+r_f)^{j-T}}}_{=:\Psi_T} \cdot \tag{A.1}$$

Auf einem arbitragefreien Kapitalmarkt muß zu jedem Zeitpunkt $j > T$

$$(1 + r_f) \cdot \Psi_{j-1} = \lambda_{j-1} + \Psi_j \tag{A.2}$$

erfüllt sein. Aufgrund von Annahme 4.2 gilt für die Zeitpunkte $j > T$ ferner:

$$\lambda_j = \omega \cdot \lambda_{j-1} + (1 - \omega) \cdot \lambda^*. \tag{A.3}$$

λ_j hängt linear von λ_{j-1} und λ^* ab. Insofern ist auch Ψ_{j-1} eine lineare Funktion dieser beiden Variablen, d.h. es existieren Koeffizienten (π_1, π_2), so daß ebenfalls zu jedem Zeitpunkt $j > T$

$$\Psi_{j-1} = \pi_1 \cdot \lambda_{j-1} + \pi_2 \cdot \lambda^* \tag{A.4}$$

gilt.[1] Einsetzen von Gleichung (A.4) in Gleichung (A.2) liefert unter Berücksichtigung von Rekursionsgleichung (A.3):

$$(1 + r_f) \left(\pi_1 \lambda_{j-1} + \pi_2 \lambda^* \right) = \lambda_{j-1} + \pi_1 \left(\omega \lambda_{j-1} + (1 - \omega) \lambda^* \right) + \pi_2 \lambda^*.$$

---

1 Eine ausführliche Darstellung des hier verwendeten Lösungsansatzes findet sich in *Garman und Ohlson* (1980).

Da die beiden Koeffizienten (π_1, π_2) für alle Realisierungen von $(\lambda_{j-1}, \lambda^*)$ identisch sind, müssen folgende Gleichungen simultan erfüllt sein:

$$(1 + r_f) \cdot \pi_1 = 1 + \pi_1 \cdot \omega$$
$$(1 + r_f) \cdot \pi_2 = \pi_1 \cdot (1 - \omega) + \pi_2.$$

Lösen dieses Gleichungssystems liefert

$$\pi_1 = \frac{1}{r_f - (\omega - 1)}$$
$$\pi_2 = \frac{1 - \omega}{(r_f - (\omega - 1)) \cdot r_f}.$$

Unter Berücksichtigung dieser Resultate ergibt sich schließlich die Behauptung durch Einsetzen von Gleichung (A.4) in Gleichung (A.1) und einigen Umformungen. **Q.E.D.**

Beweis von Satz 4.4

Ist die Unternehmung buchwertorientiert finanziert, so läßt sich der Marktwert der Steuervorteile gemäß Gleichung (4.7) wie folgt darstellen:

$$V_0^{ts} = \tau\, r_f \left(\underbrace{\frac{\lambda_0 \cdot BV_0}{1 + r_f} + \sum_{t=1}^{T-1} \frac{\lambda_t \cdot \mathrm{E}_Q\left[\widetilde{BV}_t\right]}{(1 + r_f)^{t+1}}}_{=:Z_0} \right).$$

Ferner gilt offenbar folgende Identität:

$$\widetilde{BV}_t \equiv BV_0 + \sum_{j=1}^{t} \Delta\,\widetilde{BV}_j. \tag{A.5}$$

Wird Beziehung (4.42) in Identität (A.5) eingesetzt, so erhält man

$$\widetilde{BV}_t = BV_0 + \sum_{j=1}^{t} \sum_{i=0}^{n} \theta_{j-i,i} \cdot \widetilde{CF}_{j-i}.$$

190

Einsetzen dieses Ausdrucks in Z_0 liefert

$$Z_0 = \sum_{t=1}^{T-1} \frac{\lambda_t}{(1+r_f)^{t+1}} \cdot E_Q\left[BV_0 + \sum_{j=1}^{t}\sum_{i=0}^{n}\theta_{j-i,i} \cdot \widetilde{CF}_{j-i}\right],$$

bzw.

$$Z_0 = BV_0 \cdot \sum_{t=1}^{T-1}\frac{\lambda_t}{(1+r_f)^{t+1}} + \sum_{t=1}^{T-1}\sum_{j=1}^{t}\sum_{i=0}^{n}\frac{\lambda_t \cdot \theta_{j-i,i} \cdot E_Q\left[\widetilde{CF}_{j-i}\right]}{(1+r_f)^{t+1}}.$$

Mit Hilfe einer weiteren Identität

$$(1+r_f)^{i-j} \cdot (1+r_f)^{j-i} \equiv 1$$

erhält man schließlich

$$Z_0 = \sum_{t=1}^{T}\frac{BV_0 \cdot \lambda_{t-1}}{(1+r_f)^{t}} + \sum_{t=1}^{T-1}\frac{\lambda_t}{(1+r_f)^{t+1}}\sum_{j=1}^{t}\sum_{i=0}^{n}\frac{\theta_{j-i,i}E_Q\left[\widetilde{CF}_{j-i}\right]}{(1+r_f)^{i-j}(1+r_f)^{j-i}}.$$

Hierbei bezeichnet $\frac{E_Q[\widetilde{CF}_{j-i}]}{(1+r_f)^{j-i}}$ den Wert eines einzelnen, im Zeitpunkt $j-i$ gezahlten, freien Cashflows im Zeitpunkt 0. Hier muß nun eine Fallunterscheidung getroffen werden:

1. Gilt $j > i$, so wird der erwartete Cashflow abgezinst; Satz 4.3 kann angewendet und

$$\frac{E_Q\left[\widetilde{CF}_{j-i}\right]}{(1+r_f)^{j-i}} \qquad \text{durch} \qquad \frac{E\left[\widetilde{CF}_{j-i}\right]}{(1+k^u)^{j-i}}$$

ersetzt werden.

2. Gilt hingegen $j \leq i$, so wird der in $j-i$ gezahlte Cashflow entsprechend auf den Zeitpunkt $t=0$ aufgezinst. Der Cashflow stellt im Bewertungszeitpunkt $t=0$ keine Zufallsvariable mehr dar, d.h. es gilt

$$E_Q\left[CF_{j-i}\right] = E\left[CF_{j-i}\right] = CF_{j-i},$$

und Satz 4.3 darf nicht angewendet werden. Vielmehr muß die Zahlung mit dem risikolosen Zinssatz aufgezinst werden. **Q.E.D.**

Beispiel zur in Abschnitt 4.4 notierten Annahme

Um zu veranschaulichen, wie mit Hilfe bilanzpolitischer Maßnahmen die in Unterabschnitt 4.4.3 formulierte Bedingung

$$\widetilde{BV}_t = \theta_t \cdot \widetilde{CF}_t \qquad \text{(A.6)}$$

eingehalten werden kann, wird ein letztes Mal auf das bereits mehrfach diskutierte Beispiel aus Abschnitt 2.1 zurückgegriffen:[2] Die erwarteten Cashflows sowie die Buchgewinne und Buchwerte werden in Tabelle A.1 zusammengefaßt:

t		0	1	2
Freier Cashflow	$\mathrm{E}\left[\widetilde{CF}_t\right]$	$-1\,000$	800	500
Buchgewinn	$\mathrm{E}\left[\widetilde{OI}_t\right]$	0	300	0
Buchwert	$\mathrm{E}\left[\widetilde{BV}_t\right]$	$1\,000$	500	0

Tabelle A.1: Residualgewinnbeispiel: Ausgangsdaten

Wird der unbedingte Erwartungswert von Beziehung (A.6) gebildet, so erhält man nach Umstellen[3]

$$\theta_1 = \frac{\mathrm{E}\left[\widetilde{BV}_1\right]}{\mathrm{E}\left[\widetilde{CF}_1\right]} \qquad \text{(A.7)}$$
$$= 62.5\,\%.$$

Es wird nun unterstellt, daß die freien Cashflows in den zwei künftigen Perioden einem Binomialbaum folgen wie in Abbildung A.1 dargestellt. Dabei seien Auf- und Abbewegung jeweils gleichwahrscheinlich: $P(u) = P(d) = 50\,\%$.

---

2 Vgl. auch Seite 153 ff.
3 Es wurde in Unterabschnitt 4.3.1 darauf hingewiesen, daß die freien Cashflows nur dann die Eigenschaft der schwachen Autoregressivität aufweisen können, wenn deren klassischer Erwartungswert notwendigerweise ungleich Null ist.

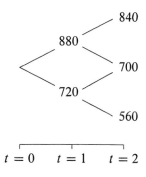

$$t = 0 \quad t = 1 \quad t = 2$$

Abbildung A.1: Residualgewinnbeispiel: Zustandsabhängige Cashflows

Offenbar erhält man $\mathrm{E}\left[\widetilde{CF}_1\right] = 800$ sowie $\mathrm{E}\left[\widetilde{CF}_2\right] = 700$. Ferner kann man sich davon überzeugen, daß die zustandsabhängigen Cashflows schwach autoregressiv sind, d.h. es existiert ein ξ_1, so daß

$$\mathrm{E}\left[\widetilde{CF}_2|\mathcal{F}_1\right] = \xi_1 \cdot \widetilde{CF}_1$$

erfüllt ist.

Zur Veranschaulichung ist es hinreichend, sich auf den Zeitpunkt $t = 1$ zu konzentrieren. Gegenüber $t = 0$ sinkt der Buchwert in $t = 1$ um den Betrag von 500 aufgrund planmäßiger Abschreibungen. Da der Abschreibungsplan ex ante feststeht, schwankt der Buchwert also eine Periode später ohne zusätzliche Maßnahmen überhaupt nicht:

$$\widetilde{BV}_1(u) = \widetilde{BV}_1(d) = 500.$$

Einsetzen von (A.7) in Bedingung (A.6) liefert jedoch für die in Abbildung A.1 angegebene Verteilung der Cashflows folgende Bedingung:

$$\widetilde{BV}_1(\omega) = \begin{cases} 0.625 \cdot 880 = 550, & \omega = \mathrm{Auf}; \\ 0.625 \cdot 720 = 450, & \omega = \mathrm{Ab}. \end{cases} \tag{A.8}$$

Diese Bedingung läßt sich durch die Erfassung zusätzlicher Periodenabgrenzungen einhalten, die auf den Umweltzustand konditioniert werden können, also etwa die Begleichung von Lieferantenverbindlichkeiten in Höhe von 50 im Zustand $\omega = $ Auf bzw. die Erfassung von Rückstellungen in Höhe von 50 im Zustand $\omega = $ Ab.

Gilt (A.8), so kann schlußendlich gezeigt werden, daß die folgende Äquivalenz in der Tat

$$\frac{\mathrm{E}\left[\widetilde{BV}_1\right]}{1 + k^u} = \frac{\mathrm{E}_Q\left[\widetilde{BV}_1\right]}{1 + r_f}$$

erfüllt ist.[4]

Hierzu seien $k^u = 15\%$ und $r_f = 10\%$ vorausgesetzt. Mit Hilfe von Satz 4.3 lassen sich damit die risikoneutralen Wahrscheinlichkeiten ausrechnen.[5] Diese betragen $Q^u = 28.26\%$ sowie $Q^d = 71.74\%$. Einsetzen liefert

$$\frac{0.5 \cdot 550 + 0.5 \cdot 450}{1.15} = \frac{0.2826 \cdot 550 + 0.7174 \cdot 450}{1.10}$$
$$= 434.78.$$

---

4 Vgl. Beziehung (4.51) auf Seite 181.

5 Offenbar muß die folgende Gleichung gelöst werden:

$$\frac{P(u) \cdot \widetilde{CF}_1(u) + P(d) \cdot \widetilde{CF}(d)}{1 + k^u} = \frac{Q(u) \cdot \widetilde{CF}_1(u) + Q(d) \cdot \widetilde{CF}_1(d)}{1 + r_f}.$$

Einzige Unbekannte sind $Q(u)$ und $Q(d)$. Eine Lösung kann jedoch wegen $Q(u) + Q(d) = 1$ gefunden werden.

Literaturverzeichnis

Adler, Hans; Düring, Walther und Schmaltz, Kurt (1995) *Rechnungslegung und Prüfung der Unternehmen*, 6. Auflage, Schäffer-Poeschel, Stuttgart.

Almeida, Heitor; Campello, Murillo und Weisbach, Michael (2004) »The Cash Flow Sensitivity of Cash«, *The Journal of Finance*, 59, 1777–1804.

Arrow, Kenneth J. (1964) »The Role of Securities in the Optimal Allocation of Risk–Bearing«, *Review of Economic Studies*, 31, 91–96.

— (1970) *Social Choice and Individual Values*, 2. Auflage, Yale University Press, New Haven.

Asquith, Paul; Beatty, Anne und Weber, Joseph (2005) »Performance Pricing in Bank Debt Contracts«, *Journal of Accounting and Economics*, 40, 101–128.

Back, Kerry und Pliska, Stanley (1991) »On the Fundamental Theorem of Asset Pricing with an Infinite State Space«, *Journal of Mathematical Economics*, 20, 1–18.

Baetge, Jörg; Kirsch, Hans-Jürgen und Thiele, Stefan (2004) *Bilanzanalyse*, 2. Auflage, IDW, Düsseldorf.

— (2007) *Bilanzen*, 9. Auflage, IDW–Verlag, Düsseldorf.

Ballwieser, Wolfgang (2007) *Unternehmensbewertung:* Prozeß, Methoden und Probleme, 2. Auflage, Schäffer–Poeschel, Stuttgart.

Bamberg, Günter; Coenenberg, Adolf Gerhard und Krapp, Michael (2008) *Betriebswirtschaftliche Entscheidungslehre*, 14. Auflage, Vahlen, München.

Beaver, William (1998) *Financial Reporting* – An Accounting Revolution, 3. Auflage, Prentice–Hall, New Jersey.

Beaver, William H. und Demski, Joel S. (1979) »The Nature of Income Measurement«, *The Accounting Review*, 54, 38–46.

Begley, Joy und Feltham, Gerald (1999) »An empirical examination of the relation between debt contracts and management incentives«, *Journal of Accounting and Economics*, 27, 229–259.

Begley, Joy und Freeman, Ruth (2004) »The Changing Role of Accounting Numbers in Public Lending Agreements«, *Accounting Horizons*, 18, 81–96.

Beja, Avraham (1971) »The Structure of the Cost of Capital under Uncertainty«, *Review of Economic Studies*, 38, 359–368.

Bierman, Harold (1993) »Capital Budgeting in 1992: A Survey«, *Financial Management*, 22 (No. 3, Autumn), 24.

Bitz, Michael (2007) »Schöpfungswille und Harmoniestreben des Renaissance-menschen: Luca Pacioli und die Folgen – Dogmenhistorische und sprachtheoretische Reflektionen zum Begriff des Eigenkapitals«, in: Norbert Winkeljohann; Peter Bareis; Michael Hinz und Gerrit Volk (Hg.), *Rechnungslegung, Eigenkapital und Besteuerung:* Festschrift für Dieter Schneeloch, 147–166, Vahlen, München.

Bitz, Michael; Schneeloch, Dieter und Wittstock, Wilfried (2003) *Der Jahresabschluß*, 4. Auflage, Vahlen, München.

Black, Geoff (2005) *Introduction to Accounting and Finance*, Pearson Education, Harlow.

Böcking, Hans-Joachim (1988) *Bilanzrechtstheorie und Verzinslichkeit*, zugl.: Frankfurt (Main), Univ., Diss., 1987, Gabler, Wiesbaden.

Braun, Inga (2005) *Discounted Cashflow-Verfahren und der Einfluss von Steuern*, zugl.: Frankfurt am Main, Univ., Diss., 2004, Deutscher Universitäts-Verlag, Wiesbaden.

Breeden, Douglas und Litzenberger, Robert (1978) »Prices of State-Contingent Claims Implicit in Option Prices«, *Journal of Business*, 51, 621–651.

Breuer, Wolfgang (1997) »Die Marktwertmaximierung als finanzwirtschaftliche Entscheidungsregel«, *Wirtschaftswissenschaftliches Studium*, 26, 222–226.

Brezski, Eberhard; Böge, Holger; Lübbehüsen, Thomas; Rohde, Thilo und Tomat, Oliver (2006) *Mezzanine-Kapital für den Mittelstand:* Finanzierungsinstrumente, Prozesse, Rating, Bilanzierung, Recht, Schäffer–Poeschel, Stuttgart.

Bruner, Robert; Eades, Kenneth; Harris, Robert und Higgins, Robert (1998) »Best Practices in Estimating the Cost of Capital: Survey and Synthesis«, *Financial Practice and Education*, 8, 13–28.

Bundesverband der Deutschen Industrie (1986) *Industrie – Kontenrahmen (IKR)*, BDI-Drucksache Nr. 195, Köln.

Casey, Christopher (2004) »Neue Aspekte des Roll Back–Verfahrens in der Unternehmensbewertung«, *Zeitschrift für Betriebswirtschaft*, 74, 139–163.

Christensen, John und Demski, Joel (2003) *Accounting Theory –* An Information Content Perspective, McGraw–Hill, Boston.

Christensen, Peter und Feltham, Gerald (2003) *Economics of Accounting I:* Information in Markets, Kluwer, Dordrecht.

Coenenberg, Adolf (2005) *Jahresabschluss und Jahresabschlussanalyse*, 20. Auflage, Schäffer-Poeschel, Stuttgart.

Damodaran, Aswath (2002) *Investment Valuation*, 2. Auflage, John Wiley & Sons, New York.

— (2006) *Damodaran on Valuation*, 2. Auflage, John Wiley & Sons, Chichester.

Danthine, Jean-Pierre und Donaldson, John (2002) *Intermediate Financial Theory*, Prentice Hall, Upper Saddle River.

Debreu, Gérard (1959) *Theory of Value*, Yale University Press, New Haven, Conn.

Dechow, Patricia; Richardson, Scott und Sloan, Richard (2004) *The Persistance and Pricing of the Cash Component of Earnings*, Paper erhältlich unter ssrn: http://ssrn.com/abstract=638622, 20th Australasian Finance & Banking Conference 2007.

Deutsche Bundesbank (2003) *Verhältniskennzahlen aus Jahresabschlüssen deutscher Unternehmen von 1998 bis 2000*, Statistische Sonderveröffentlichung 6, Deutsche Bundesbank, Frankfurt am Main.

— (2004) *Verhältniskennzahlen aus Jahresabschlüssen deutscher Unternehmen von 2000 bis 2002*, Statistische Sonderveröffentlichung 6, Deutsche Bundesbank, Frankfurt am Main.

— (2005a) *Ertragslage und Finanzierungsverhältnisse deutscher Unternehmen – eine Untersuchung auf neuer Datenbasis*, Monatsbericht Oktober 2005, Deutsche Bundesbank, Frankfurt am Main.

— (2005b) *Verhältniskennzahlen aus Jahresabschlüssen deutscher Unternehmen von 2002 bis 2003*, Statistische Sonderveröffentlichung 6, Deutsche Bundesbank, Frankfurt am Main.

Drukarczyk, Jochen (2003) *Finanzierung*, 9. Auflage, Lucius & Lucius, Stuttgart.

Drukarczyk, Jochen und Honold, Dirk (1999) »Unternehmensbewertung, DCF-Methoden und der Wert steuerlicher Finanzierungsvorteile«, *Zeitschrift für Bankrecht und Bankwirtschaft*, 11, 333–349.

Drukarczyk, Jochen und Richter, Frank (2001) »Wachstum, Kapitalkosten und Finanzierungseffekte«, *Die Betriebswirtschaft*, 61, 627–639.

Drukarczyk, Jochen und Schüler, Andreas (2007) *Unternehmensbewertung*, 5. Auflage, Vahlen, München.

Dutta, Sunil und Reichelstein, Stefan (2005) »Accrual Accounting for Performance Evaluation«, *Review of Accounting Studies*, 10, 527–552.

Ellrot, Helmut und Krämer, Andreas (2006) »§ 250«, in: Helmut Ellrott; Gerhart Förschle; Martin Hoyos und Norbert Winkeljohann (Hg.), *Beck Bil-Komm*, 370–382, C. H. Beck, München.

Ellrott, Helmut und Brendt, Peter (2006) »§ 255«, in: Helmut Ellrott; Gerhart Förschle; Martin Hoyos und Norbert Winkeljohann (Hg.), *Beck Bil-Komm*, Kapitel 590–691, C. H. Beck, München.

Essler, Wolfgang; Kruschwitz, Lutz und Löffler, Andreas (2004) »Zur Anwendung des WACC-Verfahrens bei vorgegebener bilanzieller Verschuldung«, *Betriebswirtschaftliche Forschung und Praxis*, 56, 134–147.

— (2005) »Wie sind Unternehmen zu bewerten, wenn ihr Verschuldungsgrad nicht in Markt-, sondern in Buchwerten gemessen sind?«, *Betriebsberater*, 60, 595–600.

Ewert, Ralf und Wagenhofer, Alfred (2008) *Interne Unternehmensrechnung*, 7. Auflage, Springer, Berlin.

Fairfield, Patricia; Whisenant, Scott und Yohn, Teri (2003) »Accrued Earnings and Growth: Implications for future Profitability and Market Mispricing«, *The Accounting Review*, 78, 353–371.

Fama, Eugene und French, Kenneth (1997) »Industry Costs of Equity«, *Journal of Financial Economics*, 43, 153–193.

Fazzari, Steven; Hubbard, Glenn und Petersen, Bruce (1988) »Financing Constraints and Corporate Investment«, *Brookings Papers on Economic Activity*, 1988 (1), 141–206.

Feltham, Gerald und Ohlson, James (1995) »Valuation and Clean Surplus Accounting for Operating and Financial Activities«, *Contemporary Accounting Research*, 11, 698–731.

— (1996) »Uncertainty Resolution and the Theory of Depreciation Measurement«, *Journal of Accounting Research*, 34, 209–234.

Ferreira, Miguel und Vilela, Antonio (2004) »Why do Firms hold Cash? Evidence from EMU Countries«, *European Financial Management*, 10, 295–319.

Fields, Thomas D.; Lys, Thomas Z. und Vincent, Linda (2001) »Empirical Research on Accounting Choice«, *Journal of Accounting and Economics*, 31, 255–307.

Fisher, Irving (1930) *The Theory of Interest:* As Determined by Impatience to Spend Income and Opportunity to Invest it, Macmillan, New York. (Reprint:

Kelley: New York 1965. Deutsche Übersetzung: Die Zinstheorie, Fischer, Jena 1932).

Franke, Günter und Hax, Herbert (2004) *Finanzwirtschaft des Unternehmens und Kapitalmarkt*, 5. Auflage, Springer, Berlin.

Garman, Mark und Ohlson, James (1980) »Information and the Sequential Valuation of Assets in Arbitrage-Free Economies«, *Journal of Accounting Research*, 18, 420–440.

Graham, John und Harvey, Campbell (2001) »The Theory and Practice of Corporate Finance: Evidence from the Field«, *Journal of Financial Economics*, 60, 187–243.

Greene, William (2008) *Econometric Analysis*, 6. Auflage, Prentice-Hall, Upper Saddle River.

Greenwald, Bruce; Stiglitz, Joseph und Weiss, Andrew (1984) »Informational Imperfections in the Capital Market and Macroeconomic Fluctuations«, *American Economic Review*, 74, 194–199.

Grossman, Sanford und Stiglitz, Joseph (1977) »On Value Maximization and Alternative Objects of the Firm«, *The Journal of Finance*, 32, 389–402.

— (1980) »Stockholder Unanimity in Making Production and Financial Decisions«, *The Quarterly Journal of Economics*, 94, 543–566.

Hachmeister, Dirk (2000) *Der Discounted Cash Flow als Maß der Unternehmenswertsteigerung*, zugl.: München, Univ., Diss., 1994, 4. Auflage, Peter Lang, Frankfurt am Main.

Harrison, Michael und Kreps, David (1979) »Martingales and Arbitrage in Multiperiod Securities Markets«, *Journal of Economic Theory*, 20, 381–408.

Hax, Herbert und Laux, Helmut (Hg.) (1975) *Die Finanzierung der Unternehmung*, Kiepenheuer & Witsch, Köln.

Heidorn, Werner (1985) *Fixkostenleverage und Risiko der Unternehmung*, Vandenhoeck & Ruprecht, Göttingen.

Heitzer, Bernd und Dutschmann, Matthias (1999) »Unternehmensbewertung bei autonomer Finanzierungspolitik: Anmerkungen zum Beitrag von Bernhard Schwetzler und Niklas Darijtschuk«, *Zeitschrift für Betriebswirtschaft*, 69, 1463–1471.

Herzig, Norbert (1991) »Konkurrenz von Rückstellungsbildung und Teilwertabschreibung bei Altlastenfällen«, *Die Wirtschaftsprüfung*, 44, 610–619.

Hicks, John (1946) *Value and Capital*, 2. Auflage, Clarendon Press, London.

Homburg, Carsten; Stephan, Jörg und Weiß, Matthias (2004) »Unternehmensbewertung bei atmender Finanzierung und Insolvenzrisiko«, *Die Betriebswirtschaft*, 64, 276–295.

Horngren, Charles; Harrison, Walter und Bamber, Linda (1999) *Accounting*, 4. Auflage, Prentice Hall, Upper Saddle River.

Hsiao, Cheng und Tahmiscioglu, Kamil (1997) »A Panel Analysis of Liquidity Constraints and Firm Investment«, *Journal of the American Statistical Association*, 92, 455–465.

Hubbard, Glenn (1998) »Capital-Market Imperfections and Investment«, *Journal of Economic Literature*, 36, 193–225.

Husmann, Sven; Kruschwitz, Lutz und Löffler, Andreas (2001) *WACC and a Generalized Tax Code*, Diskussionsbeiträge des Fachbereichs Wirtschaftswissenschaft der Freien Universität Berlin, Betriebswirtschaftliche Reihe 2001/19.

— (2002) »Unternehmensbewertung unter deutschen Steuern«, *Die Betriebswirtschaft*, 62, 24–42.

IDW S 1 (2000) »IDW Standard: Grundsätze zur Durchführung von Unternehmensbewertungen (IDW S 1)«, *Die Wirtschaftsprüfung*, 53, 825–842.

IDW S 1 n.F. (2005) »IDW Standard: Grundsätze zur Durchführung von Unternehmensbewertungen (IDW S 1 n.F.)«, *Die Wirtschaftsprüfung*, 58, 1303–1323.

Ijiri, Yuji (1989) *Momentum Accounting and Triple-Entry Bookkeeping:* Exploring the Dynamic Structure of Accounting Measurements, American Accounting Association, Sarasota.

— (1993) »The Beauty of Double-Entry Bookkeeping and its Impact on the Nature of Accounting Information«, *Economic Notes*, 22, 265–285.

Institut der Wirtschaftsprüfer in Deutschland (Hg.) (2002) *Handbuch für Rechnungslegung, Prüfung und Beratung*, Band II, 12. Auflage, IDW–Verlag, Düsseldorf.

Irle, Albrecht (2003) *Finanzmathematik*, 2. Auflage, Teubner, Wiesbaden.

Jensen, Michael (1986) »Agency Costs of Free Cash Flow, Corporate Finance, and Takeovers«, *American Economic Review*, 76, 323–329.

Jensen, Michael und Meckling, William (1976) »Theory of the Firm: Managerial Behavior, Agency Costs and Ownership Structure«, *Journal of Financial Economics*, 3, 305–360.

Kaplan, Steven und Zingales, Luigi (1997) »Do Investment-Cash Flow Sensitivities provide useful Measures of Financing Constraints?«, *The Quarterly Journal of Economics*, 112, 169–215.

Kieso, Donald; Weygandt, Jerry und Warfield, Terry (2007) *Intermediate Accounting*, 12. Auflage, John Wiley & Sons, Hoboken.

Koller, Tim; Goedhart, Marc und Wessels, David (2005) *Valuation* – Measuring and Managing the Value of Companies, 4. Auflage, John Wiley & Sons, New York.

Kruschwitz, Lutz (2006) *Finanzmathematik*, 4. Auflage, Vahlen, München.

— (2007a) *Finanzierung und Investition*, 5. Auflage, Oldenbourg, München.

— (2007b) *Investitionsrechnung*, 11. Auflage, Oldenbourg, München.

Kruschwitz, Lutz; Lodowicks, Arnd und Löffler, Andreas (2005) »Zur Bewertung insolvenzbedrohter Unternehmen«, *Die Betriebswirtschaft*, 65, 221–236.

Kruschwitz, Lutz und Löffler, Andreas (2003) »DCF = APV + (FTE & TCF & WACC)?«, in: Frank Richter; Andreas Schüler und Bernhard Schwetzler (Hg.), *Kapitalgeberansprüche, Marktwertorientierung und Unternehmenswert:* Festschrift für Jochen Drukarczyk, 235–253, Vahlen, München.

— (2005a) »Ein neuer Zugang zum Konzept des Discounted Cashflow«, *Journal für Betriebswirtschaft*, 55, 21–36.

— (2005b) »Unternehmensbewertung und Einkommensteuer aus der Sicht von Theoretikern und Praktikern«, *Die Wirtschaftsprüfung*, 58, 73–79.

— (2006) *Discounted Cash Flow:* A Theory of the Valuation of Firms, John Wiley & Sons, Chichester.

Kruschwitz, Lutz; Löffler, Andreas und Scholze, Andreas (2006) *Bilanzielle Schulden vs. Fremdkapital in der Unternehmensbewertung – Eine Klarstellung*, Diskussionsbeiträge des Fachbereichs Wirtschaftswissenschaft der Freien Universität Berlin, Betriebswirtschaftliche Reihe 2006/6.

Kunowski, Stefan (2002) *Bewertung von Kreditinstituten*, zugl.: Nürnberg-Erlangen, Univ., Diss., 2001, Herbert Utz Verlag, München.

Küting, Karlheinz und Weber, Claus-Peter (2006) *Die Bilanzanalyse*, 8. Auflage, Schäffer-Poeschel, Stuttgart.

Laitenberger, Jörg (2003) »Kapitalkosten, Finanzierungsprämissen und Einkommensteuer«, *Zeitschrift für Betriebswirtschaft*, 73, 1221–1239.

Laitenberger, Jörg und Löffler, Andreas (2006) »The structure of the distributions of cash flows and discount rates in multiperiod valuation problems«, *OR Spectrum*, 28, 289–299.

LeRoy, Stephen und Werner, Jan (2001) *Principles of Financial Economics*, Cambridge University Press, New York.

Lobe, Sebastian (2006) *Unternehmensbewertung und Terminal Value*, zugl.: Regensburg, Univ., Diss., 2004, Peter Lang, Frankfurt am Main.

Löffler, Andreas (2004) »Zwei Anmerkungen zu WACC«, *Zeitschrift für Betriebswirtschaft*, 74, 933–942.

Lord, Richard A. (1995) »Interpreting and Measuring Operating Leverage«, *Issues in Accounting Education*, 10, 317–329.

Lücke, Wolfgang (1955) »Investitionsrechnung auf der Grundlage von Ausgaben oder Kosten?«, *Zeitschrift für handelswissenschaftliche Forschung*, 7, 310–324.

Lüdenbach, Norbert und Hoffmann, Wolf-Dieter (2004) »Kein Eigenkapital in der IAS/IFRS – Bilanz von Personengesellschaften und Genossenschaften?«, *Betriebsberater*, 59, 1042–1047.

Lundholm, Russell und O'Keefe, Terry (2001a) »On Comparing Residual Income and Discounted Cash Flow Models of Equity Valuation: A Response to Penman 2001«, *Contemporary Accounting Research*, 18, 693–696.

— (2001b) »Reconciling Value Estimates from the Discounted Cash Flow Model and the Residual Income Model«, *Contemporary Accounting Research*, 18, 311–335.

Mattessich, Richard (1970) *Die wissenschaftlichen Grundlagen des Rechnungswesens:* Eine analytische und erkenntniskritische Darstellung doppischer Informationssysteme für Betriebs- und Volkswirtschaft, Bertelsmann Universitätsverlag, Düsseldorf.

Metz, Volker (2007) *Der Kapitalisierungszinssatz bei der Unternehmensbewertung*, zugl.: Mannheim, Univ., Diss., 2006, Deutscher Universitäts-Verlag, Wiesbaden.

Meyer, John und Kuh, Edwin (1957) *The Investment Decision:* An Empirical Study, Harvard University Press, Cambridge, Mass.

Miles, James und Ezzell, John (1980) »The Weighted Average Cost of Capital, Perfect Capital Markets, and Project Life: A Clarification«, *Journal of Financial and Quantitative Analysis*, 15, 719–730.

— (1985) »Reformulating Tax Shield Valutation: A Note«, *The Journal of Finance*, 40, 1485–1492.

Modigliani, Franco und Miller, Merton (1958) »The Cost of Capital, Corporation Finance, and the Theory of Investment«, *American Economic Review*, 48, 261–297.

— (1963) »Corporate Income Taxes and the Cost of Capital: A Correction«, *American Economic Review*, 53, 433–443.

Morck, Randall; Schleifer, Andrei und Vishny, Robert (1990) »Do Managerial Objectives drive bad Aquisitions?«, *The Journal of Finance*, 45, 31–45.

Moxter, Adolf (1982) *Betriebswirtschaftliche Gewinnermittlung*, Mohr Siebeck, Tübingen.

— (1983) *Grundsätze ordnungsmäßiger Unternehmensbewertung*, 2. Auflage, Gabler, Wiesbaden.

— (1986) *Bilanzlehre* – Band II: Einführung in das neue Bilanzrecht, 3. Auflage, Gabler, Wiesbaden.

— (2007) *Bilanzrechtsprechung*, 6. Auflage, Mohr Siebeck, Tübingen.

Munkert, Michael J. (2005) *Der Kapitalisierungszinssatz in der Unternehmensbewertung*, zugl.: Erlangen-Nürnberg, Univ., Diss., 2005, Deutscher Universitäts-Verlag, Wiesbaden.

Myers, Stewart C. (1974) »Interactions of Corporate Financing and Investment Decisions – Implications for Capital Budgeting«, *The Journal of Finance*, 29, 1–25.

Myers, Stewart C. und Majluf, Nicholas (1984) »Corporate Financing Decisions when Firms have Investment Information that Investors do not«, *Journal of Financial Economics*, 13, 187–220.

Nissim, Doron und Penman, Stephen (2001) »Ratio Analysis and Equity Valuation: From Research to Practice«, *Review of Accounting Studies*, 6, 109–154.

— (2003) »Financial Statement Analysis of Leverage and how it informs about Profitability and Price-to-Book Ratios«, *Review of Accounting Studies*, 8, 531–560.

Ohlson, James (1991) »The Theory of Value and Earnings, and an Introduction to the Ball-Brown Analysis«, *Contemporary Accounting Research*, 8, 1–19.

— (1999) *Conservative Accounting and Risk*, Arbeitspapier, New York University.

— (2000) *Prescriptions for Improved Financial Reporting*, Arbeitspapier, New York University.

Pacioli, Luca (1494) *Abhandlung über die Buchhaltung*, nach dem italienischen Original von 1494 ins Deutsche übersetzt von Balduin Penndorf, 1933, C. E. Poeschel, Stuttgart.

Pellens, Bernhard; Fülbier, Rolf Uwe; Gassen, Joachim und Sellhorn, Thorsten (2008) *Internationale Rechnungslegung*, 7. Auflage, Schäffer–Poeschel, Stuttgart.

Penman, Stephen (1991) »An Evaluation of Accounting Rate-of-Return«, *Journal of Accounting, Auditing & Finance*, 6, 233–255.

— (1992) »Return to Fundamentals«, *Journal of Accounting, Auditing & Finance*, 7, 465–483.

— (1996) »The Articulation of Price-Earnings Ratios and Market-to-Book Ratios and the Evaluation of Growth«, *Journal of Accounting Research*, 34, 235–259.

— (2001) »On Comparing Cash Flow and Accrual Accounting Models for Use in Equity Valuation: A Response to Lundholm and O'Keefe«, *Contemporary Accounting Research*, 18, 681–692.

— (2007) *Financial Statement Analysis and Security Valuation*, 3. Auflage, McGraw Hill International Edition, Boston.

Penman, Stephen H. und Sougiannis, Theodore (1998) »A Comparison of Dividend, Cash Flow, and Earnings Approaches to Equity Valuation«, *Contemporary Accounting Research*, 15, 343–383.

Pliska, Stanley (1997) *Introduction to Mathematical Finance:* Discrete Time Models, Blackwell Publishing, Oxford.

Preinreich, Gabriel (1937) »Valuation and Amortization«, *The Accounting Review*, 12, 209–226.

Press, Eric und Weintrop, Joseph (1990) »Accounting-based Constraints in public and private Debt Agreements«, *Journal of Accounting and Economics*, 12, 65–95.

Rapp, Marc Steffen (2006) »Die arbitragefreie Adjustierung von Diskontierungssätzen bei einfacher Gewinnsteuer«, *Zeitschrift für betriebswirtschaftliche Forschung*, 58, 771–807.

Rappaport, Alfred (1998) *Creating Shareholder Value:* A Guide for Managers and Investors, revidierte und aktualisierte Auflage, Free Press, New York, London.

Richardson, Scott (2006) »Over-Investment of Free Cash Flow«, *Review of Accounting Studies*, 11, 159–189.

Richter, Frank (1998) »Unternehmensbewertung bei variablem Verschuldungsgrad«, *Zeitschrift für Bankrecht und Bankwirtschaft*, 10, 379–389.

— (2004) »Valuation With or Without Personal Income Taxes«, *Schmalenbach Business Review*, 56, 20–45.

— (2005) *Mergers & Acquisitions:* Investmentanalyse, Finanzierung und Prozessmanagement, Vahlen, München.

Rogerson, William (1997) »Intertemporal Cost Allocation and Managerial Investment Incentives: A Theory Explaining the Use of Economic Value Added as a Performance Measure«, *Journal of Political Economy*, 105, 770–795.

Ross, Stephen A. (1978) »A Simple Approach of the Valuation of Risky Streams«, *Journal of Business*, 51, 452–475.

Schildbach, Thomas (2000) »Ein fast problemloses DCF-Verfahren zur Unternehmensbewertung«, *Zeitschrift für betriebswirtschaftliche Forschung*, 52, 707–723.

Schmidt, Karsten (2002) *Gesellschaftsrecht*, 4. Auflage, Carl Heymanns Verlag, Köln.

Schmidt, Reinhard H. und Terberger, Eva (1997) *Grundzüge der Investitions– und Finanzierungstheorie*, 4. Auflage, Gabler, Wiesbaden.

Schmidt, Richard und Roth, Barbara (2004) »Bilanzielle Behandlung von Umweltschutzverpflichtungen«, *Der Betrieb*, 57, 553–558.

Schneider, Dieter (1963) »Bilanzgewinn und ökonomische Theorie«, *Zeitschrift für handelswissenschaftliche Forschung*, 15, 457–474.

— (1980) *Investition und Finanzierung*, 5. Auflage, Gabler, Wiesbaden.

— (1992) *Investition, Finanzierung und Besteuerung*, 7. Auflage, Gabler, Wiesbaden.

— (1997) *Betriebswirtschaftslehre* – Band 2: Rechnungswesen, 2. Auflage, Oldenbourg, München.

Scholze, Andreas (2005) *Die Bestimmung des Fortführungswerts in der Unternehmensbewertung mit Hilfe des Residualgewinnmodells*, Fakultät für Wirtschaftswissenschaften, Diskussionspapier Nr. 532, Universität Bielefeld.

Schruff, Lothar (1997) »Zum Ausweis des Zinsanteils bei der Zuführung zu Pensionsrückstellungen«, in: Thomas R. Fischer und Reinhold Hömberg (Hg.), *Jahresabschluß und Jahresabschlußprüfung:* Festschrift für Jörg Baetge, 401–426, IDW, Düsseldorf.

Schwetzler, Bernhard (1998) »Gespaltene Besteuerung, Ausschüttungssperrvorschriften und bewertungsrelevante Überschüsse in der Unternehmensbewertung«, *Die Wirtschaftsprüfung*, 51, 695–705.

Schwetzler, Bernhard und Darijtschuk, Niklas (1999) »Unternehmensbewertung mit Hilfe der DCF-Methode – eine Anmerkung zum ›Zirkularitätsproblem‹ «, *Zeitschrift für Betriebswirtschaft*, 69, 295–318.

Shleifer, Andrei und Vishny, Robert (1997) »A Survey of Corporate Governance«, *The Journal of Finance*, 52, 737–783.

Sinn, Hans-Werner (2006) »Das deutsche Rätsel: Warum wir Exportweltmeister und Schlusslicht zugleich sind«, *Perspektiven der Wirtschaftspolitik*, 7, 1–18.

Smith, Clifford und Warner, Jerold (1979) »On Financial Contracting – An Analysis of Bond Covenants«, *Journal of Financial Economics*, 7, 117–162.

Soffer, Leonard C. und Soffer, Robin J. (2003) *Financial Statement Analysis:* A Valuation Approach, Prentice Hall, Upper Saddle River.

Solomons, David (1961) »Economic and Accounting Concepts of Income«, *The Accounting Review*, 36, 374–383.

Stehle, Richard (2004) »Die Festlegung der Risikoprämie von Aktien im Rahmen der Schätzung des Wertes von börsennotierten Kapitalgesellschaften«, *Die Wirtschaftsprüfung*, 57, 906–927.

Stiglitz, Joseph und Weiss, Andrew (1981) »Credit Rationing in Markets with Imperfect Information«, *American Economic Review*, 71, 393–410.

Stiglitz, Joseph E. (1969) »A Re-Examination of the Modigliani–Miller Theorem«, *American Economic Review*, 59, 784–793.

— (1974) »On the Irrelevance of Corporate Financial Policy«, *American Economic Review*, 64, 851–866.

Stulz, René (1990) »Managerial Discretion and Capital Structure«, *Journal of Financial Economics*, 26, 3–27.

Sweeney, Amy (1994) »Debt-Covenant Violations and Managers' Accounting Responses«, *Journal of Accounting and Economics*, 17, 281–308.

Titman, Sheridan; Wei, John und Xie, Feixue (2004) »Capital Investments and Stock Returns«, *Journal of Financial and Quantitative Analysis*, 39, 677–700.

Varian, Hal (1987) »The Arbitrage Principle in Financial Economics«, *Journal of Economic Perspectives*, 1, 55–72.

— (1992) *Microeconomic Analysis*, 3. Auflage, Norton & Company, New York.

Varian, Hal R. (2006) *Intermediate Microeconomics*, 7. Auflage, W. W. Norton & Company, New York.

Wagenhofer, Alfred (2005) *Internationale Rechnungslegungsstandards – IAS/IFRS*, 5. Auflage, Redline Wirtschaft, Frankfurt.

Wagenhofer, Alfred und Ewert, Ralf (2007) *Externe Unternehmensrechnung*, 2. Auflage, Springer, Berlin.

Wallmeier, Martin (1999) »Kapitalkosten und Finanzierungsprämissen«, *Zeitschrift für Betriebswirtschaft*, 69, 1473–1490.

Whited, Toni (1992) »Debt, Liquidity Constraints, and Corporate Investment: Evidence from Panel Data«, *The Journal of Finance*, 47, 1425–1460.

Whittington, Geoffrey (1992) *The Elements of Accounting:* An Introduction, Cambridge University Press, Cambridge.

Wiese, Jörg (2006) *Komponenten des Zinsfußes in Unternehmensbewertungskalkülen*, zugl.: München, Univ., Diss., 2004, Peter Lang, Frankfurt am Main.

Williams, John (1938) *The Theory of Investment Value*, Harvard University Press, Cambridge, Mass.

Windmöller, Rolf (1992) »Nominalwert und Buchwert«, in: Adolf Moxter; Hans-Peter Müller; Rolf Windmöller und Klaus v. Wysocki (Hg.), *Rechnungslegung – Entwicklungen bei der Bilanzierung und Prüfung von Kapitalgesellschaften:* Festschrift für Karl-Heinz Forster, 689–701, IDW-Verlag, Düsseldorf.

Rechtsprechungsverzeichnis

Gericht und Datum	*Aktenzeichen*	*Fundstelle*
Bundesfinanzhof		
BFH vom 12.07.1984	IV R 76/82	BFHE 141,522
BFH vom 19.11.2003	I R 77/01	DB 2004, 113
Bundesgerichtshof		
BGH vom 29.05.1990	XI ZR 231/89	BGHZ 111, 287
BGH vom 08.10.1996	XI ZR 283/95	BGHZ 133, 355
BGH vom 04.04.2000	XI ZR 200/99	NJW 2000, 2816

Quellenverzeichnis

Aktiengesetz 2007 [AktG] idF vom 19.04.2007 (BGBl I S. 542).

Einkommensteuergesetz 2002 [EStG] idF vom 19.10.2002 (BGBl I S. 4210, BGBl 2003 I S. 179).

Einkommensteuer – Richtlinien 2005 [EStR] idF vom 16.12.2005 (BStBl I Sondernummer 1/2005).

Handelsgesetzbuch 2007 [HGB] idF vom 05.01.2007 (BGBl I S. 10).

Investitionszulagengesetz 1991 [InvZulG] idF vom 24.06.1991 (BGBl I S. 1322).

BETRIEBSWIRTSCHAFTLICHE STUDIEN
RECHNUNGS- UND FINANZWESEN, ORGANISATION UND INSTITUTION

Die Herausgeber wollen in dieser Schriftenreihe Forschungsarbeiten aus dem Rechnungswesen, dem Finanzwesen, der Organisation und der institutionellen Betriebswirtschaftslehre zusammenfassen. Über den Kreis der eigenen Schüler hinaus soll originellen betriebswirtschaftlichen Arbeiten auf diesem Gebiet eine größere Verbreitung ermöglicht werden. Jüngere Wissenschaftler werden gebeten, ihre Arbeiten, insbesondere auch Dissertationen, an die Herausgeber einzusenden.

Band 68 Martina Bentele: Immaterielle Vermögenswerte in der Unternehmensberichterstattung. 2004.

Band 69 Maik Esser: Goodwillbilanzierung nach SFAS 141/142. Eine ökonomische Analyse. 2005.

Band 70 Jörg-Markus Hitz: Rechnungslegung zum fair value. Konzeption und Entscheidungsnützlichkeit. 2005.

Band 71 Christian Schaffer: Führt wertorientierte Unternehmensführung zur messbaren Wertsteigerung? 2005.

Band 72 Marcus Borchert: Die Sicherung von Wechselkursrisiken in der Rechnungslegung nach deutschem Handelsrecht und International Financial Reporting Standards (IFRS). Darstellung und Zweckmäßigkeitsanalyse. 2006.

Band 73 Marcus Bieker: Ökonomische Analyse des Fair Value Accounting. 2006.

Band 74 Jörg Wiese: Komponenten des Zinsfußes in Unternehmensbewertungskalkülen. Theoretische Grundlagen und Konsistenz. 2006.

Band 75 Silvia Hettich: Zweckadäquate Gewinnermittlungsregeln. 2006.

Band 76 Stephan Rosarius: Bewertung von Leveraged Buyouts. 2007.

Band 77 Bernhard Moitzi: Fair Value Accounting und Anreizwirkungen. 2007.

Band 78 Jörg Reichert: Das Residual-Income-Model. Eine kritische Analyse. 2007.

Band 79 Nadja M. Päßler: Interessenkonflikte in der Informationsintermediation. Eine ökonomische Analyse. 2007.

Band 80 Raimo Reese: Schätzung von Eigenkapitalkosten für die Unternehmensbewertung. 2007.

Band 81 Jens Hackenberger: Professionelle Fußballspieler in der internationalen Rechnungslegung. Eine ökonomische Analyse. 2008.

Band 82 Christian Wappenschmidt: Ratinganalyse durch internationale Ratingagenturen. Empirische Untersuchung für Deutschland, Österreich und die Schweiz. 2009.

Band 83 Andreas Scholze: Discounted Cashflow und Jahresabschlußanalyse. Zur Berücksichtigung externer Rechnungslegungsinformationen in der Unternehmensbewertung. 2009.

www.peterlang.de

Jan Duch

Risikoberichterstattung mit Cash-Flow at Risk-Modellen

Ökonomische Analyse einer Risikoquantifizierung im Risikobericht

Frankfurt am Main, Berlin, Bern, Bruxelles, New York, Oxford, Wien, 2006.
XXIII, 301 S., zahlr. Tab. und Graf.
Europäische Hochschulschriften: Reihe 5, Volks- und Betriebswirtschaft. Bd. 3172
ISBN 978-3-631-54573-7 · br. € 59.70*

Deutsche Unternehmen sind seit Einführung des Risikoberichts durch das KonTraG verpflichtet, einen Bericht über die Risiken der Gesellschaft abzugeben. Wenngleich die entsprechenden rechtlichen Normen immer weiter konkretisiert und erweitert wurden (zuletzt durch die ausführlich beleuchteten Neuerungen durch das Bilanzrechtsreformgesetz sowie den DRS 15), deuten empirische Untersuchungen daraufhin, dass die Risikoberichterstattung deutscher Unternehmen für Anteilseigner noch immer nicht zufrieden stellend ist. Der Autor analysiert in diesem Zusammenhang die Anwendbarkeit einer Risikoquantifizierung auf Basis von Cash-Flow at Risk-Modellen als Instrument der externen Berichterstattung. Sein Ziel ist es, die Übertragung des Konzepts des Value at Risk auf den Nichtfinanzbereich nachzuvollziehen, die damit verbundenen Probleme aufzuzeigen und die Vor- und Nachteile der verschiedenen Lösungsansätze für die Risikoquantifizierung bei Nichtfinanzunternehmen aufzuzeigen. Diese Arbeit stellt damit erstmals eine Verbindung zwischen der Risikoberichterstattung kapitalmarktorientierter Unternehmen auf der einen und verschiedenen Cash-Flow at Risk-Konzepten auf der anderen Seite her.

Aus dem Inhalt: Grundlagen des Risikomanagements · Normen der Risikoberichterstattung · Empirische Befunde zur externen Risikoberichterstattung und deren Prüfung · Value at Risk – (Basis-)Konzept zur Risikoquantifizierung in Finanzunternehmen · Cash-Flow at Risk – Konzept zur Risikoquantifizierung in Nichtfinanzunternehmen · Ökonomische Analyse der Risikoquantifizierung mit CFaR-Konzepten im Risikobericht · Fallstudien: Ermittlung des CFaR deutscher Automobilhersteller

Frankfurt am Main · Berlin · Bern · Bruxelles · New York · Oxford · Wien
Auslieferung: Verlag Peter Lang AG
Moosstr. 1, CH-2542 Pieterlen
Telefax 0041 (0)32/3761727

*inklusive der in Deutschland gültigen Mehrwertsteuer
Preisänderungen vorbehalten

Homepage http://www.peterlang.de

Peter Lang · Internationaler Verlag der Wissenschaften